杜志建 / 主编

视野卷

SHIYEJUAN

向一个未知的世界敞开，
我的窗，
把自己投递给远方，
与日夜交谈，与时刻交谈，
与川流交谈，与神秘交谈。

汕头大学出版社

图书在版编目（CIP）数据

疯狂阅读：珍藏版．视野卷 / 杜志建主编．—— 汕头：汕头大学出版社，2023.5
ISBN 978-7-5658-5014-1

Ⅰ.①疯… Ⅱ.①杜… Ⅲ.①阅读课—中学—教学参考资料 Ⅳ.① G634.333

中国国家版本馆 CIP 数据核字（2023）第 090548 号

疯狂阅读：珍藏版．视野卷　　FENGKUANG YUEDU ZHENCANGBAN SHIYEJUAN

主　　编：杜志建
责任编辑：闵国妹
责任技编：黄东生
责任校对：刘葭露
封面设计：马俊洁
封面绘图：starry 阿星
出版发行：汕头大学出版社
　　　　　广东省汕头市大学路 243 号汕头大学校园内　邮政编码：515063
电　　话：0754-82904613
印　　刷：河南瑞之光印刷股份有限公司
开　　本：787mm×1092mm　1/16
印　　张：10
字　　数：280 千字
版　　次：2023 年 5 月第 1 版
印　　次：2023 年 5 月第 1 次印刷
定　　价：22.80 元
ISBN 978-7-5658-5014-1

版权所有，翻版必究
如发现印装质量问题，请与承印厂联系退换

声明

基于对知识和创作的尊重，本书向所选文章、图片的作者给予补贴。因条件所限未能及时联系的作者，我们在此深表歉意，当您看到本书时，请与我们联系，以便我们向您支付补贴和赠送样书。因篇幅有限，部分文章有删节，敬请谅解。

联系方式：0371-68698032

CONTENTS 目录

俗世琳琅

在这复杂世界里，
或有不散的筵席

002	打开离世亲人的手机	/古一扬
007	傻人阿良	/代哈哈
013	被啃过的苹果	/邱玉洁
016	没有一只猫，能靠卖萌过好这一生	/冷风
019	世上最好吃的冰糖红烧肉	/赵挺
024	人生中的最后一夜	/邓安庆
026	鹿心血	/梁晓声
029	阿维·阿斯平纳尔的闹钟	/亨利·劳森

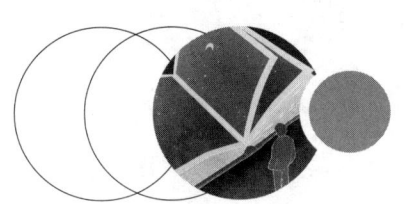

真理之门

真理是否存在，取决于是否有人谈论

032	被汉字冲刷后的世界	/摩登中产
034	文明只是一层薄薄的纸	/李怡楚
036	我为什么会永远相信爱情？	/闫红
039	哈利·波特和李白	/岑嵘
040	梦想的阶级	/张佳玮
042	你的孩子在挨饿，我们却想着去火星	/恩斯特·施图林格
045	被误用的"平均"	/罗尔夫·多贝里
046	下里巴症候群	/马伯庸
048	食物的秘密	/闫晗

一路向北

看到浩瀚的宇宙，你就有了远见

050	剑与叶	/卡尔维诺
051	在爱尔兰，追寻叶芝游荡的灵魂	/罗素·萧图
054	莎士比亚书店的前世今生	/昂放
056	爱犬的天堂	/冯骥才
058	写故事人的故事	/宗璞
061	你浑然不知你的黄金时代	/祝小兔
062	维罗纳：来自朱丽叶的信	/李小婉
064	地铁中的乐手	/冯骥才
066	安徒生的故乡	/叶君健

博物洽闻

旧物不言，冻结千年的时光

070	没有人这样画月亮	/莫一奥
072	几回立雪看红日	/白音格力
074	案头的仙境：力士博山炉	/祝 勇
078	"婴戏图"的真相：宋代硬核生育广告	/龚 曼
081	宫灯照亮千年孤独	/甜腻老干妈
082	这些宝贵的文物，都在博物馆被偷了	/一 童

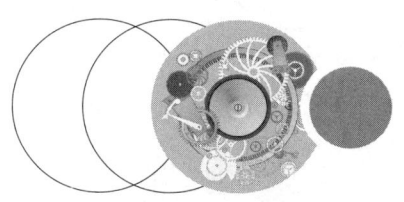

包罗万象

一个人的疑惑，一众人的旋涡

086	欧洲贵族的真实生活	/张佳玮
088	为什么名著主人公总得肺结核？	/托马斯·福斯特
089	你在《新华字典》里找到家乡了吗？	/罗振宇
090	末日生存指南：及时逃离城市才能活得更久	/路易斯·达特内尔
092	"相爱相杀"的大作家们	/黄 薇
094	颜值决定了你能否被研究	/源的天空
096	为什么小众的东西变成大众的，你就不喜欢了？	/柴颖瑞
098	电车难题：转弯？不转弯？	/魏 然
101	是传说还是真实存在？张衡地动仪的复原之路	/刘 创
104	唐僧师徒的生活经验	/闫 晗

洪荒书页

循着不同的情感，历史原来并不确定

106	几个小人物的万里长城	/章 夫
109	故事里的岳飞	/冷 风
113	长孙皇后：一个被误读千年的女人	/陌枝野
116	杠精极简史	/豆梦之
118	朱元璋到底长啥样？	/王文元
120	当诸葛亮自比管仲乐毅，便就此埋下命运的伏笔	/张佳玮
123	他此生再也回不了大汉	/李怡楚
126	皇帝女儿也愁嫁，公主琵琶幽怨多	/余显斌

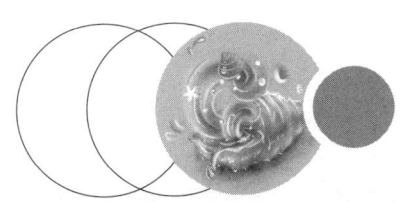

造梦谜想

宇宙无所谓荒谬，结局只是幻影

130	不定钥匙	/罗伯特·谢克里
132	公主的月亮	/詹姆斯·瑟伯
136	小矮人	/斯·姆罗热克
138	烧火工	/刘慈欣
141	隔绝	/贝纳尔·韦尔贝
146	想成为神的巴士司机	/埃特加·凯雷特
148	放生一条美人鱼	/川上弘美

俗世琳琅

在这复杂世界里,或有不散的筵席

打开离世亲人的手机

✱ 古一扬

人离世后,生前所属的社交账号、虚拟资产等网络权益和财产,被称为数字遗产,可被亲人继承。数字遗产保留了逝者生前的活动轨迹,被长期储存在云端,构成了一个虚拟世界。在现实世界外,数字遗产储藏着人们珍视的情感与记忆。

逝去的,留下的

手机突然响了。弹出来一通视频电话邀请,显示来自外婆,盐盐怔住。外婆在一个月前已经去世。

她犹豫几秒,点下接听,视频里出现母亲的面容。

"吃饭了吗?"母亲问。

盐盐一头雾水,问道:"怎么你在用外婆的微信?"

外婆一个月前突然去世,为了将消息通知亲友,母亲一直试图打开外婆的手机。手机一天最多只能试十次密码,母亲坚持每天都试十次,直到成功解锁。在盐盐和母亲看来,那是一个完全"没有意义"的密码,不是谁的生日,也不是什么纪念日。外婆设置这个密码的出处,她们已无从得知。

解锁手机后,母亲常常用外婆的手机跟盐盐联系,看着外婆突然"复活"的微信,盐盐有些恍惚。虽然她知道,外婆不可能再回来了。可在这短暂的幻觉里,她得到片刻的安慰。

外婆走得实在突然。十年前,她曾做过心脏手术,那次手术很成功。去年,植入的心脏支架到了更换的时间,外婆自己去办理了住院手续,所有人都以为这只是一次寻常的手术。然而就在手术前一天,外婆突发心脏病,经抢救无效后离世。

手术前的春节,盐盐回北京上班,外婆把她送到高铁站。上车前,外婆说:疫情期间回趟家不容易,等你下次回来,不知道是什么时候了。没想到这一面,竟成祖孙俩最后一次见面。

在外婆留下的众多遗物里,只有手机的生命好像还在无限延伸。无意中,盐盐的部分思念得以寄托。

像盐盐一样,对许多人来说,虽然身处数字时代,但数字遗产依然是一个全新的概念。如何处理逝者生前的数字账号,纠结着情感和记忆,是一道认知模糊、边界不清的课题。

季云打开父亲的手机,也是为通知亲友参加葬礼。2021年6月,父亲因病去世,遗体火化前,季云毫不费力地解锁了父亲的手机密码。她曾看到父亲手机的图形密码,是一个简洁的"Z"字形。

眼前的手机,对季云来说很眼熟,那是她大二时用过的旧手机。父亲原有的手机因多年不换,变得十分卡顿,季云看不下去,就将自己的旧手机给了他。粉红色的机身,被父亲用手机壳和手机膜包裹得严严实实,已看不出原来的颜色。

父亲对自己很节俭,对女儿却很慷慨。家里的电视机和电脑用了十几年都不舍得换,但季云的生活费从未缺过,她读高三时,每月就能拿到一千块的生活费。季云上大学后,父亲担心自己的退休金不够负担她的生活费,又跑去义乌打工挣钱。

解锁手机后,季云翻遍父亲的手机通讯录,一一告知父亲的亲友:我爸爸去世了,即将火化。如果大家有空,可以来见他最后一面。

一位父亲的前同事情绪很激动,在电话里反复确认:你是不是在骗我?是不是在骗我?怎么可能突然没了呢?前几天我还跟他吃过饭,他还说看完病马上就回来了。

在季云看来,父亲是个沉默寡言、不善社交的人,但葬礼当天,他的许多工友专程开两个小时的车赶来。这令季云很感动。一位比季云还小的姑娘也是父亲的工友,她对季云说:你爸爸以前老跟我提起你,说他有个女儿,跟我差不多大,特别懂事。没想到我第一次见你,竟然是在这种情况下。

云南个旧是有名的工业城市,父亲早年在工厂监管锡的冶炼,不到位的防护措施让他落下了锡尘肺。退休后,父亲戒了烟,积极锻炼,身体一直很好。一天,季云接到堂哥的电话,说父亲偶尔会呼吸不上来,短时间内瘦了二三十斤。接完电话,季云催促父亲去体检,此后父亲定期去医院接受治疗。半年后,父亲因呼吸不畅进了重症监护室,不久之后便去世了。遗体火化后,季云看到他的肺里烧出了黑色的东西。

父亲去世后很长一段时间,季云都无法接受。今年五月,她又回了趟家,无人居住的家显得又脏又乱,床上还放着冬天的厚棉被。刹那间,季云意识到父亲真的离开了。

打开父亲的手机,通往他不被家人熟知的一面。虚拟世界里,往往藏着比现实更细腻的真相。数字化生活时代,网络世界承载了越来越多的现实功能,一个人生前留下的数字账号、虚拟财产等,也成为宝贵的财富。2021年1月1日正式施行的《中华人民共和国民法典》首次将数据、网络虚拟财产纳入保护范围。《2020中华遗嘱库白皮书》显示,有10.69%的"80后"以及21.35%的"90后"在遗嘱中提及数字遗产,年轻人珍视网络数据的趋势正在上升。

今年5月,林梅儿子的生命终结在25岁。自从儿子5岁时确诊进行性肌营养不良,林梅心里便拉响了倒计时,可这一天还是来得太早了,她本期盼儿子能活到40岁。儿子得的是一种罕见的基因缺陷类疾病,目前没有治愈的良方。林梅家里并无家族病史,医生怀疑是基因突变,原因有很多种。二十年来,她带着儿子四处求医,最终也不过是短暂延长寿命。

每年寒暑假,只要卡里有钱,林梅就带儿子出去旅游。他们走过了北边的漠河,南边的海南岛,东边的普陀山。本想在儿子初三毕业后,带他去西藏看看,但他的心脏不适合去高原。初三那年从内蒙古回来后,儿子发生了心衰,紧急住院。

儿子生前身体虚弱,爬不了楼梯,走平路都摇摇摆摆。从技校毕业后,林梅安排他进了自家的小工厂做会计,工作轻松,也不用远离家人。

最后一刻,儿子被发现时,坐在办公室里,头靠在椅子上,闭着眼睛,叫他他也没有任何反应,手机滑落在两腿之间。救护车到后医生做了心肺复苏,人还是没能抢救回来。林梅看着儿子的手机，心想：他当时肯定感觉到不对劲了，想给我打电话。她越想越觉得难过。

起初，林梅并没想过要打开儿子的手机，直到有人提醒她，儿子的工作还需要处理。作为工厂会计，儿子经手着与客户的款项流通，收款付款都通过他的账户。林梅试了几次手机密码，都不对，她把手机交给小儿子，几天后密码就被破解了。

林梅忙着处理后事，那段时间没有过多注意儿子的手机。直到小儿子告诉她，二手交易平台上有很多人找哥哥，都是下单买他自制的模型的网友。儿子生前酷爱制作模型，他不能跑不能跳，手工活是他为数不多能涉足的领域。他在这里投入了最大的热情，从3D打印到喷涂上色，全都亲自精心设计。

林梅一看，网友的订单都是提前一个月就下了，等了那么久，不能置之不理。于是她用儿子的账号回复："孩子已经不在了，你们另外找人做吧。"找儿子的人越来越多，除了二手网站，还有一些微信群、QQ群，都是模型圈的。林梅都一一交代。

儿子的发货记录中，最后一单停留在5月20日，得知儿子去世后，对方发来消息：阿姨，这个模型我会非常珍惜。

遗产里的爱

林梅一直知道儿子对模型的热爱，每当他制作出新的作品，她就拍下来发在朋友圈"炫耀"。但她不知道，儿子在网络上还拥有另外一个世界。

儿子将自己修改多次的模型零件放到二手网站上售卖，这些零件可以作为装饰或替换原模型上的零件。在许多学生眼里，这种"改件"相比于进口配件，性价比很高。通过留言记录，林梅发现有个西安的男孩跟儿子来往密切，遇到什么问题都跟儿子交流，两人从3D打印聊到单反相机再聊到游戏。那人和儿子素未谋面，却留言说下辈子要和他做亲兄弟。

在林梅眼里，儿子待人和善、富于爱心，看见地上的蚂蚁都要保护它以免被人踩死。疾病限制了他的活动范围，没想到在网络世界里他找到了安身之处。在这里，柔弱的儿子被网友称为"大佬"，他对人充满耐心，认真回答每一个问题，有时还会录视频进行解答。

将儿子的模型组装打包寄出去，对林梅来说不是一件容易的事。一些零件看起来外观一样，但型号不一样、打的孔也不一样，差一点都不能用，林梅有些手忙脚乱。模型群的群主得知这一情况后，带着一些群员来到家里，帮林梅重新整理了儿子的模型，教林梅区分哪些是工具、哪些是配件，给东西分了类，还帮忙组装了一些复杂的模型。

有一件高跟鞋的模型，儿子生前已经上完色，林梅本想留下作纪念，但一位小姑娘留言问："阿姨，能不能割爱让给我？这种上色的模型很难找。"林梅想，东西留在他们手里比留在自己手里更有价值，于是把模型寄了出去，钱也不收了。

在与模型打交道的日子里，林梅越干越投入。这些都是儿子生前热爱的，他曾亲自给这些东西喷涂上色。这些都是他留下的痕迹，看到这些她仿佛感到儿子还在身边。最后她在家中宣布，模型区的东西谁都不能动，要按原样一直保存下去。

虚拟世界给了人另一处栖身之所，他们在这里过着与现实区隔开来的生活，最终留下的个人印迹依然真实鲜活。怀着对亡者的哀思，生者就在这有限的踪迹里寻觅寄托，在一片片碎片中逐渐拼凑起亲人的另一面。

自从成功解锁外婆的手机，盐盐的母亲便一直用着外婆的微信。逛商场时，她问盐盐哪个颜色的衣服更好看；收拾房子时，她问盐盐某个东西能不能扔。看着外婆的头像经常出现，盐盐逐渐接受了这种奇怪的感觉。恍惚间，外婆仿佛还在。

一天，外婆的微信突然收到一条消息："阿姨，我特别想你。"消息是一位女士发来的，她知道外婆已经去世了。随后，她发来一段视频，主演正是盐盐的外婆。这段视频是女士的儿子拍的。这是他的大学毕业作品,他不想找表演痕迹重的专业演员,女士便找到了外婆帮忙。

打开视频,再次看见"活着"的外婆,盐盐和母亲都深受震动:"外婆从没有演过戏,没想到她这么勇敢。"盐盐的外公走得早,外婆很早便开始一个人生活,盐盐被她一手带大,后来盐盐离开南京去北京工作,与外婆见面的机会越来越少。这个视频仿佛是一个信号,告诉盐盐,外婆曾经也在努力过好一个人的日子。

和盐盐一样,季云也在手机的世界里触摸到一个意料之外的父亲。父亲去世两个月后,季云想找一张和父亲的合影来做电脑桌面,翻遍手机也没找到。在父亲的手机里,她发现了一张从未见过的照片,那是父亲偷拍她的照片。

季云看着照片,想起了当天的情景。那时季云还在上大学,假期回到家,基本不出门,父亲就这样"惯着"她。早上他外出吃米线,会带一份回来,留给中午才起床的季云。下午他出门打麻将,一定不会忘记回家给她做晚饭。晚上他和大伯一起散步,会顺道给她买些牛奶回来。

父亲每天都问:"出去走走不?我们出去散步。"季云很少回应。

有一天,父亲终于拉着她去转了个旧湖。个旧湖在市中心,一圈四公里。云南的天很蓝,云也总是很好看,季云站在一座桥上,给天上的云拍照,就在这时,父亲偷拍了她。

季云和父亲的最后一张合影,是在U盘里找到的。她很早之前就有整理的习惯,保留了很多数码相机里的照片。那年季云还在念初中,大年初一的早上,季云一家和大伯一家外出爬山,大家轮流拍照,轮到季云时,表哥建议她和父亲合影。季云觉得别扭,正想跑掉,被表哥一把摁住,于是就留下了这张合影。

父亲在季云的世界里,仿佛长期被隐形了,如今在照片里,他又跳了出来。季云想起以前,从不会主动给父亲打电话。每次父亲打来,说不了几句季云就想挂掉,或者很快吵起来,"那时候太不懂事了"。有一年季云回外婆家过年,痛快地玩了十几天后,她才知道父亲在她离开的第二天就摔了跤,每天只能拜托朋友送饭。

一个沉默的父亲,习惯扛下所有事。季云悔悟自己有些后知后觉,如今再想弥补也来不及了。她把儿时的一张合影,放在了透明的手机壳里,现在,随时都能看见父亲。

生死的桥

季云和父亲之间的嫌隙,很早便开始了。儿时父母离婚,季云跟着父亲生活。后来父亲再婚,她跟后妈之间几乎没有接触,只叫她"阿姨"。

有一年父亲过生日,看见阿姨带着侄女出现,季云很不开心,憋着气吃完饭。回到家,小朋友不小心弄坏了季云搭的乐高,季云再也没忍住,和父亲大吵一架,指责他:"凭什么把她们带到家里?"第二天,阿姨带着小朋友离

开了。父亲默默把乐高重新搭好，反过来安慰季云："没事的，我用个罩子帮你罩起来，以后就不会再弄坏了。"

父亲去世后，季云一再反思，为什么要把气都撒在父亲身上？为什么以前那么叛逆？现在她唯一能做的，是保管好父亲的手机，去不同的城市都带着它，难过的时候就翻翻父亲的照片。

经历了父亲的突然离去，季云意识到，以前自己陪家人的时间太有限了。外公外婆已经快90岁，身体也欠佳，为了更好地陪伴他们，季云离开杭州回到了昆明。她还把她的手机密码告诉了最好的朋友，想着人不能消失得太彻底。

如今，无论是个人、企业还是法律，都在致力于合理合法地处理数字遗产。2021年年底，苹果系统升级，推出"遗产联系人"功能，遗产联系人凭借机主生前给予的密钥及机主的死亡证明，便可访问其在云上储存的内容。在生与死之间，数字遗产搭建起了一座桥梁，生者能通过它去弥合一些遗憾。

盐盐和母亲都不知道，外婆是什么时候学会给手机设置密码的。外婆平时只会用手机做最简单的事：发微信、抢红包、打视频电话。外婆曾远程向盐盐请教怎么用手机打车，盐盐解释说APP不是手机里自带的，需要去应用商店下载，两人隔着屏幕怎么也说不明白。

外婆索性放弃："不问你了，明天我去老年大学问老师。"在老年大学除了能学绘画、书法，也能学手机的使用方法。

盐盐从小到大都跟外婆十分亲密。儿时她和外婆住在一起，外婆总是很严厉，严格把控她写作业的进度和休息的时间，犯了错就用鸡毛掸子伺候。后来盐盐回到父母家，外婆变得温柔起来，总是塞给她零花钱，偷偷带她去吃快餐。盐盐工作以后，两人相聚的时间越来越少，手机成了她们聊天的主阵地。

渐渐地，盐盐发现两人的互动总是重复相同的话题：今天吃了什么、去了哪里，亲戚们发生了什么事。工作或生活上遇到的烦恼，盐盐不知道该如何跟外婆开口。有时外婆会分享一些文章，比如"大学生连续熬夜导致猝死""千万不能喝奶茶"，盐盐也不知道该如何回复。

如今回看两人的聊天记录，盐盐有些遗憾："我们对她的情感陪伴还是太少了。"在她看来，外婆总是表现得很"懂事"，其实是压抑住了自己的倾诉欲。

存储在云端的数字遗产可以永不消逝，长久保存着逝者生前的活动轨迹，仿佛泯灭了时间和空间的界限，在生与死之间搭建起一座沟通的暗道。

林梅决定把儿子的二手交易平台的账号继续经营下去，她对自己提出了新的目标——学习制作模型。从前她连工具和配件都分不清，如今，她要从建模设计开始学习。在儿子尚未退出登录的B站账号上，林梅发现了他没学完的C4D课程，于是捡来继续学。儿子关注的一些建模UP主，也是她重点观摩学习的对象。

二手平台上的网友知道林梅开始制作模型后，纷纷留言道：有什么需要帮忙的就说话。有人说要帮林梅推销，被她拒绝了，"我不着急卖东西，最重要的是把这件事一直做下去"。一位儿子生前的QQ好友，现在经常指导林梅建模，"以前是我儿子教他，现在是他教我"，这种奇妙的轮回，常常让林梅觉得儿子并未离开。

遵照儿子的遗愿，林梅捐赠了他的遗体。一边的眼角膜已经完成移植手术，另一边还在配型当中。儿子去世后，林梅把大家给的礼钱存起来，预备把利息和二手网站的部分收入用来资助贫困学生。

儿子去世后，林梅拉着丈夫又看了一遍《寻梦环游记》，电影的主题是：如果一个人死后能被人记住，那他就算继续活着。

"有这么多人记得儿子，那他在那边会过得很好吧。"林梅说。

傻人阿良

✻ 代哈哈

摘自公众号"子鱼ziyu"

01

好多年前,村头的阿宝家要搬去上海,就把房子卖了。

阿宝家搬空之后没多久,某天午后,一辆蓝色旧卡轰着引擎,沿着石板街开进村,停在空屋门口。一对头发花白的老夫妻,领着跟我差不多个头儿的小孙子下车。

有村民上前帮忙,老奶奶拿出卖相很不错的点心分发给围观的小孩子。她不是一人一块这样地给,而是抓起一大把,每个小孩都需要伸出双手才能接得住。

老爷爷一声不吭,只管收拾东西。他们家小孙子,眨着黑黢黢的小亮眼,告诉逗他的大人:"我叫阿良。"

有快嘴的人问:"搬家这么大的事,怎么只有你们仨?孩子爹妈呢?"

老奶奶答:"他们离婚了,各过各的去了。以后就我们仨住这里。"

令人唏嘘不已。

这一天,我吃了阿良家三块红豆糕,手里还捏着两块,实在吃不下了。不知为啥,此后经年,记忆斑驳,忘了许多事,却始终记得初见阿良时他们家红豆糕软糯香甜的味道。

阿良祖孙三人安安稳稳地住了下来。秋天的时候,他和我成了幼儿园同学。

那时的学前班没有学习压力,阿良能吃能玩,生活也能自理,只是偶尔会说些颠三倒四的话,但这对于几岁的小孩子来说,根本不算问题。所以看不出他身上有什么不对劲的地方。

良奶奶每天清晨早早围着白围裙,蹬着三轮车,车上搭载小桌小椅和一堆锅碗盆筐。阿良坐在一隅。

到学校门口,她先把阿良抱下来,再把车上物什卸下来。利利索索支起炉子拨上火,在一个个小砂锅里,倒上熬浓的鸡骨汤,开始煮小馄饨。

香气阵阵,一块钱一碗。生意很好。老太太也厚道,别人家汤里放小虾皮和葱花,她放青菜叶和一颗鹌鹑蛋。遇上熟识的,她会额外再加一颗鹌鹑蛋。

清晨上学段,她来忙一阵子。下午放学段,她再来忙一阵子。

许多人把良奶奶当成事业家庭两不误的老年人典范,赞她脑袋灵光,既会赚钱,又能接送孩子上下学。良奶奶话不多,有人当她面数落阿良那不负责任的爹妈,她也不反驳,最多礼貌性一笑。

后来阿良升到小学,良奶奶又把馄饨摊子挪到小学门口,日子照旧。

这个时候,阿良开始变得跟我们不一样。

他正常坐在教室里听课,衣装干净整齐,守纪律,懂礼貌。就是迟迟学不会写字,字母学到e,从第四个开始无论如何记不住。十以内的加减法,他捣鼓一学期,也没能拎得清。

我们班就他一个人是这样。我们全校也就他一个人是这样。

良奶奶惶恐不安,特意去学校找老师说明情况。聊完之后,老师将阿良的位置移到讲台边——近水楼台的位置,并从此给他特权,作业写不写,考试得几分,他尽力而为即可。

阿良是个戆头,憨子。因为他母亲特别担心长胖影响外表,节食成瘾,阵痛时都不愿意吃一口良奶奶煮的糖水蛋,所以生孩子的时候没力气。产程过长,导致阿良缺氧,影响了智商……这是后来,阿良主动为自己的异常向我们班同学做出的解释。他倒是爽快,一吐为快之后还不忘叮嘱我们:"奶奶不许我乱讲。你们心里有数就好,不要让她知道你们已经晓得了,会影响我以后找工作娶老婆的。"

彼时,年龄只有个位数的我们睁着懵懂的小眼睛,觉得阿良和他奶奶好有理想。

鉴于阿良除了学习跟不上,并无其他让人难以接受的缺陷,我们校长明确向良奶奶表示:小学六年让阿良接受正常教育完全没问题。她还是生怕人家会反悔,几乎每个星期,都会在收摊之后摘下围裙,带着一脸朝圣般的虔诚,特意走进校门,反复向老师们表示歉意和谢意:"我也不指望他能学出什么名堂,能让他会写自己名字也好。"

02

我们读中学的时候,镇上店铺星罗棋布,什么店都有,已经不流行馄饨摊。

良奶奶照例每天骑着三轮车。馄饨不好卖,她改成卖包子。芝麻、豆沙、鲜肉,各种馅儿。一早一晚仍旧忙得热气腾腾。

阿良和我,以及所有同龄人一样,在青春期的浮躁和执拗里翻滚。他的学习能力始终没有长进,却发育出了浓浓的羞耻心。

中学时大考小考,每一次都有严肃的排名。校内比,校外比。以分取人,没完没了。

彼时,在每次考试之前,老徐都会像即将带兵上战场一样,再忙也要抽出时间陪阿良谈心。她铆足劲儿,各种开导鼓励安慰。

然后阿良信心百倍,高举旌旗,持戈上马。

然而,敌人是强悍的。阿良的分数一般只有个位数,偶有发挥超常能达到小两位。

知道自己严重拖了班级后腿,每次出成绩的日子,阿良都会趴在课桌上抽抽噎噎,伤心不已。

老徐一见他哭,远远地就开始伤脑筋:要死了,又哭了。

可是,当着阿良的面,她马上变了脸色,又是一番疯狂安慰鼓励开导:"有的小孩开窍早,有的小孩开窍晚。你这种就是晚的。我见过的,以前有个学生还不如你,后来越来越聪明,现在到外面上班,年纪轻轻工资比我还多。"

我们从未见过这位工资比老徐高的师兄或者师姐。但这种话,阿良超爱听。为了表示他对老徐的爱戴,但凡老徐的课,他总是特别捧场。老徐给我们讲世界各国的文化差异,他就举手问:"黑人皮肤那么黑,洗澡的时候会不会掉颜色?"老徐讲儿女双全凑成"好"字,他就举手:"我猫狗双全,有没有什么字可以凑?"

一般人问这么玄乎的问题,老徐可能会一支白粉笔砸过去。可是阿良问,她很给面子。

"猫狗双全虽然没有字可以凑,但动物跟人之间也讲缘分。它们选你做主人,证明跟你一起过日子很开心。"

后来,良奶奶摔了个跟头。伤势不重,但手臂不能再揉面了。包子营生只得结束。

她换了辆小点儿的老年三轮车,天天从学校食堂拉一桶泔水出来。据说是要给良爷爷带回乡下去喂猪。

那时,良爷爷在乡下一家养猪场上班。他是个非常古怪的老爷子,从不跟任何人攀谈,也不会像其他老头那样,每日黄昏,弄点鱼虾蟹,坐在堂屋廊檐下有滋有味地抿几口老黄酒。

我甚至没听过他跟良奶奶说话。阿良有时邀请我们去他家玩，一帮小孩上蹿下跳，他从不开腔管束。有一回，我们当中的一个把他们家养葡萄的大缸推倒了，院子里一片狼藉，已经挂果的葡萄枝蔓残兵败将般散落一地。良爷爷径自走过来收拾，也没一个字的责怪。

03

阿良家从阿宝家接手的这栋两层白墙黛瓦的小楼，前院临着一条十多米宽的石板街，后院倚着一条七八十米宽的情人河。院墙用齐整的石板垒成，河边也用石板修了台阶。

村里有两个老头子，他们一人有一条小船，常年在情人河上穿梭，一个用捞网捞螺蛳，一个用细网捕鱼虾。

很多个碧空万里的礼拜天，我和村里一帮十来岁的小猴子总是不请自到，分别跳上这俩老头的船。我们有人撑、有人划，把两条小船折腾得一会儿像潜艇，一会儿像飞机。只要不弄翻他们的花雕酒和下酒小咸菜，俩老头就懒得鄙视我们。

阿良经常会站在他家后院台阶上大喊，要我们靠过去接他。我们一收到召唤，马上开始拼命，抢新娘子似的，两条船都争着想第一个冲过去把阿良抢到手。

有一次，照例又靠岸去接阿良。我们当中好几个人同时眼尖，发现他家后院晒了好多个竹笸箩。里面全是熟米饭或者锅巴，有的还在滴水，明显刚洗过。

有人问阿良："你家为什么要晒米饭？"

阿良脸上被人当新娘子般争抢的那股喜悦马上消失："我奶奶讲，不可以告诉你们。"

有人说："这有啥不好讲？我们又不来偷吃。"

阿良："她说不好讲。我答应了。"

我们略感扫兴。正打算划船离开，阿良家屋里却突然传来吵闹声。

"你们管东管西，管的事是真多。我这样做，一不偷、二不抢、三没违法、四没虐待小团。你们凭啥不准我这样做？"是良奶奶的声音。

老太太平常性格挺温和，这么大声说话很罕见。

阿良立即下船，我们也一窝蜂朝岸上跳，捞螺蛳和捕鱼虾的俩老头被我们挤来挤去也跟着上了岸。

"这件事，不是违不违法的问题！你们老两口每个月都能领退休金。老爷子闲不住去养猪场打工，工资也是照月领的；小阿良的学杂费伙食费是全免的，村里一年还补助他两千块；逢年过节，还给你们发粮油棉被……"村委会某位工作人员，穿着深色小西装，架着小眼镜，语气抑扬顿挫，打着无可奈何的手势，"来来来，你让大家评评理，政府没亏待你们家吧？别人家日子好过，你们家也不差吧？你一个老太婆，天天跑学校去拉泔水，说是喂猪，实际上全是人吃掉了。院子里晒那么多只笸箩。这种东西不能吃的呀，你们也没穷到这个地步啊！"

大概是有人围观的原因，良奶奶一脸难为情，却仍旧倔强着不肯低头："学堂里小孩子嘴巴又不脏的！再说，我捞出来的米饭，没有给阿良吃。我跟老头子两个吃的。大人过这么多年，啥好东西没吃过？"

工作人员一脸恨铁不成钢，最后她稳定情绪斩钉截铁地说："我几次三番来劝，你总是不听。这样好了，我去学校打个招呼，以后除了家长会，叫他们连门都不许你进！"

"我现在能省一个是一个。我还能陪这个小团多少年？谁知道他长大以后有没有本事挣口饭吃……"

这天，我们没划成船。好端端的午后，突然飘起了小雨。良奶奶的话，让我们心情复杂。

04

不知道其他人怎么想，因为这件事，我有点羞于见阿良。不是瞧不起他，只是觉得他们家的秘密被当众揭开了，而我是现场观众之一。作为从小一起长大关系挺不错的小伙伴，我要怎么面对才合适？是安慰他一下，还是假装什么都不知道？

还没等我想好后续，这家伙当天晚上自己找上门了。他显得很是落寞。

"我想去找我爸爸！"他说。

"你又不知道他在哪儿。"

"我爷爷奶奶一直不肯说地址。只说他又结婚了,生了聪明的儿子女儿,不肯认我了。"

他看起来那么忧伤,为了尽朋友本分,我去旁边小卖部给他买了瓶可乐。阿良喝可乐的时候,我问他:"你为啥只想找爸爸?那你妈妈呢?"

"你晓得吧,我在我奶奶箱子底下看过我爸爸相片。巨帅的。那张相片被撕掉一半,估计就是我妈妈那一半被撕了。她一定超坏,人品不好。不然我奶奶不会这样对她的,你说对不对?我爷爷奶奶这么好的人,宁愿自己吃泔水饭,也要把退休金省下来存给我。被好人撕掉的,肯定是坏人!所以我不想她。"

这晚,阿良倾诉完毕,一口喝光可乐,神清气爽地走了。我站在家门口送他,夜色深浓,他头也不回大步前进的样子,像小说中行走江湖的大侠一样。

05

时间不慌不忙地来到我们读初三那一年。

因为面临中考,我们变得空前忙碌。老徐仍然在大考小考前拼了老命鼓励阿良,阿良仍旧会在考砸后痛哭。

一切仿佛没有变。一切仿佛又都变了。

一群青春期的孩子,见识依然浅薄,却已经不再相信世上真有晶莹剔透欢颜倾城的童话。

一个下雪的傍晚,在学校门口,一个穿着黑色羽绒服、半个脑袋都裹在大红色围巾里的中年妇女拦住阿良。

"做啥?"阿良不解。

"儿子,我是你妈妈!"那妇人语气急切,双手反握着阿良的车把,生怕他跑了一样。

我们几个平常一贯跟阿良同道的人,都用脚尖踮在地上,停车观望。

"走开,我没有妈妈!"阿良直接握着车把将车头拧转个方向,两脚一踩,飞速从我们侧畔往前蹿去。

"阿良,我真是你妈妈!我找了你好久才找到这里。"妇人站在风雪里大喊,从声音里听不出哀伤,但怨意很浓。

阿良这天像疯了一样拼命往家骑,我们都陪着他,像是要骑着自行车起飞。到家后,里面衬衣都湿透了。

接下来的几天,那个妇人并没再来校门口纠缠阿良。她就像一颗临时过路的流星,闪一下就不知所终。可能连阿良自己都怀疑那天在雪地里遇见的妇人是他的黄粱一梦。

没过几天,雪过天晴之后的一个周末。几个人走进阿良家,说是他家在另一个地方的老屋要拆迁了,他们来找阿良家详谈拆迁细则和补偿协议。

好多邻居走进阿良家。迟早要拆到我们这儿的,大家怀着取经的想法去围观。

良爷爷良奶奶都是好说话的人,很快在协议上签了字。他们刚按上指纹,屋外有个女人狂奔进来。

"爸,妈,不好签的!"正是那天雪地里的中年妇人。

"我没有跟阿良爸离婚。我还是你们的家人!这里面补偿的房子和安置款都应该有我一份!"女人激动万分,想将协议夺过来。

良奶奶死死瞪着闯进来的女人:"你来干什么?你害死我儿子还不够?现在还想分家产?"

邻居们都惊呆了。以前良奶奶说她儿子媳妇离婚,各自成新家过日子去了,大家都信的。

好多只竖起的耳朵和好多双瞪大的眼睛,根本没等到下文,良奶奶就昏了过去。

人们七手八脚地将良奶奶往医院送。那几个人想跟去看看,女人纠缠不休,缠住他们不放。

屋里屋外都是看热闹的人。他们被女人拉扯得实在没办法了,开始对她不客气。

"你还有脸来争财产?要不是你婚内出轨,三天两头跟野男人宿在外面,阿良爸会因为半夜开摩托车出去找你,掉进河里吗?人家两个老的,带着个小的,躲到这里好不容易过几年清静日子。你要还是个人,赶紧走!"

那个女人也不是省油的灯:"你们谁亲眼看见我有野男人了?我又没有结第二次婚,在法律上我仍旧是这个家的一员!"

"我们来这里之前调查过的。你跟你那男人生了个女儿,比阿良小一岁。你没有结第二次婚,是因为那野男人不愿意娶你。"

"你的男人我们也找过了。你和他们夫妻俩协商好的。你和你女儿的生活费都是你这个男人出!"

"你们居然敢私底下调查我!"女人仍是底气不泄,指着他们几个人的鼻子叫骂,"你们不要欺人太甚!把我逼急了,我什么事都做得出来……"

这天的信息量实在太大,人类都有看热闹不嫌事儿大的劣根性,但这天邻居们却没人将阿良家这段被人从残酷黑暗中撕出来的历史当笑话。

良爷爷拿着菜刀冲出来的时候,居然没人想拦,但又不得不拦。

最后,这个女人是被阿良用脚踹出家门的。

 06

阿良中考之后,去了一家技校学习汽车维修。这里面有老徐的帮忙。

我去读高中。平时时间紧,周末也不大回家。上学期快要结束的时候,我去技校看阿良。

他告诉我:他有希望拿奖学金。他对汽车有天分,听声音就能估出大概是哪个位置出了问题,同学当中目前没人有这个特长……

那晚我们聊了很久,阿良的心智明显成熟了很多。他对未来有规划,打算在技校的三年,利用周末去外面的汽修公司打工,攒点经验和本钱。毕业后,他要自己开业做生意。

凡尘俗世,我们都是一粒粒认真成长的稻谷。看好景,见好人。承担时光变迁,享受大浪淘尽之后的岁月安稳。

如今已过而立之年的阿良仍是不太聪明。要是有人发长串文字信息给他,他的眉头就会皱得像生吞苦瓜一样。

他的汽修公司,不仅修车,还卖配件。他带着老婆孩子吃住都在里面。前几年他常年一身油污,现在累积的名声和信誉都有了,一般的事交给徒弟,有疑难杂症才亲自出马。

闲下来的阿良弄了个办公室,整天衣装笔挺朝老板椅上一坐,挺像那么回事。

关于阿良的终身大事,也并没有费什么大周折,仿佛车到山前必有路一般,时候到了,他就娶上老婆了。

良奶奶曾为阿良的终身大事操碎心。从他18岁开始,她老人家便动用各种关系,自制无数色香味俱全的小点心,恳求各路媒人,为阿良介绍对象。

然而,因为阿良脑袋有点"愣",长得又十分高大壮硕,以及父母缺失这样的家庭背景,他的红鸾星被一个又一个跟他相亲的姑娘群殴至昏迷不醒。

阿良本身不着急,就是偶尔良奶奶会在菩萨面前边磕头边哭,让他觉得有点烦躁。

突然有一天,阿良外出遇上了个姑娘。

姑娘那时候是个驾龄未满月的实习小司机。她开着车,走错路,想在某小区掉个头。

哪知刚好是早班高峰,她左倒右倒,前进后退,几通操作搞不定,周围此起彼伏的喇叭声震耳欲聋。姑娘戴着斯文的小眼镜,一脸窘迫,把方向盘快攥出水来,也没能顺利调转车头。

不少人摇下车窗说难听话。阿良执着方向盘,处在一个离姑娘很近的位置。

他平时愣头愣脑习惯了,看不惯这瘦巴巴的小姑娘被众人用口水和眼神荼毒。

阿良拉了手刹，熄火下车，直接走到姑娘车旁，拉开车门，用他粗犷豪放的大嗓门说："下来！"

姑娘望着泰山一样高大壮硕的男人，吓一跳，眼里包着两汪水，又不敢让它们往下掉。

阿良明明只是俯视着她，她却感觉他在瞪她。连惊带吓，她霍地跳到地上，蹦出好几米远。

阿良坐进姑娘的小车里，挤在人家铺着粉色坐垫的椅子上，就像把一只大青蛙硬塞进豌豆公主的宝座那样不合适。但大青蛙有实力，三下两下就将车子顺利拐上正道。

"谢谢！"姑娘向他道了谢。

阿良走向自己的车，只是在跟姑娘擦肩而过的时候，大大咧咧从嗓子里哼了一声，以示他接受了人家的谢意。

这种不解风情的男人，其实应该打一辈子光棍儿。

可是第二天，他和她又见面了。

姑娘的车追了别人的尾。她人没事，车轻伤，对方的车屁股被撞掉一块。

缘分来了，一个招呼也不打。两部车一起进了阿良的修理厂。姑娘从此也走进了阿良的生命。

他俩水到渠成后，请我和另外几个一起长大的发小陪他去向未来岳父岳母提亲。

我们自然义不容辞。

一帮人在良奶奶喜笑颜开的期盼中，带上礼品出发。

准岳父做了一辈子小学教师，准岳母是退休工人。姑娘本人在本市某幼儿园任教，除了有点儿胆小，别的没毛病。

她像是月老特意为阿良预留的媳妇。她心疼阿良的一切。

我们顺利在嫂子家吃了顿饭，席间相谈甚欢。岳父岳母都是明事理的人。

临走的时候，岳父大人提了一堆东西跟出来，往阿良车里塞："以后是一家人了。我们老两口平常吃素，这些带回去，你们小两口自己吃！"

"啊不不不，你们小两口自己吃！"怕他初次见岳父没经验，吃饭时多数是我们在说话，阿良很少开腔。这会儿面对这么慈祥和蔼的岳父，他舌根打战，表达能力一塌糊涂。

岳父眉头皱了皱，没跟他计较，硬将东西塞给阿良："你们小两口不吃的话，带回家给你爷爷奶奶吃！"

"啊不不不，留给你爷爷奶奶吃！"阿良还在语无伦次。

这个时候，要我们怎么帮腔才合适？岳父耳朵又不聋。

幸好岳母大人菩萨心肠："这孩子，看来平常酒量不行，今天几杯就喝成这样，说话颠三倒四。以后可不许多喝酒了。"

没办法，阿良的岳父一家人，就喜欢这种憨厚到有点儿傻的人。

阿良在别人眼里的那点缺憾，在岳父一家人眼里就全是优点。再加上那时候阿良有了自己的事业，生计完全没问题，阿良的婚事就这么成了。

现在，我经常拐进去看看他。

有时看到他在拍朋友圈视频，举个手机，镜头对准因为发生事故被撞得惨不忍睹的汽车。

有时看到他大着嗓门在训老婆："减什么肥？女人就要胖，胖的才好看……"

有时他在训刚读一年级的儿子："不好好学是不是？那就回来吧，找个人结婚。我早早把你分出去单过，老子懒得管你……"

小的含泪抗争："我现在还不想结婚……"

有时他在给良奶奶打电话："你不要乱动，不许坐公交车过来，等我开车去接你……后面的菜园子你不许再弄，我叫××回家帮你弄……"

阿良靠他那颗不太正常的脑袋，已经完全过上了正常人的生活。

生命到底有多少种活法？这永远是个未知数。

前几天，我在阿良家吃饭。阿良粗手粗脚地给他太太剥蟹，他把雄膏雌黄都扒拉到太太碗里。

他太太也在剥，剥出的肉往孩子嘴里塞。

我一个外人，坐在旁边欣赏着。俗世屋檐下，一家人团团围坐。桌上菜肴，冒着香香热气。

三餐，四季。良辰美景。

被啃过的苹果

※ 邱玉洁

· 唯 一 ·

看着桌子上被无心放置着的苹果，我习惯性地拿起来啃一口，然后静静地将它摆成一个易于观察的角度。望着咬痕在阳光下慢慢生长出斑斑锈迹，直至锈蚀到鼻腔中弥漫着一股铁红色的锈味儿，这味道像是衰朽的败草，呛得我说不出话来。

第一次见到她的时候，她正盯着一个造型奇特的苹果久久出神。一个表面经过充足的日照而呈现出鲜亮红色的苹果上面，格格不入地被一小块青绿色占据了领地。霎时，我被这个苹果吸引住了，挪不动目光。我刚准备拿过来仔细瞧，教室上空盘桓的寂静被一声突兀的尖叫声撞碎，玻璃般七零八落碎了一地。我吓了一跳。旁边的同学悄声告诉我，她有点神经质，少和她打交道为妙。我点点头，但也没放在心上。她是我前桌，上课的时候身体成罗素的《思想者》雕像的样子，表情庄重。她经常凝视着桌上那个造型奇特的苹果，似乎思考着什么深奥的哲学命题。

她没有朋友，或许没人会愿意浪费时间跟这样一个怪人打交道。她无聊地趴在桌子上，或发呆或写写画画，桌面上堆成小山一样的书为她打掩护，使她成功躲过一次又一次班主任唾沫星子的狂轰滥炸。下课后，她也只是在睡觉，经常是趴在桌子上睡到口水横流，上课了也没有人去叫醒她。她就这样一边孤独地活着，一边抗拒着任何人走进她的世界。

那个苹果在放了几天之后终于扛不住了，皱缩得如核桃般。偶然间，我瞥见了她在作业本上一笔一笔勾画那个核桃样的苹果。那个充满着死亡与颓废的苹果被她逼真地描摹出来，一道一道的沟壑里盛满了太多我所不曾了解的隐匿岁月。

"哎，你叫什么名字？"我伸出胳膊捅了捅她的后背。

她停下了手中原本在画画的笔，一愣，而后长长地沉默着。她的身体微微一搐，整个后背的肌肉都紧张了起来，显然极力克制着，但她还是无意识地抵抗来自外界的身体上的触碰。场面出现了微妙的尴尬，我感觉自己是个不识相而且自讨没趣的人。

果然是个怪人，我想。

就在我以为等不到她的回答了的时候，她有些局促不安地转过头来，说了她的名字。我有些惊喜和意外，准备礼尚往来报上自己的名字时，她又支吾了一句"你的名字，我知道的"。说完便脸红了一片。

她说，在这个班上我是第一个和她说话的人。就这样，我算是成了她唯一的朋友。

·分离·

高中三年里，别的同学都在为考大学而发愤图强，她还是那样，不疾不徐，像一潭温吞水。那个干瘪的造型奇特的苹果被她扔进了垃圾桶，第二天早上又换了一个新的摆放在桌子上。

升高三那年的暑假，她邀我到她家。虽说是她请我，但最后还是变成了我骑车载着她。她家住在铁路附近，聒噪的蝉鸣声中，夏日的阳光在铁轨与枕木的交界处像流水般铺陈开来，脚下的枕木飘散出沥青熔化的强烈气味。沟垄里大片的麦田像柔顺的头发随风而动。她走不动了，便一屁股坐到了我单车的后座，开心地偷笑着。两个人的重量压在了我年岁已高的自行车上，车轮"咯吱咯吱"地发出不堪重负的声响。这是我第一次，也是最后一次看到她笑，竟然带着一种单纯的悲哀。

那个暑假，我们就拥在她家狭窄而私密的小阁楼里，聊了自由、聊了困境与焦虑。她在某些方面还是那么敏感、神经质，稚气纯洁的眼睛像面镜子，干净得能照见人的魂魄。虽然孩子气的她一言不合就可能歇斯底里，完全超乎我这种凡夫俗子的理解与想象，但我们仍然聚在一起玩奥特曼打小怪兽，尽情尽兴地哭、肆无忌惮地闹。两个苍白寂寞的灵魂因为彼此身上的某些特质而互相吸引，紧紧缠绕在一起，像两个被遗忘在黑夜中的影子，拥抱着啜泣他们短暂的交错。

她说，她时常感到自己像一株遗世独立在苍凉荒漠里的孤树，看着生命里穿梭过千百张面孔，每一张面孔都戴着一张滑稽可笑的面具。

她说，那人流就如同冷冷的风，永远无法真正地接近，总是呼啸着将她远远地抛在后面。可她还在苦苦挣扎着，疲惫不堪，像个傻瓜一样。

她说，她最大的愿望就是到天堂里去逛一圈，没有了肉体的限制，可以直达别人纯粹炽热的内心。

忽然，她忧伤而茫然的目光朝我望过来，像个失足溺水的人，眼神中有两团炽热的渴望，尽是难以言说的求救与期冀。我心里暗暗一惊，凭借自己微弱的身高优势一把揉乱了她的头发，故作轻松地说："你要是真去了，我怎么办？你不够意思啊，姐妹。"

她很认真地思考了一下，而后双腿交叠在一起，用左脚的鞋垫在右脚上。右脚上的白球鞋作为被牺牲的对象，瞬间悲壮地花了脸。猎猎的风像一声掠过的叹息，撩起她藏在头发后面的面庞。迎着风，她微微扬了扬嘴角，单薄的身体像是风中的一个剪影。

似乎是艰难地做出了决定。我不知道她究竟决定了些什么。既然做出了选择，那便一定会有被遗弃的一方。我不希望我是那个被她放弃的人。尽管辛苦，但还请艰难地走下去。在我眼里，此刻的她就像一尊摇摇欲坠的石像，在风雨中蔓延出树冠般密密的纹路，宛若被光阴磋磨的身体上缀满的累累伤痕。

她如此地渴望与人交往，却又害怕受到不可避免的伤害而选择被动。她说，她曾有过一段很短暂的友谊，因为她有过一次神经质的举动把朋友吓到了，然后两人就再也没有了联系。说这话的时候她浅浅一哂，就像在说一个无关痛痒、不关己事的话题。外星人一般的她，在暗处偷偷观察着人类，无比渴望亲近，却抗拒着他人的亲近。只有极少数的人能够撬开她紧闭的心门，在微微露出来的一条缝隙里不动声色地窥见她赤诚热烈的心。

我们在不同的城市上大学，后来我与她的联系也慢慢断了。我疲于奔命，原本只是飘浮的自由灵魂在历经世事的打磨后慢慢沉了下去。我讨厌这个虚伪的皮囊，"心灵的自由"这几个令人魂牵梦萦的字眼，被插上了高飞的翅膀离我远去。我能够想象，虽然我变了，但她依然会是那个在人群中格格不入的、有点可爱的奇葩，也不知她交到新的朋友没有。

·救赎·

某天，我收到了一个匿名的包裹，拆开后掉出来一张小纸条，上面是笔力遒劲、惊世骇俗的狂草。字迹虽然和她瘦瘦小小的外表搭不上边，但我还是一眼认了出来。上面只有寥寥数语，不喜不悲，很像她一贯的风格，将自己隐藏得很好。

她说：我要走了。我曾试着再次融入人群，但我失败了。我以为我可以用故作成熟、看穿一切的外表来对抗孤独，但我还是失败了。那个苹果是我以前最喜欢的东西，送给你吧。干瘪的苹果留给我就好了，很适合我现在的心境。但没关系，我孤独惯了。希望你可以像这个奇怪的苹果一样，无论何时，哪怕是在现实里被迫打磨成成熟的外表，也请不要忘记你那一点青涩单纯的内心。不管怎样，我都要谢谢你。再见。

包裹里还有一个包装良好的苹果，一大片鲜艳的红色上面，突兀地有着一小块青绿色。

心脏骤然间开始疼痛起来。我匆匆忙忙地赶回家，带着她最喜欢的那个苹果，再次踏上她家的小阁楼，却发现早已是人去楼空。潮湿的水汽从犄角旮旯里蔓延而生，桌子上放着她的画册，封面陈旧得能呛出隔世的灰来。翻开画册，第一页便是她为自己画的画像。短短的头发乱得像天边飞来的一蓬野草被顶在头上，鼻梁上架着黑色全框眼镜，厚厚的镜片衬得她好像有几双眼，显得滑稽可笑。瘦瘦小小的身躯上，微薄的脂肪遮掩不住嶙峋的骨架，只有一颗硕大的心脏透过薄薄的皮肉在跳动着。一根一根的肋骨均匀地排列，像树叶上纤细而脆弱的经脉，无奈地撑起这累赘的肉身，像架起一道内心与外界的冷漠的屏障。

我忽然间想起奈保尔在《自由国度》里的一段话：我曾在镜中端详自己，决定做个自由人，然而现在，自由使我认识到，我有一张脸，一副躯体；我必须在若干年内给这副躯体吃饭，给它衣穿，直至消亡。

中间的十几张漫画，颇有些魔幻的色彩，但魔幻的背后必定是现实的苍白与无奈。有从中间被截成两半的躯体，无脸人，还有被剖开的心脏，构成了一幅幅光怪陆离的画面。现实的焦虑与彷徨交叠着向她空落落的内心迎面涌来。

当我翻到最后一页的时候，眼睛瞬间被刺痛了。整幅画被割裂成了两半，一半光明，一半黑暗。光明下，是一只温暖而又白皙的小手，手指张开，面向黑暗；黑暗中，那只黑色的手隐匿于夜色，带着夜色这层保护色，带着幻化成的泡沫，即将消失，却不由自主地贪恋着那份仅存的温暖，努力地想要和光明中的手相合，无限地靠近，只差最后一步。画的角落写着小小的两个字：救赎。

我细细摩挲着这幅画，粗粝的质感透过微凉的指尖直抵我柔软的内心。许许多多的我们都是站在阳光下的孩子，而她则是被排除在外的黑夜中寂寥的影子。但不知为何，我却隐隐地有些羡慕她。尽管存在着，却不能被人发觉；永远与人群格格不入，却永远自由。而意外闯进她生命中的我，竟成了她为数不多的最为虔诚的救赎。

翻至反面，我发现了不久前将这幅画从中间一分为二撕毁、又小心地用胶粘好的痕迹。她以为，她可以很洒脱地告别。但她终究还是舍不得，舍不得这微弱的温暖。

我不知道她去了哪里。曾经的我也像其他同学一样，给她贴上"怪人"的标签，仅用浅尝辄止的判断给她过早地下了定义。迅捷的风拖着长长的尾巴，扫过流年里那么多的夏天。一向忍受着孤独的她，站在玻璃窗内远远眺望着喧嚣人群的她，或许比我想象的更加强大。

·擦 肩 而 过·

她是那个被啃过的苹果。虽是她的朋友，但我仍是不太了解她。我猜想，她那干瘪瘦小的身躯里一定藏着巨大的心、肝与灵魂，全部挤挤挨挨地凑在一起。虽说是前世五百次的回眸才能换来今生的擦肩而过，但她已经狠狠地和我的生命撞了个满怀，在我平淡无奇的生活中炸裂开漫天绚烂的烟花。凡·高说："每个人心里都有一团火，但路过的人只看到烟。"我很庆幸我是那个窥见她内心一团火的人。她始终无奈却又执着地爱着人类，带着赤条条的透明的灵魂行走于这世间。

我喜欢这个苹果的含义。皮囊终将老去，但在各种意义上，我们的心灵不应该随着肉体一同衰弱下去。我对着那一小块青绿色的苹果咬了一口，涩涩的，一如我们曾经年少而单纯勇敢的心。

没有一只猫，能靠卖萌过好这一生

✽ 冷 风

黄昏里，我和媳妇在路上遇到一只猫。它雄赳赳地蹲在一个石墩上，一身黄毛，两眼放光，浑身肥嘟嘟的。媳妇一眼就喜欢上了，吩咐我买来一根火腿肠，掰开了喂它，谁知猫嗅上一嗅，不屑一顾。我不开心，故意挑衅它，劝猫说："跟我们回家吧，以后乖乖做一只宠物。"

爱情与面包只能选一个，我以为这是一道灵魂拷问题。但猫不是人，它只是轻蔑地瞥了我一眼，像看一个既无聊又白痴的人类，然后一纵身跃下石墩，俯身走入黑暗中。我心想：这次偶遇到此结束。媳妇却指着远处喊："快看，那边有只白猫，原来它是回去抢地盘呢。"

我们俩在车往人来的街边，津津有味地看了一场龙虎斗。这只猫成功守住了地盘，保护了自己的水罐与食盘，也保全了自己恋爱的能力。我怀着一份尊重，拖着恋恋不舍的媳妇走了。

过了两天，我们又路过那里，发现太阳之下，石墩上空空如也。猫的地盘原来是在一个小区的入口处，杂乱地放着一辆推车，食盒空空，水罐浑浊，猫不见了踪影。那种强烈的视觉反差，就像看一场聊斋电影，黑夜里的活色生香，天亮变成一堆乱坟岗。

媳妇问："那只猫会去哪呢？"我说："大概被另一个想收养它的我，抱回去了吧。"

这当然是一个笑话，但不想活成笑话的一只猫，跟不想活成笑话的一个人，面临的挑战是一样的，都要向这个该死的世界额外付出点什么，不可能仅凭卖萌就过好这一生。

一只选择去流浪的猫，就是选择了艰难的猫生。宠物猫上天堂，流浪猫走四方。如果有一只流浪猫对着你卖萌，请不要自作多情，它只是在跑江湖卖艺，开门营业而已。流浪猫心里大概瞧不上宠物猫的圈地自萌，觉得猫猫本弱，流浪则强，不像给人做宠物，面子扮着主子，里子虚弱不安。

但宠物猫也很委屈，心里想：我的猫生，就仿佛我有得选一样？有的人一出生就光芒万丈，被这个世界选中做了宠儿。有的猫一出生就萌态万千，被这个世界选中做了宠物。而不那么萌、不那么会取宠的猫，则连卖萌的机会都没有，它们大概率从一开始就被世界放弃销毁了。

即使有幸做了一只宠物猫，命运也并非一帆风顺。如果不幸变成宠物店里的一只猫，实在会迷惑自己的角色：到底是店员还是宠物？每天要守在店里，前门迎宾，后门送客，摇姿摆尾。搞得像待在一个"宠物青楼"，猫哭笑不得，到底是人养我，还是我养人？

宠物猫就像王小波心底的那头猪，大家早已被设置了命运，猫生被安排得妥妥当当，谁也不要想特立独行。只是屈从世界安排给自己的角色，不反抗，不逃跑，就能平安度过这宠物的一生吗？

我平生见过靠卖萌让自己活得最滋润的宠物，不是猫，而是一只兔子。它的结局难以言喻。

兔子是只长毛兔,老妹和两个舍友高价买来,请它住在一个特制的笼子里,有活饮水,有特供餐,定时放风,每周洗澡。我妈看了眼羡,吐槽说自己都没有这个待遇。而兔子只需要卖萌发呆,便有三个兔奴悉心照料,让它无荣无辱,自在快乐。

只是乐极生悲,三个兔奴后来纷纷结婚生子,兔子病菌多,跟孕妇待不到一个屋檐下。三个兔奴左右思量,把兔主子送到乡下,兔子出了牢笼,来到广阔天地,满眼是短毛的家兔。起居饮食也降为乡间标准,饿了吃青草,馋了就忍着。兔子急红眼,追得家兔满院子跑。明明身型只有家兔一半大,气势却十足,像极了失势的贵族。

不知怎么地,我就想到了《日落紫禁城》里的末代皇帝。

我不知道这只兔子的命运最终如何,我只知道许多街头卖艺的流浪猫,曾经都是圈地自萌的猫主子。

我的前公司,在28楼,电梯摇摆,楼道狭窄,应聘的人不大爱上来,一只流浪猫却蹿了进去。半大的身子,瑟瑟发抖,叫得很凄厉。老板一发慈悲,给猫一个编制,让猫在公司阳台安了窝,它摇身一变成了一只宠物猫。

成了宠物的猫,性子越来越活泛,白天和人挤一块,晚上屋空了,猫就上蹿下跳,舔每个人的水杯。午夜加班过久,人会变身加班狗,跺着脚满屋追猫,直至跑不动,猫喘息着,人也喘息着。

后来猫长大了,开始叫春,声音透着急迫,从28楼穿刺到地下室,但也没什么雄性肯来回应。一只宠物猫,怎么可能自由选择自己的爱情呢?

于是猫不见了,出走好几天。保洁阿姨很思念它,拜托我们外出吃饭时留意一下。我们嗯嗯答应,全不上心,像对一位离职的同事,过眼云烟。

我后来在楼下停车场瞅见过它,毛色杂乱,气质却沉静了许多,也不知道为爱出走的它,摆脱了宠物的身份,猫生究竟是喜是悲。

这是一只猫从流浪回归流浪的故事,而最伤心的故事,是明明宠物半生,却被迫离家出走,那惨状,不亚于大富之家的家道中落。

不是所有宠物都能善始善终,我家的狗大概算一个。狗是媳妇亲戚家的,经常来我们家小住。狗老了,12岁的年纪,有足够资历对人说不,喜欢终日高卧在沙发上。我拍拍手招它,它冷淡地看看我,凑过来在我腿上略坐一坐,敷衍一下,便翩翩而去,它已经开始拒绝营业了。

狗每天吃一条鸡腿,不知道从小怎么惯的,口味刁钻,要求加盐加酱油,用高汤锅煮熟,切成细丝,砸碎鸡骨。哄着它吃上几口后,它就摆摆尾巴,表示用膳完毕,蹒跚着回窝。一切狗爱吃的零食,它都不爱。

我去超市给它买鸡腿,新鲜鸡腿标价17块5,打折的只要7块。媳妇说："买7块的。"于是提回家一兜子鸡腿，我也明白了狗不爱吃饭是有道理的。

但它是一只狗，只能听人的。我帮它算了一下，一辈子夏吹空调冬暖气，每周洗一次澡，晚上跟人睡床，12年吃了4000多条鸡腿……人觉得狗活够本了，投了个好胎。狗汪汪两声，谁解其中意。

狗在14岁的时候，生了一场病，死了。媳妇哇哇大哭，像失去了一个重要的家人。我们把它埋在小区花园里，不经常去看它，但每天都把它挂在嘴边，仿佛它从未离开。

但我有时候会想：狗这一生是快乐的吗？它没有生育过，没有在山间田地奔跑过，因为身娇体弱，甚至雨天都没在外面活动过。这样的狗生，它的意义何在呢？

但狗自己可能不会想这些，它的命运就是一个宠物的命运，老兵最渴望的归宿是永眠在一张床上，而死在空调房，是一个宠物最后的体面。《芙蓉镇》里，姜文对刘晓庆说："活下去，像狗一样活下去。"可一只宠物狗真的流落街头，它却几乎没可能像狗一样活下去。

闽南歌唱"三分天注定，七分靠打拼"。之于兔，之于猫，之于狗，宠物自己的奋斗大抵是出生时的毛色，和后天的性情温顺，善于卖萌，除此之外命运皆由人定。任何生存都是不易的，宠物的萌，是人类用物种繁衍的手段，以满足自己过剩或者缺失的怜爱欲。那些萌到令人发指的宠物，按物竞天择的标准，全是次品。

但宠物的命运已经很好了。我看过一个报道，工业化体系下的养鸡场，刚孵育出来的雄性小鸡，在确定性别的一瞬就决定了自己的命运——它们被送上流水线，在搅拌机里被搅得粉碎，因为在人类的商业逻辑里，雄性小鸡完全没有价值。

可那些幸存的雌性小鸡又能幸运多少呢？它们最终还不是从各种渠道被端上人类的餐桌。身体好一点的，17块5一斤变成我家锅里的红烧鸡翅；身体差一点的，7块钱一斤变成我家狗的盘中餐。我家狗吃饱后被我们抱出去散步，沿途不断获得赞赏：这只狗好萌啊。

你看，不仅世界是圆的，宠物的命运也是圆的。

我甚至感觉人的命运，与宠物如此相似：普通的你，可以决定自己到底要过怎样的一生，到底要做怎样的一个人吗？你有得选吗？不，你没得选。

大家仿佛都被什么力量役使着，成为这个莫测世界里的俘虏。一个人可以随意处置一只猫的命运，让一只狗幸福或不幸，但在更大的力量面前，人生的轨迹就可能完全变了。在巨大的生存链上，你可以决定下一环的命运，但也被上一环役使着。世界是个圆。

佛家讲众生皆苦，有情皆孽。我也不懂这句话在说什么，只知晓多数时候，万物逐河而下，谁都做不得自己的主。一只半途流浪靠"卖萌"营业的前宠物猫，与一个40岁被迫面临行业淘汰的人，究竟有多少辛酸，尽在两两相望不言中。

即使波澜不惊，像只幸运的宠物一样，平平淡淡过完一生，一个人也难言轻松。从幼而长，人的每一天都在负重前行：一个小孩子做作业累了，也要边哭边做；一个年轻人喊烦恼啊，但他不是少年维特，没勇气跳下那道山涧，能做的只有忍；至于一个中年人，不说也罢，难道他还敢撒手不管？

玄学一点讲，宠物也好，人也好，这辈子从降生开始，就要对自己幸运得来的生命进行偿还。没有一只宠物猫所享受的衣食起居是无代价的，也没有一个人的生命历程是不伤及无辜的。

我们从出生起，便要耗去父母的精力骨血，折损他们的人生乐趣，要消耗能源，制造污染，还希求获取他人的情感……索求如此之多，求而不得是为苦，求而过多是为贪。而无论在哪一种文明里，贪都是一种罪过。抵消罪过的方式，就是沉重而坚忍地生活。

《徒然草》里有一句话：愿以无罪身，长对流放月。

所以人生路上的一切困厄蹉跎，你都可以当作是宇宙的能量守恒，所有得到，必要偿还。一只猫抬头仰望星空，它看到的可能不是星空，而是房顶，琢磨房顶之上究竟藏着一个潜在的对手，还是一段炙热的爱情。而我们总要比猫明智一点，知道这星空之上，其实是无尽的虚无。

世上最好吃的冰糖红烧肉

✽ 赵 挺

>> 1

外婆从菜市场买来了最好的五花肉,准备了最齐全的料,发誓一定要做一顿这个世界上最好吃的冰糖红烧肉——浓油赤酱,香甜酥软。

这一切源于八岁的娜娜。

那一天,娜娜太饿,在家人吃饭前,偷吃了一块红烧肉,奶奶惩罚她站在旁边挨饿。之后几天,她不能坐下来一起吃饭,只能一个人端着碗吃,并且只有白米饭。娜娜捧着饭碗眼泪就流下来了。

外婆知道这事情时,正在切菜,握着菜刀说:"我要去找娜娜奶奶算账。"冷静了几秒钟想,这是别人家的孙女,又不是我的。又冷静几秒,把菜刀钉在砧板上自言自语:"就算不是我孙女,我也不能不管。"

于是现在外婆正拿着菜刀猛烈地切着最好的五花肉;然后将肉倒入油锅,过会儿放入冰糖,又加入葱、姜、蒜、香叶、八角等调料;接着放入鸡粉、生抽,小火煲,大火烧。不一会儿,一碗香喷喷的红烧肉就出锅了,肥而不腻,入口即化。

外婆对娜娜说:"我就是要让你尝尝世界上最好吃的冰糖红烧肉。"

八岁的娜娜梳着羊角辫,吃得满嘴香甜,喜笑颜开。

此时,我看着外婆说:"我能吃一块吗?"

外婆仿佛终于想起了我,恍然大悟地千挑万选了一块看起来最肥最油腻最难吃的给我说:"你尝尝就行了,要照顾一下小妹妹。"

娜娜吃完就心满意足地回去了。看着她蹦蹦跳跳的身影,我说:"你的亲外孙看得口水都流下来了。"

外婆看着窗外说:"我像她这么大的时候,什么都没得吃。"

我说:"我现在就和她这么大,我也什么都没得吃。"

外婆突然看我一眼说:"闭嘴。"

然后思绪万千地说:"看着她吃,我就像自己那时候吃到了红烧肉一样。"

我说:"那你什么时候做给我吃?"

外婆突然收起碗和筷子说:"来来来,帮忙洗碗。"

>> 2

后来我才知道,娜娜吃红烧肉是她为数不多的快乐之一。

娜娜父母很早就出去工作了,娜娜就由爷爷奶奶养着。爷爷奶奶对娜娜这个小姑娘非常不喜欢,只因为他们喜欢男孩子。后来娜娜有了一个弟弟,奶奶更是把娜娜不当一回事。

别看那天娜娜蹦蹦跳跳地吃完红烧肉回去了,回去之后她就要洗碗、拖地、扫地,干各种家务活,有时候还要负责哄弟弟睡觉。

有一次弟弟笑的时候喷出了鼻涕口水,娜娜也跟着笑了起来。结果被奶奶狠狠训斥了一顿,说她不及时帮弟弟擦掉,还一个劲儿笑。

娜娜笑起来有两个小酒窝,奶奶却经常说:"你再笑,我就用针扎你的两个酒窝,看你还笑得出来不?"

娜娜的笑声戛然而止,整个人变得木讷僵硬。

但是在我外婆这里,娜娜的笑是三月的春风,暖冬的棉袄。尤其那两个小酒窝,外婆总会忍不住去摸两下说:"这酒窝甜得跟两个酒酿圆子一样啊。"

说完就亲娜娜一口。娜娜笑得更开心了,整个人活蹦乱跳的。

外婆总是和娜娜说:"你奶奶要是真扎你酒窝,你就跑我这里来知道不?"

娜娜点点头说:"在家里不笑就好了。"

外婆叹了一口气说:"家里都不能笑,这叫家吗?"

娜娜说:"那叫什么?"

外婆想想说:"什么都不是。"

然后大手一挥说:"反正这里也是你家。"

娜娜平时也是外婆小吃店的常客,几乎每天早上都会准时来店里买四个大肉包,但从来不在店里吃,而是拿着包子就走了。

有一天,娜娜又买了两个大肉包,外婆看到蒸笼里还有一个,于是顺手给娜娜说:"今天就多送你一个吧。"

娜娜拿过包子咬了一口,高兴地说:"真好吃呀。"

外婆摸摸娜娜的头说:"小姑娘,还挺会说话的,你又不是第一次吃。"

娜娜拿着咬了一口的肉包说:"我从来没有吃过这肉包。"

外婆说:"你不是天天来买吗?"

娜娜说:"都是买给爷爷和弟弟吃的。"

外婆说:"你从来没吃过肉包?"

娜娜说:"我看着他们吃。"

>> 3

娜娜在学校里的成绩一直很好,喜欢写作文,还想去参加作文比赛,于是想买两本课外书看看。

奶奶却抱着弟弟瞪了她一眼说:"买什么书!"

然后指着娜娜说:"读那么多书干吗?赶紧洗碗去。"

娜娜满脸委屈。

最后还是外婆陪着娜娜买了两本课外书。

娜娜在学校的作文比赛中得奖之后,兴奋地拿着奖状第一时间跑到外婆的小吃店,外婆也高兴地抱起她。外婆奖励了娜娜两个包子后,她又兴奋地跑回了家里。这大概是娜娜人生中的第一张奖状。她把奖状贴在了家里最显眼的位置。

奶奶看见之后,一把把奖状扯了下来,往旁边一扔说:"好好的墙,你贴什么?"

娜娜捡起被撕破的奖状,眼泪又流了下来。她又走到了外婆的小吃店,外婆此刻正准备吃晚饭,见状,连忙放下筷子说:"怎么了?摔倒了?"

娜娜哭着把事情说了一遍。

外婆拿出胶水说:"来,我帮你补好,就贴在我店里的墙上好了。"然后帮娜娜擦了擦眼泪说:"你看,中心位置,全村都看得见。"

外婆对娜娜说:"我这辈子最看不惯重男轻女。对了,你知道重男轻女什么意思不?"

娜娜扑闪着大眼睛说："就是男的很重，女的很轻。"然后看着外婆又说，"所以，女的要多吃一点，才会和男的一样重。"

外婆说："嗯，有道理，晚饭在这里吃吧。"于是又跑去给娜娜做两个菜。

外婆在做菜的时候，娜娜一直在后院里玩耍，对着各种花草也不知道在自言自语些什么。外婆有时候偷偷看她一眼，心里一暖：这小姑娘，多可爱啊。然后一回头：哎哟，蛋烧煳了。

吃饭的时候，外婆把菜夹到娜娜碗里，娜娜也把菜夹到外婆碗里。外婆说："很好啊，这叫相互帮助。"

娜娜说："后院里的花是您自己种的吗？"

外婆说："是呀。"

娜娜又问："那菜也是您自己种的吗？"

外婆说："对呀。"

娜娜说："老师讲过，希望、幸福种在泥土里，也会越长越多，是吗？"

外婆想了想，点点头说："嗯，老师说的没错。"

往后的日子，娜娜不仅和外婆很熟，和外婆家后院的猫和狗的关系也很好，经常放学后就在后院里玩半天，里面的花花草草她都如数家珍。外婆经常会看着在后院里玩耍的娜娜，笑着说："有这么一个孙女多好啊。"

>> 4

那一天早上，外婆热气腾腾的包子刚出炉。一个人拿着纸币说："四个肉包。"外婆取出包子后突然发现，这个人竟然是娜娜的奶奶。

外婆好奇地盯着她问："怎么你来了？你家孙女呢？"

娜娜奶奶拎着包子说："在卫生院里躺着呢，不会动了。"

外婆大吃一惊问："什么？不会动了？怎么啦？"

娜娜奶奶说："走路不长眼。"说完就转身走了。

娜娜奶奶就像什么事情没有发生过，外婆则急得店门都没来得及关，系着围裙就一路朝卫生院跑去，跑了几步，又想到什么，赶紧回来拿了两个肉包。

外婆在卫生院见到娜娜时，她正躺在床上，头上大腿上都裹着纱布。

外婆问医生怎么回事。医生说是背同学的时候摔的，额头磕破，左臂缝了好几针，需要养几天。

外婆把包子递给娜娜说："没事背着同学干吗？"

娜娜露出两只小酒窝说："阿杰突然昏倒了，我就背着他来了呀，还好现在去大医院了，应该没什么事了。"

外婆看着娜娜的破裤子说："我给你买条新裤子吧。"

娜娜认真地说："我终于知道'重男轻女'的意思了，男的太重了，不然我也不会摔倒。"

外婆说："有道理，趁热把包子吃了。"

娜娜那几天躺在卫生院，大部分时间都是外婆陪在她身边，每次来外婆总带一堆好吃的。这期间，娜娜的奶奶只来卫生院看过她一次，留了一句"你看看自己这样子有什么用"就走了。

娜娜问外婆："我有做错什么吗？"

外婆说："没有，最大的错就是你奶奶。"

娜娜的伤养好之后，她就再也没有来外婆的小吃店买过包子，但偶尔还会来外婆家的后院玩耍。有一次外婆问她："现在怎么每天都不来买包子了？"

娜娜说："弟弟被爸爸妈妈接走了，不吃包子了，爷爷奶奶也不吃了。"

娜娜说完拿出几个手指大小的玻璃瓶——里面装着五颜六色的糖，打开瓶盖对外婆说："您尝尝。"

外婆说："谁给你买的？"

娜娜说："阿杰出院回来，给我带回来的。"

外婆笑笑说："好吃，和你的小酒窝一样甜。"

日子就这么春夏秋冬地过着，娜娜从一个低年级的小姑娘，到上初中，再上高中。上初中的时候，奶奶说姑娘家读这么多书有什么用，别读了。外婆一直说,别听你奶奶的,一定要读下去。上高中的时候,奶奶更是极力劝阻,就差冲到学校去把娜娜抓回来,她嚷嚷着说:"这么多年养这么大,一点用没有啊。"外婆依旧支持娜娜说:"好好读书,一直读下去,你奶奶敢来抓你,我就去抓你奶奶。"

5

随着年龄的增长,娜娜来外婆小吃店的次数越来越少了。高三的时候偶尔过来一次,会和外婆聊聊她以后想读哪个大学读什么专业,外婆对这些似懂非懂,也记不太住。唯一能记得住的就是,娜娜说过的城市名字:上海、北京、武汉、深圳。

外婆说:"娜娜,你以后要去那么远的地方了呀。"

娜娜说:"对啊,去外地上大学。"

外婆说:"那读完大学还回来吗?"

娜娜像小时候一样笑笑说:"都还没高考呢,还没想那么远,有可能回来,有可能不回来。"

外婆"哦"了一声说:"那我给你做几个菜吧。"

娜娜说:"不用了,我马上就要回学校了。"

外婆说:"今天周六呀。"

娜娜说:"晚上还要夜自习,我今天还是请假出来的。"

外婆说:"请假来看我吗?"

娜娜说:"是的,顺便看看奶奶,她也生病了,在医院。"

外婆若有所思地说:"你好好读书,你奶奶我会去看她的。"

娜娜在全身心备战高考,而外婆也去了一趟镇上的医院,找到了娜娜的奶奶。外婆拎着一袋自己买的水果说:"你家孙女买的。"

娜娜的奶奶也已经很老了,看了外婆一眼,似乎没听清楚外婆说的是什么。

外婆又大声说了一遍:"你孙女买的,让我来看你。"

护士忙过来提醒:"小声点,小声点,病人需要休息。"

外婆坐在娜娜奶奶身边,削起了苹果,边削边说:"你的孙女啊,真的是全天下最好的孙女了,什么事情都记得你。你对她的坏她全部不记得,你对她的好她全部记得。"然后停止削苹果的动作说:"哦对了,你有没有对她好过?好像没有哦。你看,她还是对你这么好,你知道吧,她以后要去那个什么上海北京了,多有出息,你去过吗?还有啊,我跟你说……"

外婆说到这里,突然发现娜娜奶奶已经盯着自己很久了,眼睛里有眼泪流出来。外婆把苹果递过去说:"你吃吧。"

娜娜奶奶微微摇头,然后眼含泪水看着外婆。

外婆咬了一口苹果说:"哦,你吃不了了,也动不了了,想娜娜吗?"

娜娜奶奶吃力地点点头。

外婆说:"想她干吗呢?不会又是欺负她吧?"

娜娜奶奶闭上了眼睛,两行泪水顺着脸颊流了下来。

外婆给她擦掉眼泪说:"好好休息吧。"接着又摸出三百块钱塞到娜娜奶奶手里说:"哦对了,娜娜让我把这三百块钱给你,到时候你记得给你老头子,别问她钱怎么来的,据我所知是路上捡的,上天长眼,好人有好报。再见。"

6

娜娜再一次来外婆的小吃店,高考已经过去了很久。外婆特意做了一桌好吃的招待娜娜,有椒盐排骨、珍珠肉丸、煎烧青鱼、香椿芽拌豆腐、酸萝卜泡菜鱼汤……

娜娜像小时候那样露出小酒窝说:"真的是回家的感觉。"

外婆说:"想好去哪里上大学了吗?"

娜娜说:"九月份就要去北京念书了。"

外婆一惊说:"这么快,今天是几号?"

娜娜说:"还有半个月。"

外婆若有所思地点点头。

娜娜给外婆盛了一碗酸萝卜泡菜鱼汤。

外婆接过碗说:"好,北京好啊,北京的金山上光芒照四方。"

娜娜笑着说:"外婆,喝汤吧。"

那一晚,外婆和娜娜聊了很多,外婆心里有点伤感,但还是边喝汤边说:"长大了是要去外面,要去外面的世界看看呐。"

临走的时候,外婆说:"有空记得回来看看,也看看你爷爷奶奶,对爸爸妈妈弟弟都要好,毕竟,都是家人,如果他们对你不好,你也对他们不好,那就一直好不了了。"末了又想了想说:"如果你对他们好,他们还是对你不好,那你就再来找我。"

娜娜说:"外婆,您打算把小吃店开到什么时候呢?"

外婆说:"开到开不动了为止呀,随时等着你回来。"

后来,娜娜回来过两次,每次来小吃店就像回家一样拎着大包小包。2016年,外婆突发急性肠胃炎住进了医院,小吃店也关了几天。有一天在医院里,一个二十几岁的小伙子拎着水果过来,看了一眼床头的名字说:"外婆,您还好吗?"

外婆正戴着老花镜看着报纸,看了他一眼说:"叫我?"

小伙子说:"对啊,小吃店的外婆。"

外婆把老花镜一摘说:"我不认识你啊。"

小伙子说:"我是娜娜的弟弟。"

外婆诧异地支起身子说:"弟弟?就是那个爷爷奶奶宠得不行的那个弟弟……"

小伙子尴尬地笑了笑,他告诉外婆,娜娜已经工作了,当了老师,自从自己懂事起,碰到姐姐就一直讲外婆和她之间的故事。娜娜一直告诉弟弟,没有小吃店的外婆,她可能会是另一种人生。他还告诉外婆,自己和娜娜姐弟感情很好,小时候奶奶重男轻女,自己也没办法选择。

外婆看着窗外说:"一家人好,就好。"

小伙子说:"我姐姐要结婚了,最近有点忙,她说她会来给您送糖,带您去参加她的婚礼。"

外婆说:"太远了,我已经走不动了。"

>> 7

外婆出院后,小吃店照常开张,有一天在后院突然听到噼里啪啦的声音——猫狗追逐的时候,把两个花瓶打碎了。外婆走过去,发现泥土里竟然掉出几个很小的玻璃瓶,一一打开看,分别写着,快乐、幸福、友爱、互助、外婆、娜娜……

外婆突然想起某一天,娜娜问她希望、快乐是不是种下去也会越长越多,想起阿杰送她的装糖果的玻璃瓶,想起娜娜总在后院里玩耍……

此刻在离小吃店2000多公里外的北方,娜娜正在讲台上给自己的新生上第一堂课。她说:"我希望你们都能够快乐、幸福地度过这段岁月,在此期间要友爱、互助。我给你们讲一个真实的小故事:从前有一个小姑娘叫娜娜……"

那一年,夏末的时候,小吃店内灯光温暖。外婆站在后院里,周围依旧有夏季的蝉鸣声,就像十几年前娜娜的笑声一样;头顶的星空依旧,仿佛时间还停留在外婆教娜娜认牛郎星、织女星的时刻;而小吃店内,那张带有拼接痕迹的奖状还挂在最显眼的位置。

外婆走过去,用手擦了擦奖状上的灰尘。关掉灯,就像一场旧剧落幕,日月暌违,天各一方。

人生中的最后一夜

★ 邓安庆

晚上躺在床上，突然想起亮子的最后一夜，睡意一下子全无。

亮子住的那个房子应该是多年前我去拜年时看到的模样：两层小楼，灶屋盖在旁边，楼前还有一棵枣树，不知道现在是否还在。

房子里曾经住了我的大姑，在她去世前，每一年过年我跟哥哥都要去给她拜年。那时候她身体已经很不好了，牙齿掉光，头发稀疏，拉着我们的手不放。

还住了我大姑的大儿子一家，也就是我的大表哥刚哥、大表嫂，以及他们的大女儿老高、小儿子亮子。刚哥是心灵手巧的木匠，大表嫂勤快热情，见我们来总是笑脸相迎。

而在我的记忆深处，我对亮子的记忆并不深，只知道他的成绩一直很好，还考上了我们当地的重点高中。我们两人之间并无交集。

亮子真名叫郭培亮，我尝试在网上搜他的资料，跳出了一条2012年的新闻，记者写道：

"2007年5月，正在备战高考的郭培亮不幸患上'迟发性运动障碍'：全身左右摇摆、躯干反复扭曲，无法控制自身肌肉。全家举债40多万元为其治病，2008年，终于成功地在其大脑植入起搏器，挽回了他的生命。

"此后，郭培亮开始靠脑起搏器生活，一心想上大学的他最终在去年考上了湖北理工学院。

"'我这么努力，就是为了今后能过上精彩的人生。'郭培亮说。

"郭培亮生病前，父亲曾是当地有名的木匠，母亲则经营着家中的几亩田地，姐姐在外地上大学，一家人其乐融融。

"然而治病欠下的债务，却让这个家庭不堪重负。今年3月，郭培亮74岁的爷爷病危。在江西打工的父亲赶回家探望，在去水塘为爷爷清洗衣物时，不幸落水溺亡；4月，老年丧子的爷爷离开人世；5月，难承家庭负担的母亲服毒自尽……"

而我与亮子的真正交集就是因为这个"脑起搏器"。2021年10月，我在朋友圈看到老高转发的求助信息，点开一看，原来是亮子近来感觉身子不适，脑起搏器必须尽快更换了，否则会危及生命。

更换脑起搏器需要做手术，而这需

要一大笔钱。亮子大学毕业后，因为疾病，一直没有找到好的工作，也没有什么积蓄，实在没有办法只能向外界求助。

我立马联系了老高，问清楚亮子的情况，确定是真实的信息后，开始在我的个人社交平台上呼吁大家为他捐款。

众多陌生的友邻知道了他的情况后，纷纷转发捐款，有朋友私下转给我很大一笔钱，让我转给亮子。

家里的亲戚也动员了起来，我父亲去亮子所在的村委会反映情况，希望能走低保，给亮子未来一个保障。

在大家的帮助下，亮子在上海做完了手术，回到老家休养。因此，我也松了一口气。

几个月后，亮子发给我一张照片，是医院的收费单，花费是六万多一点，正好是之前大家给他筹集的钱。

我问他"脑起搏器"的情况。他说不可充电的电池是五年，也就是他现在更换的，花费会便宜；可充电电池的是二十年，质保十年，可以一劳永逸，需要十六万，他承担不起。

我说那你未来又要做手术，太遭罪了。他说他要攒钱，筹齐未来的手术费。

我以为事情就这样解决了。他在家里好好休养一段时间，然后出来找个工作，日子可能不会太好，但好歹能好好活着。

后来，我们聊天就少了。我相信他不会出什么事情。老高在外地有了自己的家庭，家里只有亮子自己照顾自己。

有时候偶尔看他朋友圈，人非常肥胖，估计是药物副作用的缘故。也不知道他日常怎么生活，他会做饭吗？自己洗衣服吗？他自己家族里的人会照应他吗？我一无所知。

昨天父亲突然打来电话，一句寒暄都没有："你刚哥家的亮子死了。"我愣了半天，才知道说的是谁。

父亲说亮子前一天白天还跟人说："我要死了，感觉很不舒服。"（那时候没有人想过送他去医院吗？我不知道），结果第二天有人叫他他不应，把门撬开，他已经断气了。

挂了电话后，我心里久久不能平静。我忍不住想：如果那时候他身边有稍微关心他的人，或者警惕性高的亲人在旁边，他会不会被及时地抢救过来？

很可惜，他的父母都不在了，唯一的姐姐也在外地。他就这样一个人孤单地死去了。

人生中的最后一夜，亮子经历了什么？他会不会感觉到痛苦？他有清醒的意识吗？他是否想要呼救，却没有人在身边？……我不敢去多想。

这会永远是一个谜。同样在那个屋子里，当年亮子的妈妈，我的大表嫂，经历丈夫溺死、公公离世的接连打击，第一次跳楼没有死成，被人救下，那天晚上她经历了什么？没有人知道。因为第二天她服毒自杀了。

我还记得有一年在街上碰到大表嫂，她骑着自行车要给读高中的亮子送饭。那时候她说起亮子，眼睛都是发光的。

亮子成绩那么好，一定能考上很好的大学。家里一切都蒸蒸日上，充满了希望。如果亮子后来没有得病，他一定是名牌大学毕业生，一定有一份不错的工作。

大表哥也不会为了救子去卖肾，也不会因为身体虚弱溺水而亡，大表嫂也不会崩溃自杀。亮子的病，就像是推倒了的多米诺骨牌，全家人的厄运因之而来。

付出了如此惨痛的代价，亮子如果能好好地活着，也算是一个安慰。但是亮子没有撑过去。

那篇报道后面又写道：

"'我早就哭过了，我现在要笑，笑给我的亲人看；我知道，只要我过得好，只要我活得出色，就是对他们尽了最大的孝。'这个坚强的大男生，嘴角确实留着微笑。"

报道还放了亮子的照片，他搂着帮他筹款的大学班主任，还有学院门卫阿姨给他送上两百元现金后的合影。

这恐怕是他留在世界上仅存的两张公开照片了。那是他来过这个世界的痕迹：他曾经好好地活过。现在他终于去天上，与他的爸爸妈妈团聚了。

鹿心血

✿ 梁晓声

01 灵犬有泪

1972年冬，我们连六名知识青年守卫乌苏里江边的一个哨所。

连队隔半月给我们送一次面粉和蔬菜。北大荒冬季只能吃到白菜、萝卜、土豆这“老三样”，难得吃顿肉。我们开始套野兔。

套住的野兔被狗叼走了。雪地上清清楚楚留下的踪迹告诉我们，狗跑过江面，消失在彼岸的土堤后。土堤后是一个村庄，可以望见各式各样的屋顶。这一带江面不宽，早晨甚至可以听到他们那个村庄的鸡啼。毫无疑问，这条“强盗狗”准是苏联人的！

一天傍晚，我们听到了狗叫声，循声跑到一片灌木丛中。一条狗中了我们埋的“子母套”。那狗长腰身，长腿，垂耳，深栗色的毛，闪耀着旱獭般的光泽。狗脸很灵秀，很可爱，是一条漂亮的纯种苏联猎狗。钢丝套子勒在它后胯上。经过一番剧烈的挣扎，套口已收得很紧很紧，勒入皮肉。这狗充满痛苦的眼睛里，流露出悲哀而绝望的目光，恐惧地瞧着我们。它不断龇牙，发出阵阵低呜。它太痛苦了，不久便一动不动地蜷伏在雪窝中。

一个伙伴踢了它一脚，恨恨地说：“我们走，让它在这儿受罪吧。它不被勒死，也会被冻死，或者夜里被狼吃掉。”

另一个伙伴反对：“让狼吃掉？未免太可惜了。弄回哨所去，宰了，够我们吃几天的。”

第三个伙伴立刻表示赞同：“对，狗皮归我了，寄回上海，给我父亲做件皮坎肩。纯种苏联猎狗皮坎肩。”

天黑了，狗在哨所外，也许快被勒死了，也许快冻僵了，也许预感到了无法逃脱的可悲下场，一声不叫，仿佛期待着我们结束它的生命。

水烧开了。磨刀的伙伴满意地用手指试刀锋。

忽然，我们听到江对岸有人呼唤。先是一阵老头沙哑的呼唤声，接着，是一阵老妪气急的呼唤声：“娜嘉……”

在这黑沉沉的宁静夜晚，隔江传来的呼唤声显得异常真切。班长在团部俄语培训班受过培训。我们问他，呼唤的是什么意思。

班长回答：“娜嘉，这是苏联女孩的名字，他们在呼唤孩子。”他们呼唤孩子，与我们毫不相干。持刀的伙伴向我摆了下头，我走到外面，欲将那条半死不活的狗拖进哨所。

它忽然叫了起来。呵，我从未听到过一条狗发出那么悲哀的叫声。那简直就是一个身陷绝境的人在回应别人对自己的呼唤。

苏联老头和老妪的呼唤声更近了。显然，他们循着狗叫声，沿江对岸的土堤一面继续呼唤，一面奔跑过来了。在他们和我们之间，隔着冰封的乌苏里江。人的呼唤声和狗的回应声，震颤着比冰封的江面宽阔几倍、十几倍、几十倍的夜空。我们都一动不动，呆呆地倾听着。

一个极其寒冷的夜晚,人的呼唤声和狗的回应声,以一种穿透这犹如被冻住了的黑沉沉的夜晚和犹如被冻住了的大自然中的一切的力量,震撼着我们的心。虽然看不见那对站在对面土堤上的苏联老人,但我们确信,他们是在呼唤这条狗。

持刀的伙伴将刀朝地上狠狠一掼,走到他的铺位,仰面躺下去。

"我声明,我不要狗皮了……"那个来自上海的伙伴喃喃地说。

班长拔出刀,盯着那狗。它一被拖入哨所,就不叫了。它也瞧着班长,眼角挂着泪。是的,它无声地哭了。我生平第一次亲眼看到,狗是怎样默默地哭的。

班长弯下身去,将钢丝套弄断。狗慢慢站了起来。它有点疑惑地望着我们,本能的戒心使它不敢移动地方。它伤得很重,后胯毛脱皮绽,血肉模糊。

班长低声说:"医药箱!"我立刻拿来医药箱。

我毫不吝啬地往狗的伤处倒红药水,撒消炎粉,又仔仔细细地给它缠了几圈药纱布,班长在一张纸上写上几行俄文。写完,念给我们听:"我们并不想伤害你们的狗,希望它不要再到江这边来。"

我献出一个牛皮纸信封,班长将这封"国际信件"让狗叼住。我推开哨所的门,那狗慢慢走了出去,消失在黑暗中……

从此,我们套住的野兔再也没丢过。

02 隔江传情

新年前几天的一个夜晚,我们熄灭马灯,都已钻入被窝,忽然听见门响。大家顿时紧张起来,一个个下意识地拿起立在床头的枪。

仔细一听,是一阵狗的焦急的低鸣。"娜嘉!"班长首先听出是那条苏联猎狗的声音,迫不及待地打开门。

果然是娜嘉。它身后拖着一辆小爬犁,爬犁上绑着一个小帆布口袋。班长打开口袋,我们愣住了——两只野兔、一只野鸡、一瓶酒、一封信,还有一大包用旧俄文报纸包住的东西。班长打开报纸,是许多油渍渍的小饼,还是热的呢!

娜嘉伏在我们对面,前腿并拢,将头舒服地枕在前腿上,转动着那双少女般温存的眼睛,得意而友好地瞧着我们。

班长拆开信,信上写的是:"非常感激你们对娜嘉所发的慈悲。我们无儿无女,娜嘉如同我们的孩子。它是一条好猎狗,就像一个有教养的好孩子。我们老了,它是因为没有人再带它去打猎,熬不住寂寞,才干出蠢事的。尽管它非常聪明,却无法理解什么是边境线。它叼回来的东西,我们一直冻在仓库里,从没产生过吃掉的念头。我们让娜嘉将野兔和野鸡带给你们,物归原主。你们就要过你们的新年了。酒,是我们表示谢意的一点礼物;馅饼,是我年老的妻子亲手烤的……"

以后,娜嘉经常越过江面,到我们哨所来。我们在江边巡逻时,它总是从容地跟随在我们身后。我们也常带它追逐野兔野鸡。它的速度快极了,而且它是那样灵活,善于在全速追逐的过程中突然转变方向,由追逐变为拦截。再狡猾的野兔,一旦被它发现,就难以逃脱。"咱们的娜嘉……"我们甚至开始用这种大言不惭的话谈论它了。有时,它也会留在我们哨所过夜。看得出,它对我们这几个中国小伙子有了特殊的感情,对我们哨所也有了特殊的感情。

03 舍身救主

乌苏里江开化了。我们担负着巡逻任务的这段江面,变得比冰封时宽阔多了。江水天天上涨,对面的土堤矮了。

一天傍晚,我和班长巡逻完,并肩往哨所走。班长突然发现了什么,指着前面说:"你看!"

江边伏着一个人。我们跑过去才看出,那不是人,是狗。是娜嘉!它几乎和江边的冰冻在一起,湿毛皮成了冰铠甲。我和班长用枪托将四周的冰层捣碎,才抱起它。我脱下大衣裹住它那半僵的身躯,朝哨所猛跑。一闯进哨所,我就将娜嘉放在火炉旁,让它卧在大衣上。

娜嘉的冰铠甲融化了,流淌下来的水弄湿了我的大衣。另一个伙伴用他的大衣替换下了我的大衣。

娜嘉瑟瑟发抖。它那张漂亮的脸毁了，好像被撕碎了又拼缝起来的玩具狗的脸，变得那么丑陋。它还失去了一只耳朵。身上，也有几处脱毛的伤痕。班长用枕巾擦它湿漉漉的毛时，才发现它身上绑着一个小皮袋。皮袋里面全是银器：银手镯、银酒盅、银烟盒、银烛台……共十余件。还有一封信。

班长立刻将这封信译给我们听："娜嘉两个月前被军犬咬伤，它总算活过来了，我的老伴却又病倒了。我恳求你们收下这些在你们看来也许分文不值的银器，让娜嘉带回一点鹿心血。我知道你们那边有养鹿场。鹿心血能治好我老伴的心脏病。不要使一个老年人的恳求落空……"

我们一时都被难住了。养鹿场离我们这儿很远。鹿心血又很珍贵，绝不是什么人以什么理由就能买得到的。

班长问："谁在养鹿场有熟人？"

伙伴们都没吭声。我犹豫了一下，说："我有一个熟人，不过……"

班长打断我的话："现在别说什么'不过'了！"说着，脱下大衣抛给我，"马上动身到养鹿场去，一弄到手就赶回来。"

我一句话也没再说，一边穿大衣，一边往外走。养鹿场的那个熟人是我的同班同学，但我们的关系很僵。

到了养鹿场，同学根本不愿见我。我毫无办法，在外面一声声高喊他的名字。喊了半天，他才出来，披着大衣，提着裤子，嘴里骂骂咧咧的。

我紧紧抓住他的衣袖，低声下气地说："老同学，求求你，无论如何帮我搞点鹿心血！"

"鹿心血？又不是鹿粪，养鹿场遍地都是。我搞不到！"

"你一定有办法搞到，求求你啦。"我急了，双手抓住他的胳膊不放，"帮帮我吧，我今后一定报答你。我妈妈的心脏病很严重。"

"好吧，算你走运，前几天我刚弄到一点，是为别人买的。"

他交给我一个信封——鹿心血装在里面。我将鹿心血揣进棉衣兜，转身就走。

我满头大汗回到哨所，伙伴们顿时把我围住。

04 随波流去

黎明时分，我们将鹿心血放到银烟盒里，将银烟盒与其他银器都装入小皮口袋，又将小皮口袋绑在娜嘉身上。娜嘉冻病了，我们舍不得让它在冰冷的江水中再游一次，但谁也不能代替它。

古老的乌苏里江，无论在冰封时还是在开化时，总有一条看不见的，却又神圣不可侵犯的界线，将它划分开。对两岸的人们来说，逾越这道界线，是比生死还要严峻的考验。

我们轮番将娜嘉抱到江边。班长拍拍它的头，说："娜嘉，全靠你了。"

它仿佛听懂了班长的话，勇敢地跃入冰冷的江中，朝对岸游去。

隔了一夜，江水又上涨了，江流比昨天更急了。娜嘉被湍急的江流冲得沉浮而下。我们在岸上盯着它，追随着它奔跑。班长边跑边喊："娜嘉，前进啊。娜嘉，前进啊……"

快到江心时，娜嘉再也游不动了。当一块大冰排靠近它时，它用两只前爪攀住冰排，但下半截身子还在江水中，就那么随冰排漂去。

可怕的事情发生了！另一块更大的冰排，与那块冰排撞在一起，将娜嘉钳在中间。它那两条攀在冰排上的前腿，猝然失去了支撑力。它那深栗色的半截躯体，瘫在银色的冰排上。

"娜嘉——"我们呼喊着，目光追随着那两块冰排，沿江拼命奔跑。

江面愈来愈宽阔，江流愈来愈湍急，两块冰排钳着娜嘉，急速驶向地平线，驰向乌苏里江遥远的尽头，宛如两块巨大的璞玉衔着一颗微小的玛瑙。

班长低声说："娜嘉，它完了……"我们默默地哭了。

在我见过的所有狗中，它是一条最具人性的狗。它叫娜嘉，一个好听的苏联女孩的名字，中文意思是"希望"。

前些年,一家报纸刊载了一段新闻,说是有个警官在一个下雨天的清早四点钟的时候,在格兰德尔兄弟工厂大门口的石阶上,发现一个小男孩在睡觉。他把孩子弄醒了,盘问究竟。

小家伙解释说他就在那儿干活,他害怕迟到,他是每天早上六点钟上工的,听说这个时候才不过四点钟,显然感到很惊讶。警官检查了这个吓昏了的小孩手里的一个小包,里面有一条干净的工作围裙和三片涂着糖浆的面包。

孩子进一步解释说,他醒来时,以为已经迟了,他不想叫醒母亲问她是什么时候了,"因为她洗了一整天的衣服"。他也没有看钟,因为他们家"没有钟"。他没有主动说明一下,既然家里没有钟,他又怎能盼望他母亲知道是什么时候呢。也许,就像他那一类的小家伙一样,他对于母亲无边的智慧,是有着无限的信心的。他的名字叫阿维·阿斯平纳尔,住在琼司胡同。爸爸已经故世了。

几天之后,这家报纸很有兴味地报道说,关于本报日前所刊载的"感人的事件",已有一位慈善的社交名媛在她的朋友之间发起募捐,以便给那个被人发现在格兰德尔兄弟工厂厂房门口睡觉的小孩子购置一台闹钟。

以后,关于这感人的事件,报纸又曾提到,说是闹钟已经购妥,并且交给了孩子的妈妈,她似乎颇为感激涕零。同时另一方面的消息却又说,上面所说的话是颇为言过其实的。

这件感人的事件终于以如下的一则新闻宣告结束:这则新闻使人毫不置疑地知道,这位慈善的社交名媛原来不是别人,正是厂主格兰德尔家的一位美丽动人而又多才多艺的小姐。

复活节假期中,阿维·阿斯平纳尔得了伤风,病倒在床上,现在已经是假期最后一天的晚间了。照他自己的话说,他仍然有点"闹嗓子"。已经九点钟了,琼司胡同的生意正闹得欢哩。

"好多了,妈,我好多了,"阿维说,"我喝的白糖醋水把痰给化了,那要命的痰就给赶出来了。"歇不多久,那痰就被赶出来了,弄得他连话也说不出。他喘过一口气来之后,就说:

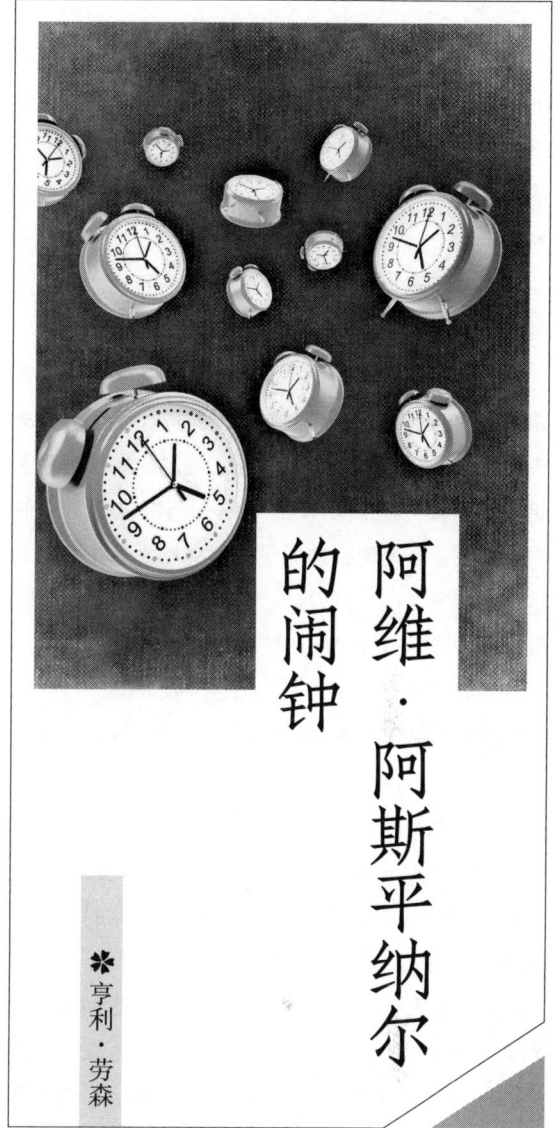

阿维·阿斯平纳尔的闹钟

✲ 亨利·劳森

"不管好歹,我明天非去上工不可。妈,把闹钟给我。"

"我跟你说你不能去。去了会送命的!"

"妈,我们不能等着饿死了——再说——万一有人顶了我的差事呢!妈,把钟给我吧。"

"我待会儿差一个小孩子替你去说你病了,他们一定会让你歇一两天的。"

"那没有用,他们不肯等我的,我知道他们——格兰德尔兄弟公司才不管我病不病呢!放心吧,妈,我将来有一天总要比他们都强。把闹钟给我,妈妈。"

她把闹钟递给他。他赶紧把发条上紧,对准了指针。

"铃铛有毛病了，"他咕哝着，"它已经一连有两个晚上打错了时间。可是我这次还是试一试吧。我让它在五点钟闹，这样一来我就有时间穿衣裳了，还可以早到一会儿呢。唉，但愿我不必走那么远的路。"

他停下来，念刻在钟面上的一圈字：睡得早，起得早，使人聪明、富贵、身体好。

这两句诗他以前念了许多次了，很喜欢它的韵律。他曾经一遍又一遍地暗暗背诵它，但从没有去想一想它所包含的意义或哲理。他以前做梦也没有想到去怀疑任何印出来的字——何况这是刻在钟面上的呢。可是现在他似乎有点恍然大悟。他把这句话思索了一会儿，接着又一次把它大声念出来。最后，他一语不发地在心中翻来覆去思量着。

"妈！"他忽然说，"我认为这是蒙人的！"

她把钟拿了过来，放在架子上，把阿维在沙发上的小被窝盖严，吹熄了灯。

阿维似乎睡着了，可是她却睡不着，醒着躺在那儿想自己的愁苦事。她想到一天早上死在工厂、被人抬了回来的丈夫；想到只有在不蹲监狱的时候才回家吃饭的大儿子；想到她的二儿子，他已经在别的城市里给自己安下了舒服的家，再也不来过问她；想到老三——可怜的、瘦弱的小阿维——他像一个大人似的挣扎着来帮助家里，在他这个年纪本该上学念书的，现在却不得不在格兰德尔兄弟工厂里煎熬着他年轻的生命；还想到睡在隔壁屋里的那五个不顶事的小娃娃；想到自己的苦日子——从早上五点半给人擦地板直擦到八点钟，然后才开始干一天的活儿——给人洗衣服——她又想到不得不在妓院的包围中把孩子抚养成人，只因为没有钱，付不起更高的房租，搬不起家；接着她又想到房租。

阿维在睡梦中讲起话来。

"你睡不着吗，阿维？"她问，"你嗓子痛不痛？要什么吗？"

"我想睡，"他迷迷糊糊地嘟囔，"可是好像再过一会儿就要……就要……"

"就要怎么样，阿维？"她急忙问，生怕他说起胡话来。

"要响铃铛了。"

他是在说梦话呢。

她轻轻站起来，把闹钟往后拨了两个钟点。"现在他可以好好休息了。"她自言自语地说。

过了一会儿，阿维忽然直挺挺坐起来，急匆匆地说："妈！我想闹钟刚才响了！"说完也不等回答，他又突然躺下去睡了。

雨停了，明亮的、满缀着星辰的苍穹覆盖着海洋和城市，不分彼此地覆盖着贫民窟与富丽的别墅。可是从琼司胡同中的这一间破房子里，除了南十字星座和它周围的几颗星星外，再也看不见更大的一块苍天。从格兰德尔家的府邸——所谓的"格兰德尔别墅"——看，这便是贵妇名媛们所说的"可爱的夜晚"了。在格兰德尔别墅，逶迤地通到水边的花园以及露台上，都洒满了月光。它的窗户因为举行复活节舞会而灯火辉煌，它的大厅里挤满了最尊贵的社交圈中的人物，其中有一位美丽动人而又多才多艺的小姐正在朗诵一篇关于一个小清道夫的悲惨故事，赚得了一群高等人士的不少热泪。

闹钟确实有毛病了，不然就是阿斯平纳尔太太拨错了，因为在夜深人静的时候，铃声忽然响了起来。她痛苦地一惊而醒，静静地躺着，想阿维一定要起来了；可是他却没有动静。她把惨白的、惊恐的脸转向阿维所睡的沙发——琼司胡同的孤零零的街灯从高过窗子的人行道上把灯光照进了屋里，借着灯光她看见孩子没有动弹。

为什么闹钟吵不醒他？他平常睡得多不踏实呀！"阿维！"她叫道，没有回答。"阿维！"她又叫，在她恐惧的声音里掺杂着一种奇特的责备的声调。阿维根本不回答！

"唉！我的天哪！"她呻吟道。

她起来，站在沙发旁。阿维面朝天躺着，双臂交叉在胸口——这是他最喜欢的睡觉的姿势。可是他睁大了眼，直直地朝上瞪着，好像要透过天花板和房顶，瞧见向往的地方。

他已经死了。

"我的天哪！我的天哪！"她哭了。

真理之门

真理是否存在,取决于是否有人谈论

摘自公众号"摩登中产"

被汉字冲刷后的世界

✻ 摩登中产

日本考古学家从弥生时代的古墓中，挖出一面铜镜，镜上有八个汉字：久不相见，长毋相忘。

那面镜子西汉时漂洋过海而来，彼时的日本尚在结绳记事，镜上的情话恍如天书。

他们需再等九百余年，从汉字楷书中搬来偏旁做平假名，才有自己的文字。

在邻国尚处荒蛮时，中国文字已从甲骨文、金文、篆书，一路演进至隶书、楷书和行书。那些文字碰撞成诗句，连缀成小说，演绎无数锦绣文章。

《枫桥夜泊》是日本孩童启蒙必读的诗，寒山寺山寨复刻后年年敲钟。嵯峨天皇每天都要吟诵白居易的几首诗，原版诗集藏在枕下，严禁他人触碰。《全唐诗》中的两个路人，寒山和拾得，在日本被尊为"二圣"，饭店、工厂、书店争以"寒山"为名。那些中华文字，掀起了日本茶道、书法、刺绣等热潮，最后日本年号尽取自《尚书》，地名多出于《诗经》。

另外一个邻国朝鲜，用儒学主导教育，用汉字记录历史，其最大的爱好是购买小说。朝鲜使者每次进京都疯狂买书，对话本小说尤为热爱，每次购买都超千册。那些故事风靡朝鲜，宰相痴迷《西厢记》，曾称"掩卷愈味，不觉其黯然销魂"。

在越南，汉字用了两千余年，孔孟画像挂满全国。被越南视为国宝的叙事长诗《金云翘传》，其实改编自明末小说，连书名都没变。

每个时代的文化，都需最适合的载体表达。随着印刷术的普及，中国文字开始远行欧洲，纸张的速度总能快过匈奴的兵马。

欧洲人迷恋文字里的中国，他们依照诗句，装修宫殿，裁剪服装，外交官称宫廷装饰得像"天朝杂货铺"。1700年，路易十四在凡尔赛宫举行跨世纪狂欢，主题就叫"中国皇帝"。

叔本华师从老子，《道德经》风行英伦；莱布尼茨从东方来信中，灵感迸发，用周易演化出二进制。

在法兰克福，歌德从小就有个中国书房，墙上是画满亭台楼阁的壁纸，红漆长桌上摆着毛笔。他在这里读了大量中国诗文和明末小说，并留下写入历史书的那句话："他们开始写小说时，我们的祖先还在野森林里生活。"

伏尔泰比他更推崇中国故事。他自称孔子和康熙的学生，卧室里挂了孔子画像，并将《赵氏孤儿》改编成《中国孤儿》，在巴黎剧院公演。他一生著作上百卷，但最喜欢这个中国故事，后人将其刻在了伏尔泰故居雕像上。

欧洲启蒙运动执牛耳者说："当你了解这个世界时，你首先把目光朝向东方，东方是一切艺术的摇篮，东方给了西方一切。"

中国文化流淌于欧洲时，雨果家的仆人失手打碎花瓶，雨果心疼写诗：天哪，整个中国在地上跌得粉碎。窗外已是19世纪的长夜，诗句仿如隐喻，不久后,大清输掉战争,倒落在尘埃中。

对东方的仰慕潮水般退去,黑格尔说:那个帝国,已停滞不前。

停滞的文化输出背后,是因错失工业革命,国力和传播的原地踯躅。

电影《狮王争霸》中,黄飞鸿被蒸汽机水汽烫伤,又惊诧于电影放映机。宝芝林的徒弟们兴奋地聚在白幕前,原来通过快放,谁都可以是无影脚。

电影中,善意的沙俄工程师对黄飞鸿说:"蒸汽机出现会产生新的贵族统治世界,这是大清帝国和俄罗斯帝国都避不开的命运。"

命运终究急转,连殷墟中的甲骨文,都被仓皇运走躲避战火。运走时,站台忽降暴雨,如苍天落泪。

国力屡弱,传播落伍,只有绵延千年的中华文化,如火种般,支撑国人前行。

那些曾经仰视中国的国家,开始反向输出文字。

清末民初时,日本用汉语翻译了大量西方单词,反向传至中国,比如哲学、目的、医学、卫生、社会等。

张之洞曾怒斥"不要使用新名词",然而幕僚辜鸿铭悄悄告诉他:"'名词'一词亦来自日本。"

中文兼收并蓄,吸纳着新词,而在那时流行的小说中,亦可听见一个时代的心声。

1902年,梁启超在《新小说》创刊号上说:欲新一国之国民,不可不先新一国之小说。

两年后,笔名为荒江钓叟的中国人,写了星际远航小说。小说中,巨大的热气球飞向月球,下挂船舱中有卧室、客厅、运动场和兵器房。

此后,种种幻想小说诞生,《新石头记》里贾宝玉坐着潜艇畅游海底,《电世界》中工业巨子黄震球借电翅飞天,神似钢铁侠。

那些"井喷"的幻想小说中,充斥着对电能的好奇,对科技的渴求,以及对文明滞后的失落。

小说家将目光望向更远处。梁启超在小说《新中国未来记》中,幻想60年后中国繁荣,在上海举办世界博览会:那时中国国富民强,平时旁若无人的外国人也纷纷学起汉语来。

2005年,韩国将首都中文名"汉城"改为"首尔",试图抹去中国的痕迹,然而韩国孩童仍需学700至900个汉字,否则无法掌握语言。

日本汉字则无从抹去,至今中国游客去日本,仍能见满城汉字,那是千年中华文明的余痕。

新的故事在余痕上悄悄发生。

20世纪90年代后,随着国力复苏,中国故事开始以新的方式传播。

越南人迷上了《宰相刘罗锅》,因电视台早晨播放此剧而造成全国性迟到。马来西亚则风靡《汉武大帝》,一集被切五段,每段间要插入20分钟广告。

而漂洋过海到达西方的依旧是小说。"起点"APP上的幻想小说成为欧美读者新宠。

他们建立论坛,互称Daois(道友),上百万人聚等更新,两年间总点击量超10亿。其中1/3读者来自美国。论坛上对应的知识普及越来越多,从十八般兵器到周易八卦,中华文化以新方式重新传播。

相似的故事还发生在东南亚。2009年至2013年,越南翻译中国图书841种,70%以上是网络小说。

越南读者因网络小说而迷上中国国学,又因此成为古装影视拥趸。2017年,《诛仙》在国内才播放完一小时,越南就已在直播间同步上映,来不及加字幕,便配一个翻译在线解说。

在国内,网络小说和其衍生的动漫影视手游,成为新的入口,让年轻一代重新探寻传统文化。

他们尝试汉服,试填诗词,重新触碰中华文脉。

2021年12月,国家图书馆用甲骨文迎接新年,助力文化守护传承。

古老的文字源头和年轻的故事源头,就此相遇。它们是文脉的两端,隔着绵亘的时空,遥遥气息相通。

作家尝试用甲骨文创造故事。这些年轻的网络作家,各领一个甲骨文字,体味那字里的千年悲欢。有人领了"年",讲述丰收的喜悦;有人领了"春",感受万物的生机;有人领了"兴",讲述兴的隐藏含义——一家人的团圆。

文明只是一层薄薄的纸

※ 李怡楚

公元1632年，其时为崇祯五年，三十五岁的张岱居住在西湖边。

冬月大雪三天，西湖已是人迹罕至，连鸟儿也看不见一只。

某日晚上，张岱找了一叶小舟，带了棉衣和炉火，独自去湖心亭看雪。

雾凇沆砀，天地山水皆是白茫茫一片，只隐约看到极远处一道堤痕——白堤或者是苏堤，以及湖心亭一点。

到了湖心亭，他发现有两人正在亭中对坐，其中一童子烧酒炉正沸。

亭中人见了张岱，意外又惊喜，"湖中焉得更有此人"，拉着他一同饮了三大杯。

饮完兴尽，张岱返回舟中，舟子喃喃自语，"莫说相公痴，更有痴似相公者"！

本以为是"独钓寒江雪"般的自处，却未曾想，还能遇见志趣相投的人。

泛泛而读，作者笔下的第一层意思是孤独，更深的意境则是得遇知音的畅快。

个体具有二分性，即肉身上的合群和思想里的孤独。

肉身上的入世合群维系生命的基本要求，而精神上的出世孤独则是基于前者之上的更高追求。

所有个体在物质上的同向趋从，促使人们从村庄到部落，从部落到联邦，从联邦到国家，构成了庞大的人类社会。

一旦从集体中暂时脱离，回归到孑然个体形态时，我们就会开始追寻自身的独特价值——精神层面的叩问与求索。

此刻的我们是孤独的，但又饱满充实。

我们之所以能从棋子、工蚁般社会微小分子的视角跳脱出来，以自我之神的高度来俯视内心，并取悦自己，凭借的是物质世界所给予的宽容。

而这种宽容永远是奢侈而短暂的，文明只是一层薄薄的纸，随时都会被邪恶的力量击破。

当物质世界的秩序被打破时，精神层面的待遇将荡然无存。

中年张岱在湖中泛舟，农民义军尚在萌芽，大明江山还算安稳。

"好精舍，好美婢，好娈童，好鲜衣，好美食，好骏马，好华灯，好烟火，好梨园，好鼓吹，好古董，好花鸟……"

如何浪漫，自己说了算。

而当他到了五十岁的时候，天下已然易主，国破家亡，避迹山居。

"所存者，破床碎几，折鼎病琴，与残书数帙，缺砚一方而已。布衣疏莨，常至断炊……"

回首二十年前，恍如隔世。

明亡以后，张岱避世于浙江剡溪山中，想起了冬夜游西湖的往事，写就了《湖心亭看雪》。

前半生的快意潇洒，后半生的穷困潦倒，无从掩饰的失落与寂寥，笔下写出来的是孤独，以及时代碾压下的深切无力感。

奥地利作家茨威格写过一本自传，叫《昨日的世界：一个欧洲人的加快》。

这本书，讲述的不仅仅是自己

的故事,更是整整一代人的经历。

他出生在维也纳的犹太家族,锦衣玉食,沐浴在艺术和音乐中,身边永远都是鲜花和笑容。

没有人会相信欧洲各民族之间会有战争,宽容和善意已然变成所有人的共识,和平、安全将成为人类永远共享的最宝贵的财富。

在他生命的前三十年里,一直岁月静安,并且丝毫看不到任何变坏的迹象。枪声和哭喊在遥远的地方,似乎没有一点可能性会走近身旁。

他曾对人生无比热爱,他的笔下跳跃着春天、阳光、笑容和一切美好的东西。

但仿佛在一瞬间,世界猛地揭下面具,露出了狰狞面目。

真实的世界急速下坠,无数丑恶迎面撞来,纳粹的魔爪、战争的阴影击碎了他对生活的一切幻想。

青年时代所建立起来的全部信念,悉数崩塌,欧洲已死,人类已死,文明已死。

书中有几个令人印象深刻的片段。

1934年的某一天,一群奥地利警察闯入茨威格的家中。

警察通知他,他们是奉命前来搜查一批违禁武器。

他没有什么好回答的,只能冷冰冰地说道:"请,您搜吧。"

警察们马马虎虎地搜查着,他们自己也不认为这位名人家里会有军火。

这种搜查纯粹是一种形式,但让茨威格感到无比的愤怒。

此时的欧洲已经忘记了自由和权利是多么的神圣,搜查、逮捕、查抄财产、逐出家几乎成了家常便饭。

直觉告诉他,这个插曲只不过是大规模侵犯人权的可怕前奏。

当天晚上,他把最重要的文件捆装成包,决定从此长期在国外生活。

四年后,德国入侵奥地利,茨威格失去了护照。

1914年以前,世界属于所有人,人们想去哪里就去哪里;而如今,由于彼此之间病态的不信任,边界变成了一道铁丝网。

每一本护照,要提交左侧、右侧和正面的照片,要留下指纹,要出示各种证明,还要有邀请函、品行鉴定和经济担保书等。

这些看似都是小事,可这些毫无意义的"琐事",使一代人浪费了不可挽回的宝贵时间。

边境检查中,不知经历了多少次搜查和盘问,人的尊严丢失殆尽。

张岱一口气活到了九十二岁,"繁华靡丽,过眼皆空,五十年来,总成一梦"。

苍凉底色之上,是看透世故后的洒脱豁达,是一种不争无为的平实心态。

茨威格在1942年选择了自尽,成为一位精神世界的殉道者。

他曾以为这些美好将伴随他的一生,可惜并不是,只能低低地叹息一声,"我们命该遇到这样的时代"。

所有的历史都是过往已然发生的事实,而现在也终将成为未来人们眼中的历史,历史因而具有不可避免的重复性。

许多情节如今鲜活再现,其中的片段与细节并不陌生,便让人从心底产生了共鸣。

从某个角度来说,永远天真、永远愚蠢的一代人,或许正是无比幸运的一代人。

我为什么会永远相信爱情？

※ 闫红

这些年最常听到的一句话是,再也不相信爱情了。

我理解这种幻灭感。我们为什么渴望爱情?不过是想要在无常世界里求一点永恒。像《红楼梦》里贾宝玉知道世间种种终必成空,仍希望得到一份眼泪,这是他于各种颠扑摇晃中的立足之地。

但问题是,爱情也是无常的一分子,和一切事物一样,只要它曾经绽放,就不能否定它的存在。纵然流星黯然落地,成死寂的陨石,难道你就可以说,你再也不相信星光了吗?

我想我会永远相信爱情,因为我曾一次次看到爱情,看它在普通人的生活里闪现。不管结局如何,只要曾被它照亮,我觉得已经是一种改变。

比如说老张的爱情。他的故事我已经说过很多遍,但我还是想再说一遍。

第一次见到老张是在二十年前,我陪我妈去参加她一个老朋友儿子的婚宴,旁边都是我妈老朋友,你知道的,作为桌上唯一的年轻人,我的处境不怎么美妙。好在他们只是短暂地关注了我一下,话题就转移到另外两个空位上,席卡显示,那是给老张和他妻子预留的。

大家摇着头,无奈地笑着,猜他这次一定还会带老婆来。剩下的话不太好说出来,但是人人都明白。

老张这名字我熟,算是我妈的发小,我爸还采访过他。几年来,我不断听闻他的光辉事迹。

几年前,老张的妻子突发脑溢血,成了植物人,本地医生断言没希望了,但老张不抛弃不放弃,拖着妻子北上南下四处求医,长年累月悉心照顾。真心出奇迹,他的妻子终于苏醒了。

我做了记者之后,我爸也曾建议我去采访他。我兴致不大,一来包括我爸在内的各路记者已经写过许多回；再者老张的故事固然感人，但未免简单，和《知音》《家庭》上那些故事差不多，写不出什么新花样。

这次大家的反应倒挺有意思，对于劫后余生的老张的妻子，他们为什么这么不友好呢？我很快从只言片语中拼出一个残酷的真相，那就是老张的妻子并没有完全恢复。她现在的智商，差不多等同于一个五六岁的孩子，颠三倒四，令人困扰，偏老张又特别爱带他老婆出门，而大家只愿意远远地为他的美德所感动。

老张终于领着妻子姗姗来迟。他的妻子气色还好，但有着大病初愈的那种浮肿。老张指着众人对她介绍，她不耐烦地说知道知道，但说起话来总是张冠李戴，让人没法接她的话茬，原本松弛的气氛忽然紧绷了。

老张坐在我斜对面，我忍不住去看他的脸。我震惊地看到，他笑得很开心，眼角的鱼尾纹微微扬起，像是父母看着自己的孩子，无限接纳，无限爱悦。

这笑容比他的光辉事迹更让我震惊，不抛弃不放弃主要是靠良心、恻隐之心、舆论压力，让人并没有太多选择。可老张这满心欢喜是怎么回事？

先不说他的妻子现在这个状态，就说这么多年照顾一个大小便失禁的植物人，时常衣不解带目不交睫，还不能耗尽他的热情吗？

很多年前看《简·爱》，对于罗切斯特的话我是照单全收的，我相信阁楼上的那个女人发疯就是她基因不好加上自作自受，相信罗切斯特只有在简·爱这里才能获得救赎。但是，当简·爱罕见地说了句公道话，指责他对这个疯女人冷酷无情时，罗切斯特说的这段话，以我当时社会经验之有限，也不太敢相信：

"要是你呓语连篇，我的胳膊会围住你，而不是紧身马甲——即使在动怒的时候你乱抓乱拉，对我来说也是迷人的。要是你像今天早上的那个女人那样疯狂地向我扑来，我会用拥抱接受你，至少既起到制止的作用，又显出抚爱来。我会带着不倦的温柔体贴，在你身边走动，尽管你不会对我报以微笑。我会永不厌烦地盯着你的眼睛，尽管那双眼睛已不再射出一缕确认我的光芒。"

太夸张了。根据书里的描述，那个疯女人分分钟能把他弄死，罗切斯特要是这么干，早就一命呜呼了。不管多么爱简·爱，他都不大可能为了她的一个拥抱奉献生命。罗切斯特这么肆无忌惮地胡说八道，是因为他有口无心，压根儿没打算算数。

我想那句"不论他（她）生病或健康、富有或贫穷，始终忠于他（她），直到离开世界"说的就是一种责任感，有这份责任感就不错了，所以当我看到老张眼里的爱，不惊奇是不可能的。我决定采访他。

采访在老张家里进行，一开始就很困难。老张的妻子在旁边看电视，不停地要老张找她喜欢的节目，一会儿是电视剧，一会儿是动画片。忽然又要喝水，老张端得慢了点儿，她就不耐烦地吆喝起来，然后说要去上厕所，老张就跟过去帮她处理。

我产生了强烈的代入感，婚姻真可怕，换作是我，我可能想死的心都有。所以当老张终于暂时搞定一切，坐到我面前时，我问他的第一个问题就是：当你发现你妻子成了植物人时，你是啥感觉？

我心里准备了一些答案，比如担忧，压力巨大，也有可能是义薄云天，来个豪迈的英雄主义。但老张的回答出乎我的意料，他说：失而复得。我本来以为她过不来了。

这里也许需要描述一下老张的外表，他个子不高，红脸膛，工厂里的干部，不算特别有文化，更不文艺。但是这一刻，他用这四个字来描述他的感觉，不能不更准确。原来在挚爱者眼中，所有的磨难，都不及失去你的磨难。世间事，除了你的生死，皆是余事。

至于为什么总带妻子去公众场合，他说因为她开心，另外就是医生说她要接受各种信息的刺激。我说，那你开心吗？他略有点诧异地回答：当然开心。我忽然发现，他可能从未意识到别人对他的妻子的不接受，爱一个人，是不是就会以为，她值得被全世界温柔相待？

张爱玲说，一个人在恋爱中能够表现出天性里最崇高的品质,这就是爱情小说受欢迎的缘故。恋爱中的人,可能还会把世界想得特别崇高,只是这爱情发生在两个加起来一百岁的中年人身上时,显得不可思议,但也顺理成章。

这纠正了我的一些偏见,我曾经认为,爱情只能在特别赏心悦目的人身上发生。这也消除了我的一点点傲慢,当我将爱情限定为某些人独有时,就已将人分成了三六九等。亲眼看见普通人真实又有力的爱情,让我知晓,在某个维度上,可以人人平等。

后来每次听人说不相信爱情,我都会举出老张的例子,对方立即哑口无言,和我一起惊叹爱情的神奇。老张以一己之力,宣布爱情并非子虚乌有。

也有坚定的爱情虚无论者会说,话别说得这么早,说不定哪天就反转了。那么,去年发生的这件事算不算反转?我觉得不算。

去年老张的妻子还是离开了他。我妈告诉我,老张很伤心。后来,有很多人给他介绍对象,毕竟,像老张这样的好男人很抢手。

一开始,老张是拒绝的。那当然,永失我爱,无可替代。

几个月后,我妈却告诉我,他结婚了。他对现在的老婆特别好,经常带她出去旅游。他老婆是苏州人,所以他就到处打听在本地的苏州人,介绍给他老婆认识。如果说以前老张是精心照顾前妻的身体,那么现在,他更关心这个老婆的灵魂。

听上去转得有点陡,但我不吃惊,只是在想一个问题:爱情是被激发的,还是存在于人自身?

有的人,只有遇到特别可爱迷人的人,才会产生疯狂的激情;有的人,不管遇到什么样的人,都能激发出深沉的爱意。

王小波写给李银河的情书里有一句话:"爱你就像爱生命。"我喜欢这句话。有些人的爱情,来自对生命本身的热情,但凡属于他的,纵然普普通通,可能在别人眼里还有残缺,但他都能用生命自有的热力去拥抱。这不完全是责任感,因为说到"责任"两个字,总有点愁眉苦脸的,而他们却更像个孩子,把手中并不完美的娃娃,看得无可匹敌。

新生的爱情是一种延续而非覆盖,像《红楼梦》里,演小生的藕官原本对演小旦的菂官极其温柔体贴,菂官一死,她哭得死去活来,每节烧纸。但后来补了蕊官,她待蕊官一样的好,说是只要不把死的丢过不提,便是情深意重了。

爱情哪有一定之规,它就像庄子说的风,吹到大树上,山林里,各种各样的孔窍里,会发出不同的声音。老张这最初和最后的爱,在我眼中等量齐观,一个有爱的人,总会遇到爱情。

爱情不是遇到某个人之后产生的,也不会随着某个人的离去而消失,它存在于人自身。就算爱情永远不被激发,当你被那些远处和近处的爱激荡时,你就是一个拥有爱情的人。

哈利·波特和李白

✼ 岑嵘

1996年2月，雷特尔文学代理公司的职员埃文斯打开了一个信封，扫了一眼就随手把它扔进了退稿箱。她发现这是一本儿童读物，而公司对代理儿童读物不太感兴趣。下班前，埃文斯出于习惯，又整理了一遍那些要退回原作者的稿件。她再次把这份书稿读了一下，觉得或许可以试一试。这份投稿就是《哈利·波特》。

假如埃文斯没有在下班前整理退稿箱的习惯，假如作者接到退稿信后心灰意冷不再投稿，那么在这个世界上，那个带着宠物猫头鹰到魔法学校就读的男孩是不是就永远不存在了？

著名科技作家凯文·凯利提出过一个与众不同的观点说："虽然听起来很奇怪，但养猫头鹰当宠物、上魔法学校、从火车站的月台进入异想世界的少年巫师的故事，在西方文化中必然会在这个时刻出现。"

罗琳当然是位很独特的作家，她的想象力也是无与伦比，世界上也的确没有人能写出完全一样的故事。但凯文·凯利说得没错，类似的故事一定会出现在大众视野中。

事实上，1994年就有个叫艾娃·伊的作家出版了《十三号月台的秘密》，里面描述了伦敦的国王车站第十三号月台就是通往地下魔法世界的门户；1990年有一个叫盖曼的漫画家，他笔下的主角是个黑发英国男孩，在过十二岁生日时发现自己是巫师，一位有魔法的访客送给他一头猫头鹰；美国童书作家史达佛1984年出版的一部小说中，主角是一名失去双亲的少年巫师，有一头黑色卷发，戴着黑色眼镜，他的名字叫拉里·波特。

考虑到这些是已经出版的书籍，还有大量没得到机会出版的作品，其中出现更类似哈利·波特的故事也完全可能。由此，我们就能理解凯文·凯利的话了，他所说的其实是一个重要的概念，即趋同性。有些东西看起来独一无二，事实上有很多人同时在创造和发明。

如果爱迪生没有诞生，我们今天还会用电灯吗？其他人也会想出这个点子。英国人把约瑟夫·斯旺称为白炽灯泡的发明者，他的设计稍早于爱迪生，两人还通过成立合资公司来解决争议。据《爱迪生的电灯：发明的传记》一书统计，有不少于23人在爱迪生之前就已经发明出了某种形式的白炽灯泡。

一旦电力成为常态，灯泡就不可避免地被发明出来。尽管每位发明家所用的材料可能不一样，灯泡的灯丝形状、电力强度也可能大相径庭，但是这些发明家都是奔着同一个目标去的。爱迪生毫无疑问是伟大的发明家，但即便没有他，电灯也迟早会出现在我们的生活中。

这种例子很多，同时发明摄影术的有四位，发明蒸汽船的有五位，发明温度计的有六位……

无论是科技还是文艺，在某个时刻，这些发明和创作会"瓜熟蒂落"，必然到来。即便某些天才无与伦比，不管他是李白、杜甫，还是达·芬奇、米开朗琪罗，他们仍然是时代的产物。那些艺术盛世的强大趋同性，注定会孕育出伟大的艺术家。假使李白没有出生，我们固然读不到"孤帆远影碧空尽，唯见长江天际流"，但一定会有另一位"诗仙"让我们倾倒。

作家茨威格告诉我们，人类的艺术和历史是由伟大的人物在某一刻创造的。但我们别忘了，这本书的名字就叫作《人类群星闪耀时》，尽管我们记住的是一小部分人，但人类的历史是由无数人互相学习启发借鉴而创造的。正是由于群星闪耀，才有了璀璨的人类文明。

《笑林广记》里有个段子，说一人爱吹牛，进过次京，就说自己见过天子。问天子住何处？答：门前有四柱牌坊，写金字曰"皇帝世家"。大门上匾额，题"天子第"三个金字，两边居然还有对联，所谓："日月光天德，山河壮帝居。"

类似的笑话，《红楼梦》里贾老太君早批评过了。太君的意思是：老有些根本没见过贵族人家的不成器穷酸，在那儿凭空瞎编。编个尚书宰相，养个独生女儿，身边必还只有一个丫鬟，见了个才子，就私奔了去——不过是意淫罢啦。妙在老太君这样簪缨世家的人物毕竟少，普罗大众接受最多的，其实还是这种"平民想象"的故事。

"平民想象"其实特别淳朴，蒲松龄写《聊斋志异》，是在路边摆碗绿豆汤，跟过路人把故事榨出来的，不是遇到了漂亮女妖精，就是撞见温和的男妖精。妖精也未必有移山倒海的大神通，能保你做天子帝王，但常能让主角富足闲逸，安顺过一辈子，得享高寿，偶尔还诸子登科。这和《格林童话》里"汉斯和某姑娘一直快乐地生活在一起，直到老死"是差不多的。"平民想象"要求不高，只要是个田螺姑娘似的女子，不管是人是妖，会些改善经济条件的法术，比如点石成金，就已足够了。

大多数的"平民想象"，所追求的着实不多。说到底，要的是物质上的平等。放之于食物上，古代白面揉的可以叫银丝卷，鸡蛋和白米做的可以叫碎金饭。宋朝有名的玉灌肺，当然也非玉，原料尽是面粉、油饼、芝麻、松子、核桃、茴香、糖等。中国古人擅长在辞藻上下功夫，贩夫走卒，也能吟诗玩词。所以白的叫玉，黄的叫金，红的叫胭脂，蓝的叫天青，都好听得很。把食物描绘成贵金属，还顺带满足点石成金的小心思。

至于满足了贵金属需求的非平民们，又希求些什么呢？

1938年，戴比尔斯珠宝公司盘算，怎么哄美国人打开钱包买钻石。如果你"当当当"敲门，给开门的客人亮出块石头，然后诚实地背化学课本："这玩意儿其实就是碳元素单质晶体，说穿了就是碳。"

梦想的阶级

* 张佳玮

结果可想而知。戴比尔斯珠宝创始人的犹太血统使他精贼刁滑，才不干这赔本买卖。他的思路是：请电影明星忽悠"钻石和浪漫爱情有关"；请英国皇室出面佩戴钻石；把钻石和毕加索等名人的画放在一起拍照然后上封面。1946年，"钻石恒久远，一颗永流传"终于出来了。

一句话，就是无中生有，硬哄人相信钻石和贵族、爱情、永恒息息相关。钻石也许很普通，但后三者虽然看不到摸不着，却是许多人——尤其是女人——的梦想。

唐鲁孙说过一个段子。二十世纪上半叶，美国雪茄销量不佳。雪茄销售方灵机一动，和电影制片方咬耳朵：我们全美国几万家雪茄店，可以给你们做电影广告，抬高尔等的票房。代价嘛，电影里那些肥头大耳、西装革履、风度翩翩、满肚子民脂民膏的富豪巨头，都请叼支雪茄再出场；那些码头搬鱼臭流氓，一个都不许叼雪茄……如此你情我愿，瞬间扶起了雪茄业。如果你对口叼雪茄、自我感觉良好的中产阶级们追溯历史说"其实哥伦布刚到新大陆时，就看见蛮荒之地的印第安人抽雪茄来着"，人家指不定怎么挥着雪茄剪要把你舌头割了呢。

本雅明剖析十九世纪的巴黎时，明明白白地说：十九世纪的广告商们已经明白，最有效的宣传手段，是制造一种如梦似幻的氛围，诱人上钩。这话一语道破：所有的商业宣传，无非是卖梦而已。卖梦的好处是，你尽可以沉湎其中，占其好处。像美国常有的家庭风味饭店挂牌"南方妈妈"之类的词，也不是为了让你品味南北战争前一起面朝黄土背朝天赶收棉花之苦，而是让你在品味号称原汁原味的南方美食时，顺便感受温煦的、甜美的、缓慢的、雍容的、《乱世佳人》电影开头20分钟的那种南方风情。所谓宫廷秘方、豪富私房菜，皆如此。人家向往的不是一味药、一盘菜，而是一种如梦似幻、斑斓明丽的生活方式，是一个梦。

当然，大多数关于幻觉的梦想，都是被提炼过、淘净了其中沙砾之后的透明状态。《午夜巴黎》这部电影揭示了一个美妙的矛盾：想生活在二十世纪二十年代，与菲茨杰拉德、海明威、庞德、毕加索共游的文艺青年们，怎么解决没有抗生素的问题？实际上，哪怕是海明威自己在《流动的圣节》里回忆往昔时，还是苦于饿肚子、没浴室，只能隔着饭店橱窗看乔伊斯一家肆意饕餮……所以有心思玩文艺梦的，大多是富庶之家，而且远观可也，不去亵玩。贾政造大观园时，还假模假样地要养鸡鹅，做田居模样，兴"归农之意"，却被贾宝玉一语道破："失之穿凿。"老爹恼羞成怒，简直打算把他"叉出去"。实际上宝玉说的也是实话：真让老爹去过故人鸡黍、绿树青山、把酒桑麻的日子，可是要弃了官位的，老爹怎么肯？类似情绪，常见于清朝许多士大夫。边吃着雪花银俸禄，边念叨弃官归隐，于是两边便宜都占。同理，让现在看着"维多利亚时代英国厅堂"流口水的诸位，真穿越回维多利亚时代，打死也不愿意。

马斯洛先生那套著名的人类需求层次论——生理上的需求、安全上的需求、情感和归属的需求、尊重的需求、自我实现的需求——摆在这里很是有用。平民的梦想，就是油泼辣子面，需要吃饱穿暖；饱暖之后，就梦想有贵金属，靠财势来提供安全感；有了钱，就希望有田螺姑娘和美丽的女妖精，以满足情感和归属需求。而非平民需要的是美丽的幻觉，是钻石和雪茄代表的财富和身份，以及一些更高级的幻觉，比如获得一些高级人士的认可。美国早期富人都企图打进"那些讨厌的荷兰老爷的会客厅"，大概类此。

在这里，通常有一种巨大的偏见：上等人理当做归农田下、钻石恒久之梦，苦孩子不能僭越，该老老实实对付自己幻想里的油泼辣子面。

传说杜甫请岑参吃饭时，穷得要死：端出一盘韭菜鸡蛋，曰"两个黄鹂鸣翠柳"；端出一个青瓷盘，上一列蛋白，曰"一行白鹭上青天"；端出一盘豆腐渣，曰"窗含西岭千秋雪"；端出一碗汤，上浮鸡蛋壳，曰"门泊东吴万里船"。这就是一次完美的造梦。

按照传统逻辑，这就是一场僭越和幻想。穷光蛋应该做油泼辣子面、贵金属和田螺姑娘的梦，怎么敢僭越到贵族梦想里的诗歌、远行、幻漫理想之中？

但如果看一眼上述的流程，你便能明白：无论幻想油泼辣子面、田螺姑娘、金银宅子，还是恒久钻石、贵族地位、归隐林园和维多利亚厅堂，看似有高有下，说到底不过是不同人们的想入非非。来自不同的生活环境，你可以试图划分人的贫富高下，但梦想本身，是没有阶级的。人类花了几千年时间积累文明，才发展到了今天这样的时代：对自由——无论是做人的自由还是做梦的自由——少一些拘束。你无法要求人们再退回去，对他人的梦想指手画脚。说到底，梦想就是每个人私有的世界，是最无法侵犯和划分等级的存在。你自己的梦想，就是你独一无二的世界投影。

你的孩子在挨饿，我们却想着去火星

✽ 恩斯特·施图林格

尊敬的玛丽·尤肯达修女：

你的来信收到了。我每天都会收到很多信，这一封对我的触动最大，因为它让我看到了一个富有探求精神的灵魂，一颗仁慈怜悯之心。我会尽我所能回答你提出的问题。

你在信中问我，为何我会在地球上仍有很多儿童面临饥饿威胁之时，建议投入数十亿美元实施火星探索计划？我想你一定不希望我给出这样一种回答——"哦，我并不知道很多孩子正因为饥饿走向死亡，从这一刻起，我会停止任何太空方面的研究，直到人类解决这个问题。"

实际上，在我意识到火星之旅在技术上具有可行性前很久，我就已经知道很多孩子正在挨饿。然而，我以及我的很多同伴仍然坚信前往月球、火星以及其他行星是一种在当下值得进行的冒险，我甚至认为这项探索计划与其他很多潜在的援助计划相比，能够在更大程度上帮助解决我们面临的各种严峻问题。

在解释太空探索计划如何帮助我们解决地球上的各种问题之前，我想先给你讲一个真实的故事，这个故事也许有助于你理解我的观点。

故事发生在大约400年前德国的一个小镇。这个小镇上有一位非常仁慈的伯爵，他把自己的大部分收入都用来救济镇上的穷苦百姓。这份仁慈令人感动，因为在中世纪，穷苦百姓实在是太多了，并且经常出现全国性瘟疫。

有一天，伯爵遇到一个奇怪的男人。他的家里有一个工作台和一个小实验室。他每天白天辛勤劳作，晚上拿出几个小时在自己的实验室搞研究。他将一块块玻璃打磨成小镜片，而后将镜片安装到镜筒上，利用这种装置观察非常微小的物体。放大数倍的微小生灵让伯爵感到不可思议，深深着迷，因为这是他此前从没有见过的。伯爵邀请这名男子带着他的实验设备搬到自己的城堡，成为他的一名"特殊员工"。从此，这个怪人将自己的全部精力都用来研制和改进他的光学仪器。

镇上的人认为这个怪人是在研究一些没用的东西，伯爵在他身上浪费了太多的钱，都感到很愤怒。他们抱怨说："我们还在忍受瘟疫的折磨，而他却拿钱让这个男人搞一些没有用的爱好。"听到这样的抱怨，伯爵并没有动摇，仍坚持自己的做法。他说："我会尽我所能帮助你们，但我仍会支持他的研究，因为我坚信他的研究终有一天会得到回报。"

事实证明，伯爵的话是对的。这个怪人最后研制出我们现在熟知的显微镜。在促进医学进步方面，其他任何发明都无法与显微镜相提并论。它的问世帮助人类消除了世界上大部分地区的瘟疫以及其他很多种接触性传染病。如果没有显微镜，人类无法取得这些成就。在显微镜诞生过程中，伯爵投入的钱显然发挥了重要作用。在帮助减轻人类遭受的苦难方面，花钱支持研制显微镜所做出的贡献显然远远超过单纯地救济遭受瘟疫侵袭的不幸者。

从很大程度上说，我们面临着类似的情况。你如果问我，我个人是否赞同政府采取援助措施，我的答案无疑是"赞同"。我完全不介意每年多交一些税，用于帮助忍受饥饿煎熬的孩子，不管他们身处何

地。我相信我的所有朋友也是相同的态度。

不过,我们不会为了实施这样的援助项目而停止火星探索计划。我甚至认为通过实施太空探索计划,我们能够为解决地球上的饥荒和贫困等严峻问题做出更大贡献,最终帮助我们找到解决这些问题的方案。

解决饥荒问题首先要着眼于两件事情,一个是粮食生产,一个是粮食分配。

在世界上的一些地区,农业种植、畜牧业、海洋捕捞以及其他大规模食品生产活动都拥有很高的效率,但还有很多地区的效率比较低。如果在流域治理、肥料使用、天气预报、土壤肥力评估、作物种植规划、农田选择、种植方式、耕种时机选择、作物调查以及收割计划等方面,采取更为有效的技术和举措,我们便可大幅提高粮食产量,进而帮助解决饥荒问题。

毫无疑问,改进粮食生产的最理想工具就是人造地球卫星。人造卫星在高空环绕地球飞行时,能够在很短的时间内对面积巨大的陆地区域进行研究,观测大量能够揭示农作物、土壤、干旱、降雨、积雪情况的因素,而后将数据传给地面。据估计,即使一颗最为简单的地球卫星,也能为一项改进全球农业生产的计划做出不小贡献,让作物的年产量大幅提高,带来数十亿美元的收入增长。

与粮食生产相比,将粮食分发给贫困地区是一个完全不同的问题,这个问题不仅涉及交通运输,同时也涉及国际合作。在我看来,在减少国与国之间的隔阂前,我们不可能实现有效的粮食援助计划。同时,我也不认为太空探索计划能够在一夜时间取得这一成就。不过,太空探索计划却是最有效的方式之一,能够帮助解决这个问题。

还记得当年死里逃生的"阿波罗13号"飞船吗?在"阿波罗13号"即将重返地球大气层时,苏联关闭了境内所有与阿波罗计划频段相同的无线电通信,以防止出现任何可能的干扰,同时派遣船只前往太平洋和大西洋海域,必要的时候执行紧急救援行动。如果搭载宇航员的返回舱在一艘苏联船只附近降落,苏联人一定会像对待本国宇航员一样,对他们提供帮助。如果苏联宇航员也遇到类似的紧急情况,美国人也会出手相助,这一点毋庸置疑。

通过卫星监测和评估提高粮食产量,通过改善国际关系改进粮食分配,这还只是太空探索计划对人类生活产生深远影响的两个例证罢了。除此之外还有两个具有代表性的例证——促进技术进步和提高一代人的科学素养。

登月飞船需要拥有极高的精确性和可靠性,在工程学发展史上,登月计划在这两方面取得的成就都是空前的。为满足这些要求,科学家研发了相关系统,这些系统为我们研发新材料和新技术提供了一个前所未有的机会,允许我们发明出更出色的技术系统和制造工艺,延长科学仪器的寿命,发现此前未知的自然定律。

在实施阿波罗登月计划过程中掌握的科学知识同样也可用于研发在地球上使用的技术。太空探索计划每年孕育出大约1000项技术革新。这些技术革新大幅提高了人类的生活质量,帮助我们研制出性能更卓越的厨房设备、农场设备、缝纫机、无线电设备、船舶、飞机、天气预报和风暴预警系统、通信设备、医疗设备以及其他日常生活用品。

你可能会问，我们为何首先为登月宇航员研发生命支持系统，而后才为心脏病患者研制远程体征监测设备？答案很简单。在解决技术难题的过程中取得的重大进步往往不是通过一种直接的方式，而是首先设定一个具有高度挑战性的目标，通过激发强大的动力促进技术革新，点燃科学家的想象力，促使他们尽自己最大可能完成设定的目标。

这种方式就像是一个催化剂，催化出连锁反应。

太空飞行无疑扮演着这样的角色。火星之旅虽然不能直接帮助解决饥荒问题，但这项探索计划孕育出的很多新技术和新方法给人类带来的益处将远远超过所付出的成本。如果我们希望改善人类的生活质量，我们就需要研发各种新技术，需要继续进行科学研究，了解和掌握我们尚未获得的知识。我们需要进一步研究物理学、化学、生物学和生理学，需要在医药研究的道路上继续前进，战胜各种威胁人类生存的挑战。

我们需要更多的年轻人将科学研究作为毕生的事业。我们需要为科学家提供各种帮助，让他们充分发挥自己的聪明才智，在研究过程中取得丰硕成果。我们必须设定富有挑战性的研究目标并为研究计划提供充分支持。太空探索计划涉及一系列引人注目的研究，例如对卫星和行星进行研究，对高深的物理学和天文学以及生物学和医学进行研究。它就像是一个完美的催化剂，能够在极大程度上促进科技进步。通过实施太空探索计划，我们得以拥有一系列令人兴奋的机会，来观察神秘莫测的自然现象，研发各种新技术和新材料。

从某种程度上说，太空探索对人类社会产生的深远影响甚至超过几千年来的战争。如果国与国之间不再进行研制轰炸机、火箭等武器的军备竞赛，而是在太空探索领域展开竞争，那么人类便可免遭很多苦难。这种竞争能够孕育出各种令人兴奋的成就，失败者也不必遭受痛苦命运，更不会制造仇恨和新的战争。

我们实施的太空探索计划虽然让我们远离地球，将目光投向月球、太阳、其他行星和恒星，但太空科学家最关注的依旧是我们的地球，而不是这些天体。太空探索的终极目标是建设更完美的人类家园，探索过程中获得的所有科学知识以及所研发的所有新技术都将用于改善人类的生活质量。

随信寄出的照片是1968年圣诞节期间"阿波罗8号"宇航员在环绕月球飞行时拍摄的，展示了我们的地球家园。

太空探索计划迄今为止取得的众多成就中，这张照片可能最具有象征意义。它让我们意识到地球是怎样一颗美丽的星球。如果将无边无际的宇宙比作一个海洋，那么地球就是这个海洋中最美丽最宝贵的一座岛屿，是我们唯一的家园。

在此之前，很多人并没有意识到地球的美丽与脆弱，更没有意识到肆意破坏生态平衡将给地球带来怎样的危害。这张照片第一次对外公布之后，警惕人类面临的各种严峻问题和挑战的呼声越来越高，例如污染、饥荒、贫困、城市生活、粮食生产、水资源管理和人口过度增长等。拍摄这张照片时，人类刚刚进入太空时代，也是第一次在太空中观察我们的星球。公众对上述问题关注度的提高显然与太空探索计划有关，而非一种偶然。

太空探索为人类提供了一面审视自己的镜子，同时也孕育出一系列新技术。太空探索取得的成就增强了人类的信心和进取精神，让人类相信自己有能力解决所面临的各种严峻考验和挑战。

在我看来，人类通过太空探索取得的成就充分印证了"非洲圣人"阿尔贝特·施韦泽的那句名言——"我忧心忡忡地看待未来，但仍满怀美好的希望。"

献上我最真挚的祝福，永远祝福你和你的孩子们。

恩斯特·施图林格

被误用的"平均"

✱ 罗尔夫·多贝里

假设你正和另外49名乘客一起乘坐一辆公交车,在某一站全德国最胖的人上了车。问题是:公交车上乘客的平均体重将会增加多少个百分点? 4%或5%——大概是这个数值。

假设你还在同一辆公交车上,全德国最富有的人卡尔·阿尔布雷希特上了车,那么这辆公交车上的人均财产会增加多少个百分点呢? 4%或5%?远远不止!

让我们好好计算一下第二个假设。假设这50名随机选择的乘客每人有5.4万欧元的财产,这时卡尔·阿尔布雷希特的加入就使总财产增加了将近250亿欧元,公交车上的人均财产变成了5亿,提高了1万倍。一个单一的特殊个体导致了整个局面的改变。在第二个假设中,"平均"这个概念已经没有了意义。

纳西姆·塔勒布曾警告世人:"不要试图去过一条平均一米深的河流。"这和我举公交车的例子是一个意思。一条河流可以在很大的范围内只有几厘米深,但在中心位置有10米深,人就会被淹死。总使用平均值来考虑事情很可能是有害的,因为平均值掩盖了事情背后的真实情况。

还有一个例子是夏日里紫外线的平均辐射强度。如果你整个夏天都在被遮住光线的办公室度过,然后飞到马略卡岛,并且在那里不做任何防护措施地晒太阳,那你的健康肯定会出现问题——尽管你受到的平均紫外线辐射强度并不比那些定期进行户外活动的人高。

以上不是什么新的认识,这里面的逻辑是可以理解的。新的认识是:在一个复杂的世界里,分布情况正在变得越来越不规律。或者我们可以回到那个有关公交车的假设上。在一个复杂的世界里,实际的分布情况更接近第二个假设,因此用平均值来进行解释就不合适。平均一个网站有多少访客?在没有平均情况下的网站,只有很少的网站(脸书网或谷歌)能吸引绝大部分访客;而剩下的无数个网站,只有很少的访客。数学家将这种情况称为"幂律分布"。一旦有极为特殊的个体在控制分布情况,平均的概念就没有意义。

什么是一个公司的平均规模?什么是一座城市的平均居民人数?什么是一场战争的平均规模(是战争人数还是战争天数)?什么是DAX(德国重要的股票指数)每日的平均变化?

建筑项目的平均超支是多少?一本书的平均版次是多少?一次龙卷风造成的平均损失是多少?一位银行家获得的平均红利是多少?一次市场营销活动的平均成功率有多少?电影演员们的平均收入是多少?

以上这些,人们当然都可以计算出来,但却是没有意义的。在这些例子中,分布情况都与幂律分布有关。用最后一个例子说明一下。有小部分演员每年收入超过千万欧元,但也有成千上万的演员仅仅能维持温饱。如果你因为电影演员的平均收入看起来很可观而建议你的子女去当演员,那你最好还是再考虑一下。

下里巴症候群

※ 马伯庸

上星期的某一天晚上，我和一位朋友在西单附近吃饭。席间我们高谈阔论，指点江山，臧否人物，言必及王小波、余杰、村上春树、奥尔罕·帕慕克，聊得十分尽兴。到了9点多，我们方才起身结账，各自回家。我踏上地铁之前，忽然看到一处还没收摊的报刊亭，就走了过去。从西单到四惠东大约11站，全程要30多分钟，我必须得买点什么东西消遣。

我的视线从《科学美国人》扫到《译林》，然后又从《看电影》扫到《三联文化周刊》，来回溜达了五六分钟仍旧游移不决，直到摊主不耐烦地说要收摊了，我才催促自己下了决心，在摊子上抓了一本《读者》，匆匆离去。在地铁里，我捧着《读者》看得津津有味，全然不顾自己曾经一逮着机会就嘲讽这本杂志的种种劣行。用《读者》打发时间是很不错的，我在西单等地铁的时候翻开扉页寄语，在建国门看到中缝后的笑话栏目，然后四惠东地铁停稳的一瞬间，我刚好扫完封底的广告。

尽管我一下车就把《读者》顺手塞进垃圾桶内，扬长而去，但我必须得承认：我在刚才的三十分钟里过得很愉悦，那些小布尔乔亚式的温情故事和心灵鸡汤让我发酵出一种中产阶级的微微醺意。

我上上星期去了一趟三联书店，用公司发的雅高卡买了许多一直想要但很贵的书，比如王鸣盛的《十七史商榷》、张岩的《审核古文〈尚书〉案》、杨宽的《中国古代都城制度史》、奥兰丝汀的《百变小红帽：一则童话三百年的演变》，还有若干本"大家小书"系列的小册子。买新书是一件令人愉悦的事，尤其是买了这么多看起来既深沉又有内涵的文化书籍之后，感觉旁人注视自己的眼神都多了几分恭敬。我捧着这些书兴致勃勃地回到家里，把它们一本一本摆在书架上，心里盘算哪些书以后写东西用得着，哪些书以后吹牛用得着，哪些书可以增加自己的修养和学问。

盘算到一半的时候，腹中忽有蠕动，五谷轮回，山雨欲来。我的视线飞过这些崭新的内涵书，抽出一本机器猫，匆忙跑进厕所……

类似的事情其实经常发生。比如跑去看现代艺术画展，最后发现真正停留欣赏超过两分钟的，都是裸女主题油画；买来许多经典DVD碟片，最后挑拣出来搁进影碟机的只有《恐怖星球》和《料理鼠王》，看到男主角居然是大厨古斯特的私生子时，还乱感动了一把；往PSP（掌上游戏机）里灌了三百多种历代典籍文献，然后只是一味玩《分裂细胞》——甚至当我前天偶尔在手机里下载了一款类似口袋妖怪的游戏以后，我连PSP都不玩了，每天在班车上和地铁里不停地按动手机键，就如同一位真正的无聊上班族。

我有一次看到电影里有个桥段：男主角跑去一家高级法国餐厅吃饭，对着白发苍苍的老侍应

生说:"给我来份加大的麦辣汉堡。"这让我亲切莫名。

我把这个发现跟朋友们说,他们都纷纷表示自己也有类似的经历。有人拟定了全套瑜伽健身计划,然后周末在家里睡足两天;还有人买了精致的手动咖啡磨,然后摆在最醒目的位置,继续喝速溶伴侣。最后大家一起唉声叹气,试图要把这个发现上升到哲学高度,提炼出一点什么精神感悟,让自己上个层次什么的。

但是这个努力可耻地失败了,于是我们发现这是一种感染范围很广泛的疾病。

简单来说,下里巴症候群是这样一种病:我们会努力要做一个风雅的人、一个高尚的人,一个脱离了低级趣味的人,结果还是在最不经意的时候暴露出自己的俗人本质。我们试图跟着阳春白雪的调子高唱,脑子里想的却总是阳春面和白雪公主。

一般这种疾病分为两个阶段:第一个阶段是你发现了"超我",折射到现实社会,就是你买了高档音响;第二个阶段是你发现了"本我",每天晚上都用这玩意儿听《两只蝴蝶》。

其实仔细想想,这种疾病或者说生活状态很不错,一来可以满足自己的虚荣心,二来又不会真正让自己难受——要知道,让一个俗人去勉强风雅,比让一个风雅的人去勉强俗气更不容易,毕竟不是每个人都像郭沫若那样进退自如,能写出《凤凰涅槃》和《咒麻雀》来。

按照文法,在文章的结尾应该提纲挈领,但是刚才已经失败了,现在也不会有什么成功的可能。所以我还是以一个隽永温馨的哲理小故事作为结尾。

我有一个朋友R。有一次,我们一群人去看一部话剧。当时去得早了,话剧还没开演。百无聊赖之下,我们就跑到附近的一家书店闲逛。我偶尔瞥到其中一个书架上放着一些关于佛教的书,忽然下里巴症又发作,于是微皱眉头,用轻松安详的语气对恰好在旁边的R说:"最近俗务缠身,我忽然很想看看禅宗的精神,让自己的心空一下,也未尝不是件愉悦的事。"

R没理我。我低头一看,R原来正蹲在地上,聚精会神地捧着从书架角落里拿出来的大书。

"你在看什么?"

R把书举了起来,我首先看到的是R愉悦的表情,然后是封面硕大的字体——"慈禧美容秘籍"。

R的真诚和坦率就如同初春的阳光,我看到自己虚伪的面具惭愧得开始融化。心灵被震撼的我扔下了南怀瑾、南怀仁和慧能,毫无矫饰地抽出一本《奇侠杨小邪》。

我的内心学着《发条橙》结尾的阿历克斯,大声呐喊:"我已经痊愈了。"

食物的秘密

✽ 闫晗

看到一个花边新闻，拉美某著名歌手与球星老公分手了，原因是她发现对方出轨了。怎么发现的呢？通过家中的一罐草莓果酱。一次出差回来，歌手发现家里的果酱被打开且食用过，这非常可疑，因为作为职业球员的丈夫平时严格控制饮食，从不吃果酱。请私人侦探调查后发现，家里的确有外人留宿还吃了早餐。这位歌手是天生的福尔摩斯，只要打开冰箱，根据食物的变化，她就能猜到家中可能发生过什么。

食物会暴露很多秘密，从中可以觉察出人物的身份境遇，觉察出关系的亲疏远近。热播剧《狂飙》中，主人公高启强说，他和弟弟妹妹三人吃一碗猪脚面，弟弟吃面，妹妹吃猪脚，他喝汤。一个含辛茹苦疼爱弟弟妹妹的哥哥形象顿时就立了起来，带着浓厚的生活气息。

《红楼梦》里，丫鬟袭人和晴雯在贾宝玉心里的位置与众不同，也是通过食物来表现的。宝玉会把她们喜欢的食物专门留着，一次给袭人留了糖蒸酥酪，一次给晴雯留了豆腐皮包子。不巧的是，两样食物都被宝玉的奶妈李嬷嬷吃掉或拿走了。

或许是因为宝玉儿时跟李嬷嬷很亲，会把好吃的主动留给她，她才养成了这样的习惯。但到了青春期，宝玉的好更愿意留给丫鬟们，李嬷嬷却不愿意接受自己被边缘化的现实，结果便惹来一场风波。她在意的或许不是那些吃的，而是她在宝玉心中的分量。只是，食物可以强行吃掉，疏远的关系却无法改变，不甘心又有什么用呢？

《西游记》里，猪八戒在高老庄吃苦耐劳挣下家业，一开始肯定也是备受尊重的。但后来高家与他关系恶化了，高太公四处找人除妖，痛陈罪状，其中一个不满就是他太能吃——一顿饭要吃三五斗米饭，早间点心也得百十个烧饼才够。八戒不太抱怨，但有一回难得写了一首《借月抒怀》："缺之不久又团圆，似我生来不十全。吃饭嫌我肚子大，拿碗又说有黏涎。"这首诗直抒胸臆，委屈巴巴的，让人同情。能吃有什么错呢？不被喜欢的人哪里都是缺点，等他做了净坛使者，食肠宽大就是优点。

日剧《银座黑猫物语》里，男主角讨厌吃油炸食品。看到油炸食品，他就会想起不愉快的童年。他是单亲家庭的孩子，没有妈妈，晚上常一个人回家，吃已经冷掉的炸鸡块和米饭，那是爸爸早上上班前做的。爸爸往往下班很晚，父子相处的时间不多，两人都不善于表达，感情也算不上深厚。

结婚之后，他看到妻子也做油炸食品给孩子做便当，妻子说，油炸食品不容易变质。她还说，有了孩子之后才知道带孩子多辛苦，像他的爸爸一个人边工作边照顾他饮食起居，选择早上起来做饭，让孩子吃上亲手做的饭也是爱的表达。冷掉的食物没有那么美味，可爸爸已经尽力了。

爸爸去世后，男主角在店里点了一份炸猪排。想起小时候和爸爸相处的时光，那些隐蔽的小小快乐和悄悄关爱浮现在眼前，他渐渐泪湿眼眶。那些他厌弃的油炸食品也饱含着爱的秘密，虽然看上去油腻而笨重。

爱，不一定是轻盈美丽的，但知道自己被爱，总能获得力量。

一路向北

看到浩瀚的宇宙,你就有了远见

剑与叶

*卡尔维诺

东京国立博物馆举办了一场日本古代武器盔甲展，给人的第一印象是，所有的头盔、胸甲、盾牌和刀剑主要不是用来攻击和防卫的，而是用来恫吓敌人，用可怕的形象摧残他们的心灵。

面甲上画着一张张残忍、可怕的鬼脸，而包裹面甲的头盔则铸有尖角、鱼鳍和猛禽之翼，华丽的胸甲上配备了铁环和尖刺，令战士的胸膛高高鼓起。

对于像我这样的西方人来说，当我们参观文艺复兴时期的武器盔甲展时，我们感受到的是阅读骑士诗般的古典和愉悦，与真实的战场有所隔离（在我看来，纽约大都会艺术博物馆的武器和盔甲馆是世界上的一大奇迹）。可是在这里，我再也无法把这些展品看作是奇妙的玩具，而是更多地考虑它们本来具有的含义；换言之，我们只能像看待战场上的装甲车一样看待它们。我的反应非常直截了当：我想要逃跑。

我参观了一个又一个展室，陈列柜中摆放着无数种剑，以及不同种类的刀，均由闪闪发光的锻铁打造，锋利无比，没有刀镡，陈列在白布上。刀剑，刀剑，又是刀剑，我实在分不清它们有什么区别，可是每件展品都配有长长的解说词。每个陈列柜前都人头攒动，人们专注而又赞叹地欣赏着每一把刀剑。

前来观展的大多是男人，不过由于是星期天，所以博物馆里也挤满了拖家带口的人，许多女人小孩也都认真地观摩这些刀剑。他们都从这些出鞘的冷酷刀剑中看到了什么？对他们来说，这些刀剑到底有怎样的吸引力？我以走马观花的速度看完了展览。这些钢铁的光泽所传达的听觉效果要远胜其视觉效果，我仿佛能听到它们划破空气时传来的呼啸声。而陈列刀剑的白布也在我心中引发了关于手术的恐惧。

但是我也明白，剑术在日本是一种古老的精神训练。我读过铃木大拙博士的《禅与日本文化》。我记得书中提到，最强大的武士永远不专注于敌人的剑，也不专注于自己的剑，既不专心进攻，也不专心防守，他必须要做到无我；胜利并不来自剑，而来自无剑；铸剑大师要通过苦行才能达到技艺的巅峰。我对这些都非常明了，然而读懂书中的观念是一回事，在现实生活中体悟它却是另一回事。

几天后，我来到京都，游览了诗人、哲学家天皇和隐修僧侣都曾到访的庭园。当我走过溪流上的拱桥，欣赏着池塘中垂柳的倒影、苔藓草坪，以及星形的红色枫叶时，我突然想起了那些绘有可怕鬼脸的面甲、孔武有力的高大武士，以及锋利的剑刃。

当我看到黄色的落叶掉入水中时，我想起了一个禅宗故事，我发现直到这一刻，我才明白它的寓意。一位铸剑大师的弟子声称自己已然青出于蓝而胜于蓝。于是乎，为了证明自己的剑刃有多么锋利，他把剑浸没在溪流里。当溪流带着枯叶撞上剑刃时，剑刃干净利落地把枯叶分成两半。当那位铸剑大师把自己铸造的剑也没入水中时，树叶却躲开剑刃漂走了。

在爱尔兰，追寻叶芝游荡的灵魂

✽ 罗素·萧图

我将起身前去……

很奇怪，每当我从椅子上站起来，准备离开一个房间的时候，这六个字总会戏剧般地出现在我的脑海里。和其他数以百万计的人一样，我是在大学里第一次读到威廉·巴特勒·叶芝的这首诗——《茵纳斯弗利岛》，但不知为何，它在我心里扎下了根：

"我将起身前去，前往茵纳斯弗利岛……"

于是我起身，在我的脑海中，我既不是去看牙医也不是去商场，而是大步走在绿宝石般的山坡上，前往这神秘之地。

叶芝以一处真实存在的地点为这首诗命名，一座位于吉尔湖中央的小岛。吉尔湖懒洋洋地卧在爱尔兰西北部的斯莱戈郡，在这片苍翠之地上延绵八公里。几年前，我恰好在都柏林，忽然决定要付诸实践：我要前往茵纳斯弗利岛。这要多绕四个小时的路程，但是我坚信这趟旅行是值得的。

得益于这首诗的名气（在1999年被《爱尔兰时报》读者票选为有史以来最受欢迎的爱尔兰诗歌），"茵纳斯弗利岛"仿佛有了品牌效应。有以此为名的护肤品牌"悦诗风吟"，有以此为名的淡香水、以此为名的早餐民宿、以此为名的酒店旅店，还有巡游于吉尔湖上的游船"茵纳斯弗利岛玫瑰号"。

但是我对这些事物的认知全部来自网络搜索。谢天谢地，它们都没有在我的自驾之旅中出现。我没有用GPS导航，仅仅靠着几个路边的手写路牌为我指路，驶入当地后，这些手写路牌时不时地出现，引领我来到了茵纳斯弗利岛。这段旅程的最后一段看不到任何旅游纪念品商店，只有愈来愈难辨明方向的狭窄曲折的小路，长满苔藓的

树干,一路的风、柳、石楠花,天空中的云朵和灰色的岩石。

抵达湖岸时,我发现这里完全不像是旅游景点。湖畔沿岸满是密布的树木与灌木,我几乎没法穿过它们走到湖水边欣赏风景。附近有一座农舍,门口停着几辆越野车,还有一个小号的混凝土码头探入湖中,几乎直指着几百米开外的茵纳斯弗利岛。我走到码头上,面朝着茵纳斯弗利岛盘腿坐下,且听风吟。几十年来,这个地方一直在我的脑海中盘旋;而此刻,我真的在这儿了。

叶芝生于1865年,父亲是一位艺术家,他自己则是一名孩子气的知识分子。他常常忘记吃饭,或者忘记炉子上烧着食物,直到烧煳冒烟。他投身于神秘主义和降神会。他数十年如一日地爱慕爱尔兰独立运动成员、女性主义先驱茅德·冈;在她最后一次拒绝了他的求婚后,他又把注意力转移到了她的女儿身上。

他的求婚一次次被拒绝,于是几周后,他转而向另一名女性求了婚。她名叫乔吉·海德-利斯,尽管明知自己在他心中的地位不是最高,却依然成了他的终身伴侣。正如她在叶芝去世后说的那样,她看到了他灵魂中的闪光点。"对他来说,他所过的每一天都是新的冒险,"她曾经如此对叶芝研究学者柯蒂斯·B.布拉德福德说道,"每天早上当他醒来,内心都确信,自己即将面对的这新的一天,一定会发生一些从未发生过的事。"

叶芝结婚时已50多岁,但《茵纳斯弗利岛》则是一首年轻人写的诗,写于他23岁时。诗中充满了对于过去的浪漫向往——爱尔兰的过去,神话的过去,还有叶芝自己的过去。他的童年在斯莱戈郡度过,其后搬去了都柏林,后来又去了伦敦。这里的乡村、湖泊和湖中的岛屿,这片由绿色、灰色、蓝色共同组成的景致,全部牢牢地烙印在他的生命中。

在他还小的时候,他的父亲曾经为他读过梭罗的《瓦尔登湖》,其中所描绘的田园风光与他童年所见的这片风景产生了共鸣。作为一名生活在伦敦、努力想要在工业浪潮中大施拳脚的青年,叶芝回想童年,写下了这首诗。诗的第一行便显示出,叶芝有意识地选择了一种老派的表现手法。[即使是在该诗完成的1888年,也没有人会用"起身"(arise)这个词。]他在整首诗中大量押韵,并注入了一种不容置辩的有力节奏。他做到了在书写浪漫的同时,保持了诗歌的简洁与动感。以下就是全诗:

> 我将起身前去,前往茵纳斯弗利岛,
> 在那儿搭起一座小屋,用木板和泥土;
> 种上九排豆子,养一窝蜜蜂,
> 在蜂鸣环绕的林间,独自一人。
>
> 我将得到安宁,安宁会缓缓坠落,
> 从清晨的雾气,坠落到蟋蟀歌唱的地方;
> 在那里,午夜闪烁微光,正午紫光熠熠,
> 傍晚时红雀四处拍打着翅膀。
>
> 我将起身离去,只因日日夜夜
> 我听到湖水轻拍着湖岸;
> 不论站在车行道还是灰色的人行道,
> 我内心深处都能听见这声音。

当然了,当我一步步走向吉尔湖时,这首诗也在我脑海中不断回荡,而诗中的意象,第一次在我的眼前鲜活了起来。吉尔湖全长8公里,沿岸植被葱茏,

对面是起起伏伏的山丘。湖水荡漾，其间点缀着零星小岛，其中几座有种朦胧的美感。只是茵纳斯弗利岛偏巧不属于朦胧美的那几座。它体积很小，看上去就像一个刺果，一个竖立的豆荚，在它隆起的岛脊上，树木与灌木直冲云天。

曾经有人猜测，叶芝之所以选择这里，是因其岛名发音中的诗意，最后一个音节"free"更是象征着"自由"之意。若真想在岛上建一间小屋，实在是很难，而对于林间空地的标准而言，它又太杂乱了。

但若就此终结这个话题——承认叶芝就是选了一处无用之地，又似乎是在向人宣告你的灵魂毫不浪漫。整片风景都在应和着这首诗。坐在那里，用心感受湖水的荡漾，你会明白，写下这首诗的叶芝并不是真的想要离群索居，搬到小岛上来。他是在寻找某样东西。他在23岁时就意识到了死亡和世事无常。他在寻找，试图找到属于自己的平衡点，自己的中心。他知道自己将这种平衡遗落在了过去的某处，就像我们所有人一样。

这首诗就是一次脑力游戏，一次冥想。你甚至可以在停车场里玩玩这个游戏，无须任何限制。

然后我意识到，我的冥想与叶芝并不一样。如果他是在利用自己的思想寻找自己的中心，那么我就是在利用他——利用历史、诗歌与旅行——来达到同样的目的。

于是我来到了这里。整个斯莱戈郡都是"叶芝郡"。他发掘了它，勾勒出它的轮廓，将其化为了诗句"黑色的风""潮湿的风""嘈杂的云""荆棘树""黏滞的空气"。他将一切做得如此彻底，仿佛这乡野的山峦与风景是为了成就他的诗作而生，而不是他的诗在应和这些风景。

叶芝的另一首诗《被偷走的孩子》中有一句"那里溪流蜿蜒／从葛兰卡的山坡上涌泻"，描绘的是一处流向北方、雾气迷蒙的瀑布，看上去像是彼得·杰克逊的电影《霍比特人》中才有的场景。

距离吉尔湖几公里开外的地方，有一个庞大的山丘，犹如一座天然城堡。它名叫布尔本山，源自古爱尔兰神灵的家园，它的高度只能让人望而生畏。它成了叶芝的另一块试金石——在《布尔本山下》一诗中，他诡异地引导着读者来到自己的墓地——位于此山附近的鼓崖公墓。实际上，这座诗中的墓属于另一位叶芝，他的先祖。但是当叶芝本人在法国去世后，他的遗体也被转移到了这里，就好像人们将这首诗视为他的遗嘱一样。

吉尔湖距离斯莱戈郡以及文明世界仅有6.5公里车程。斯莱戈郡是一个历史悠久、生机盎然的小中心，受本地大教堂管辖，四周遍布着大大小小的酒馆，里面的电视上不间断地播放着橄榄球和足球比赛，而菜单上可以点的东西，不仅有爱尔兰炖菜和健力士黑啤，还有咖喱鸡和新西兰白苏维翁葡萄酒。对于游客而言，这里就是活动基地。不过尽管这一切令人愉悦，却与我造访此地的初衷截然相反。叶芝的冥想与都市生活无关，我的造访也一样。

有人告诉我，在吉尔湖的水面下潜伏着大量的鲑鱼；也有人说，水獭们把吉尔湖当成了自己的家；还有人说，湖畔沿岸那片名为斯利什森林、但在叶芝的诗作《被偷走的孩子》中被写成斯留斯森林的茂密丛林里，生长着稀有的兰花、常春藤和蓟；更有人说，没错，这里的黄昏真的会有红雀四处拍打着翅膀。可这些非凡的美景，我一样也没有见着。

但我见到了别的景色。

莎士比亚书店的前世今生

✱ 昂 放

前 传

1919年11月17日,美国侨民西尔维亚·碧奇在狭窄的迪皮特朗街8号开了"莎士比亚及同伴",它既是图书馆也是书店。

第一个走进书店的美国顾客是斯坦因。她加入了碧奇的借阅图书馆。

1920年7月,詹姆斯·乔伊斯抵达巴黎,初到的第三天,他就在庞德的介绍下来到了书店。那时,《尤利西斯》在美国刊物《小评论》上连载。1921年2月,纽约法庭判定该刊物犯有猥亵罪,小说被禁。一时间,英美出版社都不敢染指这本书。之前,碧奇从没出版过书,她也知道这样做可能是灾难性的,但她还是以书店名义与乔伊斯签了出版合同。首印1000册,庞德、叶芝、纪德、普鲁斯特都帮忙订了书。

1921年7月,书店搬到一个更大的地方——奥德翁街12号。乔伊斯把这里作为他的办公室和信箱,称之为"奥德翁的斯坦福"。

那年冬天,海明威来到巴黎。他在《流动的盛宴》中写道:"在那些日子里,我没有钱买书。我从莎士比亚书店借书看⋯⋯在一条刮着寒风的街上,这是个温暖、愉快的地方,冬天有个大火炉,满桌满墙的书籍,橱窗里是新书,墙上挂满各个时代伟大作家的照片。"

碧奇为他找公寓,介绍斯坦因和庞德,借书给他,不在意押金。

海明威说:"我认识的人中间没有一个比她待我更好。"她就是碧奇。

此后,菲茨杰拉德、罗伯特·麦克拉蒙、朱娜·巴恩斯、福特·马多斯·福特一众顾客让这间书店真正成为英美文学和现代主义在巴黎的中心。《查泰莱夫人的情人》在英美被禁的时候,读者可以在这儿买到或借到。

碧奇说:"当时,巴黎到处是才子,而我的书店似乎把他们都吸引过来了。"

1922年2月2日,乔伊斯40岁生日。那天,碧奇将《尤利西斯》样书送去,乔伊斯把校对稿送给她作纪念。《纽约客》杂志的记者珍娜·弗兰纳回忆,乔伊斯的书"像一次书界爆炸震撼整个左岸,字句散落降下如感官的礼物,仿佛圣灵降临节的经验"。

《尤利西斯》让莎士比亚书店具有了某种特别身份。

1932年,乔伊斯把《尤利西斯》的美国版权卖给了兰登书屋,并没有分给碧奇版权收入。虽然她对乔伊斯诚挚未改,但此事终成心结。之后十年,莎士比亚书店靠忠实的顾客和纪德、艾略特、瓦莱里这样的朋友维持着。

巴黎沦陷。1941年12月,一名德国军官走进书店,索要店里仅剩的一本乔伊斯的小说《芬尼根守灵夜》,碧奇拒绝了他的要求。德国人扬言次日没收所有的书。一夜之间,碧奇和朋友们将5000册书、照片、通信资料、家具搬离书店,让油漆匠将招牌上的店名涂掉，让木匠拆毁了书架。德国人没有抄到书，就把主人带走。碧奇被囚禁六个月。

"1944年8月26日，一辆吉普车停在书店门口。我听到一个低沉的声音叫喊'西尔维亚'，那声音传遍整条街道，我冲下楼去，撞上了迎面而来的海明威。他把我抱起来转圈圈，一边亲吻我，而街道窗边的人们都发出欢呼声。海明威问我还有什么可以做，我请他解决仍在剧院街屋顶放冷枪的德国狙击手。海明威二话不说带上几个同行的大兵上楼，接着传来剧院街最后一次枪响。海明威和他的人马下来后又开着吉普车走掉了——他说，接下来要去解放丽兹饭店的酒窖。"这是碧奇回忆海明威"解放"莎士比亚书店的情景。

战争结束，书店没有重开。

后 传

1913年，乔治·惠特曼生于美国新泽西。父亲是物理学教授，科普作家。惠特曼从童年起就对文学充满热情和尊敬。12岁时，父亲带着全家来到中国南京大学休年假。惠特曼在中国文化与社会的浸润下，很快学会了中文。这是他的第一次远行。

高中毕业后，惠特曼进入波士顿大学新闻专业。

1935年，他带着40美元搭车前往墨西哥城，开始了一场长达5000千米的旅行，穿越墨西哥、洪都拉斯、危地马拉、哥斯达黎加、海地。此间，他练就了流利的西班牙语。途中惠特曼多次陷入极端情况。一次，在尤卡坦半岛一处隔绝的地点，他得了痢疾，没有水和食物，一个人徒步三天穿过湿地丛林，最终被玛雅部落所救。他经历了绝望，目睹了极度贫困，也遇到了善良而慷慨的人们。远行塑造着他的价值观。"给予你所能给予的，只索取你需要的"成为他的基本信条。1941年，惠特曼入伍，成为一名医疗准尉，在欧洲战场多家医院救治伤员。有几个月的军旅生活是在格陵兰岛，他与当地人一起生活，学习航行，并有了一个漂亮的爱斯基摩女友。

战后，1948年，惠特曼决定永久定居巴黎。他在圣米歇尔大道的小旅馆苏瑞租下一个房间，进入索邦大学，主修法国文化、哲学、文学。1951年8月，他在布什瑞街37号开了一家英语书店"蜜斯塔尔"，店名是为了纪念初恋女友。从此，惠特曼以书店为旗帜，在变幻的世界里执着自己的乌托邦理想。

1961年，惠特曼与碧奇相识。在她的帮助下，惠特曼把店里的陈设和装饰还原成当初书店的样子。碧奇还提供了海明威、乔伊斯等人的照片和《尤利西斯》合同原件。1964年，碧奇去世，惠特曼把书店改名为莎士比亚书店。1981年，惠特曼唯一的女儿出生，取名西尔维亚。

与老莎士比亚书店非常相似，这里是巴黎波希米亚文艺中心。亨利·米勒、贝克特、理查德·赖特都是书店的顾客和知己。书店也是艾伦·金斯堡、格雷高利·柯尔索、威廉·柏洛兹等"垮掉的一代"作家在巴黎的根据地。它更是无名作家和旅行者的"家外之家"。书店有13个床位，收留过4000人。这里设置免费的工作间、图书俱乐部、孩子阅读会，有文学课程、音乐和戏剧表演、电影放映等活动。

惠特曼把书店所经历的冒险称为"一个伪装成书店的社会主义的乌托邦"。

2011年12月14日，98岁生日之后两天，惠特曼死于中风，葬于拉雪兹神父公墓。

现在，书店由老惠特曼的女儿西尔维亚经营。她毕业于伦敦大学历史专业，曾在书店前广场策划演出了《仲夏夜之梦》，并在2003年和2006年举办文学节。

她说："书店是最民主的空间。"

走上书店二楼，惠特曼的私人图书馆。私密，安静。没有顾客。红砖地面映着淡的灯光。书从天到地，这些书曾经属于萨特、波伏娃、西尔维亚·碧奇……房间围绕着一条木头长凳，铺着舒服的坐垫，一张老写字台在窗边面对圣母院。有一个属于孩子的角落，灯下，红色帷幕分开两边，中间是"爱的镜子"，贴满孩子的话。一间小琴房，立式钢琴，琴盖开着，黑白键匀净，乐谱铺平。琴凳空着。旁边，一个头发蓬乱的青年抱着书睡着了。那姿势疲倦、凌乱，是回家才有的。

想起写在书店门外墙上的句子："路过的陌生人，你不知道我是如何热切地望着你。"

爱犬的天堂

※ 冯骥才

一位久居巴黎的华人,姓蔡,绰号"老巴黎"。他问我:"你在巴黎也住了不少天,能说出巴黎哪几样东西多吗?"

我想了想,便说:"巴黎有四多。第一是书店多,有时一条街能碰上两三家书店。第二是药店多,第三是眼镜店多,这两种店的霓虹灯标志到处可以看到。药店的霓虹灯是个绿色的'十'字,眼镜店的霓虹灯是个蓝色的眼镜架。眼镜店和书店总是连在一起的:看书的人多,近视眼肯定多。至于第四,是……"我故意停顿了一下,好强调我下边的话,"狗屎多!刚才我还踩了一脚!"说完我笑起来,很得意于自己对巴黎的"发现"。

"老巴黎"蔡先生说:"你们写文章的人观察力还真不赖。这四样说得都很对。只是最后一样……看来,你很反感。这说明你对巴黎人还不大了解。好,这么办吧,我介绍你去个地方看看。这地方叫阿斯尼埃尔。"

我走到那儿一看才知道,阿斯尼埃尔原来是一座公墓。再一问,竟是一座"狗公墓"!它最早坐落在塞纳河的一个小岛上,后来,小岛一边的河道被填平了,它便成为岸边一块狭长的阔地,长满了花草树木,其间耸立着一排一排的"狗墓碑"。不过,它比起人的墓碑要小一号,最高不过一米。在每一块小巧而精致的墓碑下,都埋葬着一个曾经活过的人间宠物。

狗公墓也和人的墓地一样宁静,静得像教堂,肃穆而安详。坟墓的样式很少重复,有的是古典样式,有的很有现代味,有的是自然主义的做法,用石头砌一座狗儿生前居住的那种小屋。墓碑上边刻着狗的名字,生卒年月,铭文,甚至还记载着墓中的狗一生不凡的业绩。比如,一块墓碑上说"墓主人"曾经得过"7项冠军"。还有一块墓碑上写着:"这只狗救活了40个人,但它却被第41个人杀死了。"虽然人们不知道这只狗的故事,却叫来此凭吊的人们深切地感受到了一个"英雄的悲剧",甚至觉得,这狗的墓地绝非只是埋葬一些宠物那么简单。

不少坟墓还有精美的雕像,或是翱翔的天使,或是盛开的花朵,或是"墓主人"的形象。有的是一个可爱的狗头,有的是狗奔跑时的英姿。远看很像一座狗的雕塑博物馆。它与人的墓地的不同,是每个墓碑前都修了一个方方正正的大理石的台子,大理石的颜色不同,有黑色的,白色的,也有绛红色的;上边放了各式各样的陶瓷小狗、小猫、小车、小家具、小娃娃、小罐头、小枕头等,这是狗的主人们来扫墓时摆上去的。人们对待这些可怜的狗,就像对待自己早夭的孩子一样,以此留下他们深挚的怀念。

刚走进阿斯尼埃尔时,我看到一位胖胖的老年妇女由一个男孩子陪同走出来。一老一少的眼睛和鼻子都通红。显然,他们刚刚扫完墓正要离去,神情十分哀痛。后来,在墓地里,我还看到一对特意前来

扫墓的年轻夫妻。女子抱着一大束艳丽的鲜花,男子提着两大塑料袋的供品。一望即知,他们与死去的爱犬深如大海般的情谊。他们先把大理石台子上的摆饰挪开,用毛刷和抹布打扫和清洗干净;然后,从包里把新买来的陶瓷一件件拿出来重新布置,细心摆好,再用鲜花把这些衬托起来。男子蹲在那里,一手扶着墓碑;女子则站在他身边,双手抱在胸前,默然而立,似在祈祷,垂下来的长裙一动不动,静穆中分明有一种很深切的哀伤。我看到,墓碑上镌刻着他们爱犬去世的时间——1995年。一只小狗死去五年,他们依旧悲痛如初。人与狗的情谊,原来也能和人与人的感情一样深刻、隽永吗?

旁观别人的痛苦是不礼貌的,故而我走开了,与妻子一同去看墓碑上的碑文。我爱读碑文,碑文往往是人用一生写的,或是写人一生的。碑文更多是哲理。然而,狗墓地形形色色的碑文,却一律是情感的宣泄,是人对狗单方面的倾诉。比如:"自从你离开我,我没有一天眼睛里没有泪水。""你曾经把我从孤独中救了出来,现在我怎么救你?""咱们的家依然有你的位置,尽管你自己躺在这里。""回来吧,我的朋友,哪怕只是一天!"

在一棵老树下,有一座黑色的墓碑,上边写着埋葬者的生卒时间为1914—1929。这只狗的主人署名为L.A。他写道:"想到我曾经打过你,我更加痛苦!"

看到这句话,我被感动了,并由此知道狗在巴黎人生活中深层的位置。狗绝对不是他们看家护院的打手,不是玩物,也不是我前边说过的——宠物,是人们不可缺少的心灵伙伴。

在狗与人互为伙伴的巴黎生活中,天天会演出多少美好的故事来?那么,这里埋着巴黎人的什么呢?是破碎的心灵还是残缺的人生?

阿斯尼埃尔的长眠者们,不只有狗,还有猫、鸡、鸟、马……据说,很早的时候还埋葬过一只大象。埋葬的意义便是纪念。对于巴黎人来说,这种纪念伙伴的方式由来已久。这墓地实际上是巴黎古老的墓地之一,其历史至少150年。现在墓地里还有一些百年老墓。狗的墓地与人的墓地最大的不同,是人有家族的血缘,可以代代相传,香火不断,坟墓可以不断地重修;但人与狗的缘分只是一生一世,很难延续到下一代。故此,阿斯尼埃尔所有的古墓都是坍塌一片;但这些倾颓的古墓,仍是一片人间遗落而不灭的情感。

扫墓的人,常常会把狗爱吃的食物带来。这便招来城市中一些迷失的猫,来到这里觅食。当地政府便在墓地的一角为这些无家可归的猫盖了一间房子。动物保护组织派来了一些人,在屋子里放了许多小木屋、木桶、草篮,铺上松软的被褥,供给猫儿们睡觉。每天还有人来送猫食。这些猫便有吃有喝,不怕风雨。它们个个都肥肥胖胖,皮毛油亮。阿斯尼埃尔成了它们的乐园和天堂。

由于这墓地也埋葬猫,因此也有猫的墓碑和猫的雕塑。有时墓碑上端趴着一只白猫,你过去逗它,它不动,原是一个石雕。有时以为是雕像,你站过去想与它合影留念,它却忽然跳下来跑了……这情景有些奇幻。世上哪里还有这种美妙的幻境?

回到驻地,我给那位"巴黎通"蔡先生打了个电话。他问我感受如何,我说:"我现在对街上的狗屎有些宽容了。"

他说:"那好。宽容了狗屎,你会对巴黎的印象更好一些。"

写故事人的故事

* 宗璞

在英格兰约克郡北部有一个小地方，叫作哈渥斯。一百多年前，谁也没有想到，它会举世闻名。有这么多人不远万里而来，只为了看看坐落在一个小坡顶的那座牧师宅，领略一下这一带旷野的气氛。

从利兹驱车往哈渥斯，沿途起初还是一般英国乡间景色，满眼透着嫩黄的绿。渐渐地，越走越觉得不一般。只见丘陵起伏，绿色渐深，终于变成一种黯淡的陈旧的绿色。那是一种低矮的植物，趴在地上好像难以伸直，几乎覆盖了整个旷野。举目远望，视线常被一座座丘陵隔断。越过丘陵，又是长满绿色榛莽的旷野。天空很低，让灰色的云坠着，似乎很重。早春的冷风不时洒下冻雨。这是典型的英国天气！

车子经过一处废墟，虽是断墙破壁，却还是干干净净，整理得很好。有人说这是《呼啸山庄》中画眉田庄的遗址，有人说是《简·爱》中桑恩费尔德府火灾后的模样，这当然都不必考证。不管它的本来面目究竟如何，这样的废墟，倒是英国的特色之一，走到哪里都能看见，信手拈来便是一个。这一个冷冷地矗立在旷野上，给本来就是去寻访故居的我们，更添了思古之幽情。

到了哈渥斯镇上，在小河边下车，循一条石板路上坡，坡相当陡。路边不时有早春的小花，有一种总是直直地站着，好像插在地上。路旁有古色古香的小店和路灯。快到坡顶时，冷风中的雨忽然地变成雪花，飘飘落下。一两个行人撑着伞穿过小街。从坡顶下望，觉得自己已经回到百年前的历史中去了。

转过坡顶的小店，很快便到了勃朗特姊妹故居——当时这一教区的牧师宅。

这座房子是石头造的，样子很平板，上下两层，共八间。一进门就看见勃朗特三姊妹的铜像。艾米莉在中间，右面是显得幼小的安恩，左面是仰面侧身的夏洛蒂。她们的兄弟布兰威尔有绘画才能，曾画过三姊妹像。据一位传记作者说，像中三人，神情各异。夏洛蒂孤独，艾米莉坚强，安恩温柔。这画现存于国家肖像馆，我没有看到过。铜像三人是一样沉静——大概在思索自己要写的故事，眼睛不看来访者。其实她们该看一看的，在她们与世隔绝的一生里，一辈子见的人怕还没有现在一个月多。

三姊妹的父亲帕特里克·勃朗特年轻时全靠自学，进入剑桥大学圣约翰学院，毕业后曾任副牧师、牧师，后到哈渥斯任教区长。他在这里住到他的亲人全都辞世，自己在八十四岁时离开人间。他结婚九年，妻子去世，留下六个孩子，四个长大成人。他们是夏洛蒂、布兰威尔，艾米莉和安恩。

绘画的布兰威尔是唯一的儿子，善于言辞，镇上有人请客，常请他陪着说话。只是经常酗酒，后来还抽上鸦片，三十一岁时去世。

在原来孩子们的房间里，陈列着他们小时的"创作"。连火柴盒大小的本子上也密密麻麻写满了字，墙上也留有"手迹"——据说那时纸很贵。他们从小就在编故事，两个大的编一个安格利亚人的故事，两个小的编一个冈达尔人的故事。艾米莉在《呼啸山庄》前写的东西几乎都与冈达尔这想象中的国家有关。可惜"手迹"字太小，简直认不出来写的什么。

帕特里克曾对当时的英国女作家、第一部《夏洛蒂·勃朗特传》的作者盖茨凯尔夫人说：孩子们能读和写时，就显示出创造的才能。她们常自编自演一些小戏。戏中常是夏洛蒂心目中的英雄威灵顿公爵最后征服一切。有时为了这位公爵和波拿巴、汉尼拔、恺撒究竟谁的功绩大，也会争论得不可开交，他就得出来仲裁。帕特里克曾问过孩子们几个问题，她们的回答给他印象很深。他问最小的安恩，她最想要什么。答："年龄和经验。"问艾米莉该怎样对待她的哥哥布兰威尔。答："和他讲道理，要是不听，就用鞭子抽。"又问夏洛蒂最喜欢什么书。答："圣经。"其次呢？"大自然的书。"

我想大自然的书也是艾米莉喜爱的，也许是最爱的，位于圣经之前。几十年来，我一直不喜欢《呼啸山庄》这本书，以为它感情太强烈，结构较松散。经过几十年人世沧桑，又亲眼见到哈渥斯的自然景色后，回来又读一遍，似乎看出一点它的深厚的悲剧力量。那灰色的云，那暗绿色的田野，她们从小到大就在其间漫游。作者把从周围环境中得到的色彩和故事巧妙地调在一起，极浓重又极匀净，很有些哈代的威塞克斯故事的味道。这也许是英国小说的一个特色。这种特色在《简·爱》中也有，不过稍淡些。现在看来，《呼啸山庄》的结构在当时也不同一般。它不是从头到尾叙述，而是从叙述人看到各个人物的动态，逐渐交代出他们之间的关系。过去和现在穿插着，成为分开的一段段，又合成一个整体。

一八三五年，夏洛蒂在伍列女士办的女子学校任教员，艾米莉随去学习。但艾米莉因为想家，不久便离开，由安恩来接替。艾米莉二十岁时到哈利费克斯任家庭教师，半年后又回家。艾米莉离家最长的时间是和夏洛蒂一起到布鲁塞尔学习的九个月。她习惯家里隐居式的无拘束的生活，爱在旷野上徘徊，让想象在脑子里生长成熟。她和旷野是一体的，离开家乡使她受不了，甚至生病。但她不是游手好闲的人，她协助女仆料理一家人的饮食。据说她擅长烤面

包,烤得又松又软。她常常一面做饭一面看书,《呼啸山庄》总有一部分是在厨房里写的吧。夏洛蒂说她比男子坚强,比孩子单纯;对别人满怀同情,对自己毫不怜惜。她在肺病晚期时还坚持操作自己担当的一份家务。

夏洛蒂最初发现艾米莉写诗,艾米莉很不高兴。她是内向的,本来就是诗人气质。她一八四六年写成《呼啸山庄》,次年出版,距今已一百多年了,读者还是可以感到这本书中喷射出来的滚沸的热情。她像一座火山,也许不太大。

从她给出版人的信中,我们知道她于一八四八年春在写第二本书,但是没有片纸只字的手稿遗留下来。一位传记作者说,也许她自己毁了,也许夏洛蒂没有保藏好,也许现在还在她们家的哪一个橱柜里。

一八四八年九月布兰威尔去世时,艾米莉已经病了,她拒绝就医服药,于十二月十九日逝世。可是勃朗特家的灾难还没有到头,次年五月,安恩又去世。安恩也写过诗,和两个姐姐合出了一本诗集,写过两本小说《艾格尼丝·格雷》和《野岗庄园房客》,俱未流传。她于一八四九年五月二十四日往斯卡勃洛孚疗养,夏洛蒂陪着她。二十八日病逝,就近殡葬。

牧师宅中只有夏洛蒂和老父相依为命了。

陈列展品中有夏洛蒂的衣服和鞋,都很纤小,可以想见她小姑娘般的身材。她们三人写的书,曾被误认为是出于同一个作者,出版人请她们证实自己的身份。夏洛蒂和安恩不得已去了伦敦。见到出版人拿出邀请信来时,那位先生问她们从哪儿拿来的这信,完全没有想到这两个小女人就是作者。

三人中只有夏洛蒂生前得到作家之名。她活得比弟妹们长,也没有超过四十岁。她在布鲁塞尔黑格学校住过一年多,先学习,后任教。这时她对黑格先生发生了爱情。她爱得深,也爱得苦,这是毫无回报的爱。这也是夏洛蒂一生中唯一一次的充满激情的爱,结果是四封给黑格的信,在他的家里保存下来。夏洛蒂于一八五四年六月和尼科尔斯副牧师结婚。她看重尼科尔斯的爱,对他也感情日深。勃朗特牧师宅中有一个房间原是女仆住的,后改为尼科尔斯的房间。

夏洛蒂于一八五五年三月,和她的五个姊妹一样,死于肺病。

楼上较大的一间房原是勃朗特先生用,现在陈列着三姊妹著作的各种文字译本,主要是《简·爱》和《呼啸山庄》。但是没有中文本。这缺陷很容易弥补。要知道我们中国人读这两本书非今日始,上一代已经在读在译了。我们立刻允诺送几部中译本来陈列。

从窗口望去,可见近处的教堂尖顶,据说墓地也不远。勃朗特全家除安恩以外都葬在那里。因为时间关系,我们不能去凭吊了。离开牧师宅时看见有人在三姊妹像旁拿了一张纸,我也去拿了一张。原来是捐款用的。这里的一切费用都是三姊妹的忠诚读者捐赠的。人生得一知己足矣,有这样多的人爱她们,关心她们的博物馆,真让人高兴——当然不只是为她们。

我们又回到旷野上。风还在吹,雨还在飘。满地深绿色看不出一点摇动。仿佛天在动,而地却停着。车子驶过一座又一座丘陵,路一直伸向天边。这不是简·爱万分痛苦地离开桑恩费尔德的路吗?这不是凯瑟琳·恩萧和希斯克利夫生前和死后漫游的荒野吗?他们的游魂是否还在这里飘荡?勃朗特姊妹在这里永远与她们的人物为伴了。

听说这一带还有勃朗特瀑布、勃朗特桥,一块大石头是勃朗特的座位,连这个县都以勃朗特命名了。人们说夏洛蒂是写云能手,而艾米莉笔下的风雪,也使人不忘。或许还该有勃朗特云和勃朗特风雪吧。

你浑然不知你的黄金时代

* 祝小兔

巴斯，完全是一个独立的存在。它不同于英国任何一个地方，一个建于绿色丘陵之上蜂蜜色的罗马古城。

走在一排乔治时代的别墅前，看到游客正搂着一个穿蓝色连衣裙的女士雕像拍照，看上去真是有些尴尬，雕像一只眼睛的假睫毛掉了，侧抬着头，表情有些严肃，也仿佛在拒绝着什么。服装的配色倒是好看，湛蓝色的高腰长裙配碧蓝色的领子，头上还有一顶墨蓝色灯罩帽子。

走近一看才知道，这里是女作家简·奥斯汀故居。

简·奥斯汀并不爱这里，甚至厌弃这里。在连接女王广场和皇家圆形广场的街道，她一家人曾租住此街公寓。她在巴斯住了五年后，带着痛苦离开。

简·奥斯汀在给姐姐卡桑德拉的信中曾经写道："明天就是我们搬离巴斯投奔克里夫顿的两周年纪念了，那曾是多么令人愉悦的解脱之时啊。"

可是你走在巴斯的街道，简直不敢相信一个女作家竟然不被如此动人的风景感动。故事多，风景优美，统一的建筑风格，全英国最高贵的新月形街道。

罗马人入侵英国，并在巴斯附近修建温泉浴场，以及象征水和智慧女神的神庙，是乔治王朝时期最富有、最时髦、最迷人的温泉城市和英国上流社会的社交场所。

简·奥斯汀的父母都出身于受人尊重的乡绅家庭，父亲作为牧师长，一家人也算体面，父亲退休后，变卖了家什，搬到这里。

到一个陌生环境本应该充满欣喜，可当时这是个物欲横流之地，清高敏感的女作家无法融入这个充斥着阶级感的社会。夜夜笙歌、衣冠云鬓的风月场让她感到窒息。随着父亲的身体每况愈下，经济日渐拮据。

她曾遇到了一次爱情，就像《傲慢与偏见》里的场景，舞会上遇到来自上流社会的公子哥，刚刚继承了一大笔遗产，她答应了求婚，第二天立即反悔，收回了承诺。作品《劝导》的女主人公在年轻时与一位青年才俊有了婚约，然而在各种原因下违背了婚约，也算是简真实的经历。人被命运捉弄的同时，也在捉弄命运。和巅峰无关，有能力捉弄命运的年纪，才是一个人生命中的黄金时代。

这里不是让简内心安宁的地方，但也在痛苦中给了她灵感，尽管在这里她并没有下笔。离开巴斯后，两部小说《诺桑觉寺》和《劝导》都是以巴斯生活为主要背景的。这些看上去与自己无关的浮华，这些对一个城市的怨艾，也正是她的黄金时代，辜负了诺言，却没有辜负自己。

诗人里尔克在《安魂曲》中写道："在生活与伟大作品之间，总存在某种古老的敌意。"

我便理解了简·奥斯汀对巴斯这个美丽古城的敌意，一个城市的繁华并不能填补人的空虚。一个人在他的黄金时代，却通常浑然不知，只是决定了如何去爱，再不问出路。

维罗纳：来自朱丽叶的信

* 李小婉

我们问她维罗纳到底是个什么样的地方，她用彩色的窗帘、凹凸不平的石板路、飞驰而过的摩托车、中世纪的城墙、吹过耳旁的风和月亮洒下的光告诉你，这里啊，有古老、浪漫、温柔、悲伤和力量。与其一上来就说维罗纳，说那是罗密欧与朱丽叶邂逅的地方，不如，我们先来谈谈电影。

不知道有多少人看过《给朱丽叶的信》。五六年前的电影了，是一个听起来怎么都有点俗气但看完之后会让人摸着良心说"竟然有如此打动人心的东西啊"那样的故事。

《纽约客》调查员苏菲一直想成为一个成功记者，她的未婚夫则一心扑在工作上。两人从纽约前往意大利的维罗纳度假。在维罗纳的朱丽叶之家，她发现，从世界各地慕名而来的女性在庭院的围墙上留下给朱丽叶的信，诉说着对爱情的失落与渴望。几位热心的意大利女士每天收集这些信件，并以朱丽叶之名一一回信，苏菲因缘际会加入了回信的队伍。随后，发生了一系列幽默动人的故事。最后，50年前错失爱人的英国女士克莱尔找回了爱人，苏菲也收获了一份真正属于自己的爱情，并且把维罗纳的故事写成了小说，成为一名用故事打动读者的写作者。

这部电影我大概看过100遍，在看第101遍的时候，我许下了一个小小誓言。我真心诚意地希望，自己能在30岁前去一趟维罗纳，在那里写一封给朱丽叶的信，有没有回信都不要紧，只要把它投进信箱，然后去小巷子转一转，逛逛市集，喝上一杯热红酒，吃上一盘肉酱面，就已经是很棒的事了。

终于，在29岁零5个月的时候，我坐上了从米兰前往维罗纳的火车。

抵达维罗纳已是夜晚。维罗纳位于米兰与威尼斯之间，白天还好，夜晚稍不注意就会错过下车的站台。在维罗纳停留的四天里，我决定把朱丽叶写信这件事留到最后一天。在那之前，我想看看没有朱丽叶的维罗纳是什么样子。

比如游客倾巢而出之前维罗纳的清晨，那些等公交车上班的人、遛狗的人、为店铺开门做准备的人、在每个城市里都可以见到的普普通通的擦身而过的人。比如纵横交错的小巷子，斑驳的墙、木制的百叶窗，那种关上像墙的一部分、打开像心口上打开一扇门，有"阳光正温暖，一直融我进心里"那样感觉的窗。比如百草广场上的市集，各种各样的小吃，只有冬天才会有的热红酒，还有日复一日在广场上卖烤栗子的人、卖面具的人、用带浓重拉丁口音的英语吆喝"我们这儿有维罗纳最好吃的肉酱面哦"的餐厅小哥。

再比如，围绕整个古城的阿迪杰河。黄昏时河水湍急，泛起浪花，大雾弥漫，雾气像滤镜，把岸边橘色的圣彼得城堡滤成了淡蓝色。桥上引鸽子的人一吹口哨，漫天飞舞的白鸽便在维罗纳的上空开出花朵,竟让人生出些悲伤,觉得一切美丑,都是虚无。还有那阿雷纳圆形剧场,简直就像小一号的罗马斗兽场,难怪木心先生曾说:坐在里面听一场歌剧,仿佛一人一烛一灵魂,于罗马的月光下获得孤独的力量。

然而,这一切还是离不开我们的朱丽叶。店铺里卖的是朱丽叶纪念品,巷子里有朱丽叶之家的指示牌,广场上卖的面具是朱丽叶和她的罗密欧,吆喝游客进去尝一尝的餐厅名字叫"罗密欧与朱丽叶"。不过,也许因为当地人的热情开朗,这些商业行为并不惹人厌烦,甚至觉得那是自然而然的美好存在,若是没有,好像反倒说不过去了。

我亲眼见到的维罗纳,就像是一封朱丽叶写给每个人的信。我们问她维罗纳到底是个什么样的地方,她用彩色的窗帘、凹凸不平的石板路、飞驰而过的摩托车、中世纪的城墙、吹过耳旁的风和月亮洒下的光告诉你,这里啊,有古老、浪漫、温柔、悲伤和力量。

我在最后一天造访了朱丽叶之家,带着写给朱丽叶的信。

朱丽叶之家在离百草广场不远的卡佩罗街。这是一处幽静的院落,中庭为四方拱形,朱丽叶的铜像矗立其中,左边是故居,右边是纪念品商店。铜像左上方,故居的二楼,就是那著名的阳台。在莎士比亚笔下,罗密欧攀上这个大理石阳台,与朱丽叶拥抱、亲吻、告别。几百年后的现在,密密麻麻的游客仰望着这个阳台,对着它不停拍照。

电影里,慕名而来的人们把给朱丽叶的信塞进墙上的砖缝里,而现实并不允许游客这样做。他们可以在庭院外的墙上留下各种涂鸦,或者把写好的卡片啊信啊投进一个小到不仔细找几乎看不到的红色邮箱里。

我的信是在朱丽叶之家附近的咖啡馆里写的,信纸是向旅店前台借的,前台是个可爱的姑娘。

"因为那个电影吗,才要写信?"

"对呀,我就是为了这个从遥远的地方过来的。"

"那要写很多东西喽。"

"好像的确是的。请给我四张信纸可以吗?"

"你相信会有回信吗?那地方的邮箱可是小得不起眼呢,大家都是在墙上留言。"

"没关系,反正投进去就好了。"

"你从多远的地方来?亚洲的什么地方吗?"

"嗯,怎么说呢,总之是需要用好多岁月和好多梦才能抵达这里的地方。"

我把信投进了那个不起眼的邮箱。一个年轻女孩和朱丽叶铜像合了影,在密密麻麻的爱墙上写了字,在纪念品商店里买了马克杯和钥匙扣,然后笑着拉起身旁男人的手,穿过拥挤的游客群。那女孩笑得可真好看,好像在说:"觉得人生好幸福啊。"

阳台下,我们的朱丽叶依旧站在那里,头微微偏下,左手放在胸口,右手拎起裙角,双眼望向远方,目光温柔又悲伤,像永不落下的夕阳。

我在那夕阳般的目光里拉着行李箱准备前往下一个地方。然而关于维罗纳,到这里还没有结束。大约在将此信投入那不起眼的红色小邮箱三个月之后,我收到了一封回信。

信封上贴着意大利邮票,上面有维罗纳的名字。信的落款是朱丽叶,信纸末端印着朱丽叶俱乐部的标志和联系方式。信是用黑色水笔手写的,字迹干净利落又不死板,字里行间是真诚不敷衍的回应、恰到好处的温柔与关心,应是出自女性之手。

其实已经记不清我在信里具体写了什么,毕竟是四页纸。我能确定的是,我写了自己的故事。我也相信回信的这位朱丽叶小姐一定也拥有她自己的故事,拥有她读过的许多信里的故事,无论她是另一个《纽约客》的苏菲,还是维罗纳的索菲亚,或是世界上任何一个地方的瑞贝卡。

因为是私人信件,怎么说都应该要保留一些隐私吧,但我很想象在晴朗日子里拿出点心招待亲切的朋友一样,分享回信的最后一句。这是朱丽叶小姐对我的故事的温暖回应,是我看了一百多遍的电影深深打动我的东西。我想,也是通过时间的继续流动、人与人之间的联结以意想不到的方式传递着的东西:

What life would be without dreams?(没有了梦,人生会是什么模样?)

地铁中的乐手

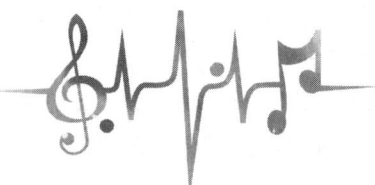

※ 冯骥才

倘若到了纽约，想听听音乐，内行的人一准会带你去麦哈顿岛南端那些小咖啡馆。几个黑人，两三件亮闪闪的铜管乐器，一架老掉牙的立式白钢琴，再加上一杯苦味的浓咖啡，就可以领略到地道又醇厚的美国黑人的爵士乐了。

那么到了巴黎想听听当地特色的音乐呢？更好办，不用任何人做向导，去买张地铁票到里边东南西北地转一转吧！

只要随着地铁中的人流走起来，便会自然而然进入音乐之中。你走着走着，便感到音乐出现了，并一点点离你愈来愈近。忽然，在一个拐角处，你看见一位乐手在拉琴。这乐手似乎很瘦，脸有些苍白。但他给你的印象也只是到此为止，因为你被流动的人群裹在中间，很快就会走过去。小提琴如泣如诉的声音在你的身后愈来愈小。不等你识别出这似曾相识的有一点凄凉的旋律出自什么曲目，前边——一个金属般男人的歌声迎面把你笼罩起来。你进入了另一个同样动人的音乐空间。

整个巴黎下边全是地铁，它通往城中任何地方。在这纵横交错的地铁通道中，处处可以碰到乐手和歌手。他们往往在两条或多条通道的交口处，有时也在通道中间。大多时候只是一个人，拉提琴，或吹黑管、萨克斯管、风笛，有的连拉带唱，甚至加上一个鼓，连接上带蓄电池的小喇叭，演奏起来极有气氛。偶尔也会有两个人一起演奏，他们用不同的乐器美妙地搭配着。甚至还有三四个人一组，有说有唱，还有伴奏，够得上一支有声有色的小乐队了。他们通常把琴盒打开放在脚前，有的则把帽子反过来撂在地上。过路赶车的人群中，时时会有人一猫腰，把几个法郎放在里边。他们并不一定是被演奏的曲子感动了，才掏这几个钱。全巴黎的人都会这样做，以表示对艺术和艺术家的敬重与支持。而且，也别以为这些乐手都是在卖艺乞讨。他们有的是出于对音乐的爱好，为了让公众共享他们演奏的乐曲；有的则是喜欢这种流浪汉式的自由自在的艺术家生活。他们自娱自乐，当然也需要你的理解与帮助。在他们中间有很棒很棒，甚至很杰出的乐手。

一次，我们乘4路车，在夏特莱站准备换乘1路去往拉·德芳斯。在穿过一个低矮的通道时，有一个黑人乐手挎着吉他，边弹边唱。这黑人沙哑的嗓子粗犷有力，听起来宛如大漠上的飓风。他的吉他也弹得有滋有味。更绝妙的是，他一只脚踩着一个踏板，敲打着一面弹簧鼓；同时，弹吉他的右手的食指上套着一个铁箍，时不时举起来，"当、当"敲两下脑袋上边一根露在外边的金属水管。歌声，吉他声，鼓声和敲水管清脆悦耳的声音，彼此相配，极有节奏感，新奇而又美妙。他声音的感染力、穿透力和演奏时随手拈来的创造性，都表现着一个民间乐手和歌手非凡的乐感与才华。我当时就想，国内歌坛上那些用媒体和电声包装起来的嗲声嗲气的"天王巨星"们，

如果来到这位地铁中无名的乐手面前,恐怕连嘴都不敢张开呢!

我遇到一位来巴黎学习音乐的留学生,她说逢到周末常常买张票钻进地铁站。巴黎的地铁很自由,只要你不出来,在里边乘着车可以来回去跑上一天。她就一站一站地去听这些民间乐手们的演唱。巴黎是个国际化的都市,乐手也像旅客一样来自世界各地。不用去辨认他们的模样,只要一听乐曲就知道谁是法国人、西班牙人、意大利人、奥地利人、苏格兰人,谁是阿拉伯人、非洲人和墨西哥人。近几年俄罗斯人和东欧人渐渐多起来。那些额头的头发向上翻卷着的小伙子,把挂在胸前的手风琴起劲地一拉,便使我们搞过几十年"中苏友好"的中国人感到亲切万分。在香榭丽舍站上,我见过一位中国姑娘坐在那里弹琵琶,她黑黑的披发瀑布一样从额头垂下来,弹得很投入。可是匆匆走着的乘客很少有人停下来听一听。也许这种古老的乐声对于法国人来说太遥远了。不同文化是很难快速沟通的。但她的琴桌上却放着一枝深红色的玫瑰。说不定这是哪位执花去看情人的年轻男子,将手中的花儿转而献给了这位如奏天音的东方神女了。

我相信,把玫瑰放在这里的,一定是巴黎人。

巴黎的地铁简直是一个巨大的网状的音乐厅。地铁的通道四通八达。这些长长通道便是传送着动听的乐曲的管道。上百个乐手分布在各个站口,演奏着他们各自心中的歌。如果他们相遇,相互总要保持着一定距离。当这个乐手的乐曲在通道的某个地方将要消失时,另一种悦耳的歌曲便会及时地送入你的耳鼓。对于那些步履匆匆的乘客来说,如果这支乐曲没有引起他们的共鸣,他们便一掠而过;如果被哪一支曲子打动了,他们便会站下来,欣赏一阵子。那么,人们在地铁中走来走去,不只是为了赶车,也是为了寻找和选听音乐吗?而这些乐手们经常要"转移阵地",从这个地铁站迁到另一个地铁站,换一换对场地的感觉。当他们提着乐器上车之后,忽然兴之所至,便端起乐器,即兴地把一支欢乐的乐曲撩人兴致地吹奏起来,整个车厢顿时一片光明。这时你会感到,整个巴黎全是音乐。

所以我说,巴黎的地上是绘画的世界,地下是音乐的世界。

音乐的世界五光十色。在这世界里你会感受万千。也许你的心被工作中的烦恼填满,但乐手们的几个闪光的音符会把你那些沉重的块垒挪开,他们哪来的这般魔力?也许你刚刚失恋,心灰意冷,空无所依,乐手们一段柔情的倾诉便给了你深切的抚慰。这支曲子原本你就熟悉,但它缘何此时竟成了你的深切的知己?

一片欢快的节奏,可以为人助兴,使人奋发,激发生命的活力,终止心中一种黑色的抑郁的漫延;而一支感伤而多情的曲调,使人柔和和敏感,使人珍惜往事,还可以让空泛的心忽然丰富起来,生出一些美好的心境与爱意。音乐比任何艺术都伟大之处,在于它能够直接地进入与参与人的心灵。

于是,这看似寻常的地铁文化,这些无名的民间乐手,实际上处在巴黎生活的深层。这里不是高不可攀的艺术殿堂,却是人间真正的音乐生活的场所;这些乐手不是日月星辰般的音乐大师,但他们可以毫不费力地走进每一个巴黎人的心中。巴黎的地铁已经有一百年的历史,巴黎人每天的生活全都离不开地铁,他们的心灵早与这流动在地铁通道中的乐曲融为一体。你去问一问巴黎人,他们会告诉你,每个巴黎人至少被这些乐手难以忘怀地感动过一次、两次、三次。

安徒生的故乡

*叶君健

这是一个美丽的城市,古老的房屋,红的、黑的,砖墙,木构,一栋一栋地排列着。这些房子标志着这个城市的年龄。

清悠的小河,从城市当中穿流而过,河水流得很慢,几乎看不出它在流动。两岸长着许多树木,有红叶的丹枫,有疏疏落落的白桦,有长条拂水的垂柳。洁白的天鹅在水上浮游,后面往往跟随着一群它们的儿女,小天鹅是毛茸茸的灰色,正像安徒生童话里所描绘的"丑小鸭"。它们不怕人,好像在享受着它们自己的世界的清幽。河里还有一个马头鱼身的铜雕,两股雾气似的清泉,从它的鼻子里喷向天空。河水在这个城市的中心绕了一个圈子,使两岸的草地空阔起来,于是这里就成了一个小小的近似天然的公园。

小公园的一些事物,和安徒生有着很多联系。一个丹麦人告诉我:安徒生很小的时候,常常跟随他的母亲,到这条小河里来洗衣服,野天鹅、丑小鸭,都曾唤起了他的美丽的幻想。树木、河水,都曾成为他的童话描述的对象。

后来,为了纪念安徒生,在这个小公园里竖立起一个安徒生的铜像,它的旁边还有一个铜雕,是根据安徒生的童话《野天鹅》的故事雕塑的。艾丽莎睡在11只天鹅的背上,飞向天空。

因此,人们就把这小小公园叫作"安徒生公园。"

这个美丽的城市就是安徒生的故乡——欧登塞。

这个城市我已经来过三次了,走遍了每一条街,游遍了每一个清幽的角落。这里的小河、树木、天鹅、雕像,尤其是安徒生的故居,也就是安徒生博物馆,都在吸引着我。它们好像使我重读了安徒生童话。

安徒生幼年的影子,在人们的记忆中是很深的,他们看到一个外国人,往往自动地介绍安徒生,他们以有过安徒生为骄傲。关于安徒生的童年,人们讲得非常生动,好像他们都和安徒生一起生活过。不,这里已经没什么人见过安徒生,更没有人见过他的幼年情景。这也许是像童话一样,经过人们创造的吧!

丹麦人领我到一个剧院门口,他指着这个不大新奇的建筑物说:"当安徒生还是个小孩子的时候,曾经受雇于这个剧院,给他们贴海报。"

我看到了一幅画:安徒生的父亲在修理皮鞋,他的祖母给他讲故事,幽暗的灯光照耀着幼年的安徒生的瘦削的脸,他已经沉浸在祖母的故事里了。

这些童话似的传说,好像使我的脑子里浮现出一个幼年的安徒生的影子。一个贫穷的孩子,很消瘦,有点营养不良,穿着不整齐的衣服,为了帮助爸爸妈妈增加一点收入,在大街上跑来跑去。也许正是如此,给他培养了丰富的想象力,给他增加了写童话的灵感和力量。

他像一个"丑小鸭"吗?是的,社会使他丑,灾难使他丑,求乞的生活使他丑。但是,也正是这些,把他的灵魂洗净,使他美丽起来,像天鹅一样美丽起来。

我参观了安徒生故居,也就是他出生的地方。在一条带着古老的味道、狭窄的胡同里,尖顶的红房子,很矮小,但是很突出,这个小房子连接着几间比较高大的、格调不大相称的陈列室。

那栋小房子里,狭窄得像一条走廊。到底安徒生生在哪里,住在哪里,哪里是他写作的地方,哪里是他父亲的皮鞋作坊,已经没法知道了。在一间宽大的后建的厅堂两侧,陈列着安徒生活着的时候住室的陈设,据说,这是安徒生的一个女仆依据记忆布置起来的。那些用具是很简单的,最引人注目的是一架屏风,屏风上有美丽而繁杂的花纹图案,细看来,是从许多画报上剪下粘贴在一起的。人像、山林、鸟兽、花草,巧妙地堆凑起来,成为洋洋大观的百衲图。管理员说,这是安徒生的手制。

在陈列室里,可以看到好多细小然而有趣的东西。安徒生的剪纸,幽默而富于想象。他画了许多小幅的速写画,画的技巧不很高明,我们不必要求他是一个卓越的画家,但是看来明快、爽朗。还有他给孩子们画的奇奇怪怪的图画,在书本里压干了的草花……好像安徒生对他的环境,对他所接触到的东西,都发生过很大兴趣,他用各种方法来表现它们,记录它们。

在一个小屋子里,陈列着安徒生的遗物,帽子、皮箱、手杖,还有一条粗大的绳子。据管理员说,这都是安徒生旅行的用具。那条绳子是安徒生旅行必要携带的,是车、船失火,被劫时用以逃脱的工具。大概安徒生是个很有风趣的人吧!还是他对什么事情的一种嘲讽呢?

有些安徒生的手稿,这是很珍贵的东西,很可惜,好多都浸湿发霉以致字迹模糊了。

在厅堂的中间,在通道的转角,可以看到两个很好的安徒生塑像。一个是安徒生在朗读他的童话,他被自己的诗句感动了。两个孩子蹲在他的脚边,幼小的心灵已经沉浸在迷人的童话里。馆长先生告诉我,这是安徒生活着的时候就塑好的,安徒生并不喜欢这个塑像,他说,为什么要孩子们蜷缩在他的脚下呢?另一个塑像,安徒生抱着一个女孩子的肩头,注视着另一个女孩子,两个女孩子望着安徒生的脸,也许是她们在听着小人鱼骑上玫瑰色的云块,升入天空去的故事而出神吧!

对于安徒生,我知道得不多,我想了解他,这对我说来是有困难的。博物馆里就有安徒生的《我的一生》,花几十个克朗,就可以买到两大厚册。可惜,他对我毫无用处。

在一个圆厅里,画着八幅壁画,叙述着安徒生的经历。

幼小的安徒生,在木构的、狭小的、黑黝黝的屋子里,和他爸爸在一起,和破皮鞋、锤子、刀子在一起。靠墙的一角,竖立着一个盛工具用的立橱,在爸爸的工作台上,点着一盏半明半暗的油灯。这就是安徒生幼年的环境。

这样的环境,不能使安徒生静静地居住下去。于是,他向祖母告别,搭乘一辆载货的马车到哥本哈根去。这幅画上没有他爸爸和妈妈。馆长先生解释说:爸爸死去,妈妈嫁人,安徒生想突破这个寂寞凄惨的境遇,把自己培养成为一个艺术家。

安徒生在哥本哈根并不像他想象的那样顺利,他遭到许多白眼,听到许多嘲讽的言语。但是由于他的努力,他的天才,他终于得到一位有名的艺术家的帮助,考进了哥本哈根大学。第三幅画就是画的安徒生的入学考试。

丹麦的环境,限制着安徒生的眼界,他到大陆去旅行,他要经历各种各样的生活。在旅行的生活开始之后,他要到意大利去,远岸的山,山后的烟,隔着大海在吸引着他。

旅行的生活,丰富了安徒生的经历,许多优美的童话,受到许多读者的赞誉。他也结识了许多朋友。在朋友的家里,在繁茂碧绿的阔叶树下,他和演员、作家、诗人们,一起讨论着他的作品。

安徒生住在城市,向往着农村,他要和农民们做朋友,每年都要到乡下去住一个时期。农民们,常常把他请到自己家里作为贵宾和朋友。农民们的生活,农民们的想象,经常出现在他的作品里。

挪威的一位著名的女演员,是安徒生的最好的朋友。她常常和安徒生在一起,朗诵着安徒生的童话,优美的诗篇。

后来,奥顿斯市长授给安徒生荣誉公民的称号和荣誉奖状。在这个当儿,安徒生从市政厅的窗子里探出头来,广场上成千的人,拿着火炬,挥舞着帽子,举起手臂,向安徒生欢呼。因为安徒生同情着人们的遭遇,丰富了人们的想象。

看完了壁画,听完了馆长先生的解释,初步满足了我要了解安徒生的愿望。转过另一间,我立刻注意到,在一个玻璃柜子里陈列着红皮的荣誉公民证书。

我拜访了市长先生,当然不是认为童话里的洗衣妇是一个废物的市长,也不是授给安徒生奖状的市长。而是现在的,彬彬有礼的,致力于文化生活的法学博士。我拜访他的目的,是想参观一下市政大厅,安徒生曾经在这里受过欢呼的大厅。但是,一点遗迹也没有,而且谁也讲不出当时的情况。我只在这里和那个第八幅壁画对照了一下,对面的楼房和侧面的教堂,和壁画上的情景、位置完全一样。是旧观未改呢,还是画家照现在的样式画的呢,并不知道。但是我的要求总算有所满足了。

我在出国前,国画家王同仁同志慨然为我画了一幅中国画风的《天鹅》,由我带去作为送给博物馆的一份礼物。由于它的尺寸很宽,又是在北京用传统的工艺裱出来的,无法装进衣箱,只能拿在手中。我就这样把它夹在腋下,从北京上飞机,经贝尔格莱德转斯德哥尔摩,经过哥本哈根,最后带到欧登塞。这幅画的经历本身就有点传奇。因此当我把它献给博物馆的时候,馆长特别请来记者拍照,并且把这个场面发表在《欧登塞日报》的头版上。中国画家到底还是与这个博物馆——同时也与欧登塞——结下了一点友谊。这种友谊由馆长特别给王同仁同志写的一封道谢信记录了下来。这幅画当然也与博物馆长存。

在我向欧登塞告别以前,我觉得我还得再看一看流过这个小小古城的那条河,因为它与中国有特殊的关系。它小得像一个溪流,平静得无声无息。但尽管它很寒微,安徒生却说,穿过这条河底,再一直往下走,就可以到达中国。很明显,对这个远方的古老帝国——因为那时中国还是一个帝国——他的脑海里曾经幻想过许多奇异的但是并不荒唐的东西。除了那美丽的故事《夜莺》,另一篇美丽的故事《牧羊女和扫烟囱的人》中的人物也来自中国。这些故事即使我们今天的中国人看起来,也并不觉得他们完全是抽象。安徒生大概不会想到,他的这些故事——不,他的全部故事——却为社会主义时代的中国成千上万的中国人所喜爱。我,作为一个中国人,过去也从没有想到,我能来到这条河边,在安徒生出生和成长的环境中漫步;并且同"海的女儿"一起在哥本哈根港湾眺望,这一点不禁使我自己也想起我几乎也成了一个童话中的人物。

博物洽闻

旧物不言,冻结千年的时光

《夏夜之梦》 1893年

《夏夜之梦》 1896年

没有人这样画月亮

✽莫一奥

很难想象，蒙克竟画过上百次月亮。

他的月亮，大都为金黄色，有些黄到发白，几至耀眼。月下，总有一条落在水面上的边缘清晰到不符合实际的光柱，它有时被波纹扰乱，漾出几个生动的光点，有时毫无道理地直贯下来，像是古典时期威仪的罗马柱，颇有神圣之感。

光柱直贯的《夏夜之梦》，使人想起莎士比亚的名剧《仲夏夜之梦》。不同的是，莎翁用富有想象力的文字，讲述爱情的完满，蒙克则用意味明确的色彩和线条，记录爱情的惨淡——

他与米莉保持着有违道德（后者已婚）的感情关系。在挪威小镇阿斯加德斯特兰德悠闲度假后，蒙克画出《夏夜之梦》。画中的米莉，上身前倾，保持着暧昧的邀请姿势，其身后的密林河面，已有他人涉足，这样的情景设置，应是对此段恋情的微妙隐喻。不过，河面上的两个人，只有模糊的轮廓，无法与米莉相提并论，这位身着白裙的女子，对蒙克有着致命的吸引力。

米莉的婚姻，并不长久。使人感到意外，离婚后的米莉，并未选择蒙克，而是与他人迅速步入了婚姻的殿堂。蒙克濒临崩溃，于是，“婚姻事件”之后的另一幅《夏夜之梦》，忧郁了许多。深色颜料涂画出的米莉，眼眶阴郁，面部灰暗，其上身仍是稍有前倾，却不再是邀请，而是没有商讨余地的拒绝，此时，河面上的小船，由一只增至两只，而远处的光柱，缺少了上方的“花冠”，颜色愈发惨白，不再神圣。

两幅《夏夜之梦》，也都可被称为《声音》。奇怪的是，不同的画题，隐含着截然不同的读画感受。以《声音》为题观画，会隐隐发觉米莉在诉说，只是，画外人与米莉全然不在一个世界，听而不得。蒙克设置了一种戛然而止的听觉屏障，使人面对画作时，只能屏息凝视。

《夏夜之梦》中的月亮，被安置在明显的位置，实际上，月亮也的确在蒙克的艺术与生活中，扮演着重要角色。

两幅《夏夜之梦》之间，他还曾在同一片海边，画过一幅空无一人的更加纯粹的《月光》。此时的米莉，已经远去，画里的月光算不上神圣，也不耀眼，稍显黯淡，一如蒙克的心境。

对月亮，蒙克有着近乎神经质的认知。

“月亮在哪儿？前天晚上散步时，它还皎洁地挂在那里。”蒙克说。朋友指着远处的半月：“就在那儿啊！”“那才不是月亮，”蒙克理直气壮，“难道你不知道月亮是圆的吗?"

在他的意识里,月亮应该是圆的,在他的画里,月亮全为满月。即使是第一次出现月亮的画作《圣克鲁的夜晚》,即使标志性的月亮图像还未形成,窗外的那个光点,似乎仍是圆的。

色调深沉的《圣克鲁的夜晚》,与蒙克父亲的离世有关。

1889年末,蒙克得知父亲去世的消息。他将自己关在一间幽暗的房间中,独自感受哀伤,他靠近窗边,望向远处的圆月,写道:去感受,去痛苦,去爱恋,我将画一批这样的图画,人们将会懂得自己的神圣,好似他们摘下了礼帽迈进教堂。

两年后,月亮和月光,开始出现变化。

蒙克完全按照自己的意志,将满月和满月的月光都画成了圆形,它们自上而下地排列,仿佛是天空中的明亮球体落了下来。显然,《海滩上的月光》一画,只是一种尝试,这种尝试,在爱情的催发之下,于多年后,变为了神圣的光柱图形。

经典画作《吻》中,蒙克也曾画出月亮——相拥的一对恋人,亲吻到不分彼此。月亮赋予这样的爱情以神圣气息,同时,它也带来了挥之不去的忧郁氛围。

这幅画刚刚完成,便迎来了买家。

"这幅画卖吗?我真的太喜欢了。"

"你不如先坐下吧,来杯酒吗?"蒙克说。

"谢谢,我不喝酒。您愿意将这幅画以五千克朗卖给我吗?"

"先坐吧,抽支烟吗?"蒙克并没有卖画的意愿。

"谢谢,我不抽烟。您可以把那幅画卖给我吗?"

…………

买家没有买到这幅画。这幅看似草草的《吻》,挂在蒙克自己家中的客厅里,直到离世。月光与爱情兼有的《吻》,于蒙克来说,或许太过重要了。

太阳与月亮,是蒙克情绪中的两种力量:太阳是生命和光明的源泉;月亮意味着忧郁,焦虑也会随月光而来。正如《生命之舞》里的男男女女,看似是愉悦的舞蹈,实际都被笼罩在了圆月和光柱的氛围中,这样的月,哀伤、失落、甚至有些绝望。如此情绪,恰是蒙克悲观心理的真实投射。

蒙克画过许多月亮,也画过许多人,所有的月和人,都没有本质的区别。蒙克始终在画自己,始终在展现自己的精神世界。他的世界里,阳光不多,月光遍地,好在,他有绘画:

于我而言,绘画是一种病,我陶醉其中。

《月光》 1895年

《吻》 1921年

《生命之舞》 1900年

几回立雪 看红日

✽白音格力

黄公望最久负盛名的作品，自然是《富春山居图》。虽然当下大众知此作品之名，有多得益于某电影传播之嫌，但论其成就，也确实非凡。

而对黄公望的《快雪时晴图》，我则禁不住心悦，因能见一个心神丰赡的老者，面对眼前忽然之间的快雪和时晴，心思起伏，又凄又美，又忧又喜。

那时满山的草木，已是枯寂，突然飘起一阵快雪，飘飘洒洒，纷纷扬扬，迅疾地染白了山林，人会怔在那里，内心里欢腾着热闹。

正在欣赏着，却突然戛然而止，红日照耀，眼前一片刺眼的白。怎么就这么快，一阵雪，说停就停，叫人平生几许惆怅的美。

黄公望此画作，自然是受东晋王羲之《快雪时晴帖》的影响而创作的。因王羲之书札，其后各朝代不少大家皆喜欢将“快雪时晴”作为绘画的意境进行创作。

因此读黄公望的画作，绕不开王羲之。《快雪时晴帖》内容简短：

羲之顿首：快雪时晴，佳。想安善。未果为结，力不次。王羲之顿首。山阴张侯。

内容大意：王羲之拜上：快雪过后天气放晴，佳妙。想必你可安好。事情没有结果，心里郁结，不详说。王羲之拜上。山阴张侯启。

这一帖中，“快雪时晴，佳”一句，叫人读之心神俱畅，顿起画意，一不留神，自己仿佛一下子跳进画中。赏得纷纷扬扬一阵急雪，天突然放晴，红日暖人，窗外一片山林素美，给友人写书札，一个“佳”字，是写者内心的天气啊。

黄公望在作此《快雪时晴图》，想必心境上也是如此之“佳”的。

我无缘得见黄公望的《快雪时晴图》真品，我曾多方寻觅清晰版图片看，放大了看，我想看到快雪林中，是否有人踏轻雪寻梅，是不是有鸟跃枝再惊起一阵细雪飘洒，是否有人檐下喝茶独对一山雪。

但是没有。

这里只有皑皑白雪，墨枝冬树，苍浑中枝枝如笔锋，冷峭见风骨。再者便是石，其态各异，远处石山峭拔，高古清劲，望之旷达；近处石岩险叠，从屋阁后几棵树绵延而上，如天人垒石台。屋舍居于画中，门前可见是坡式崖，树木遍地成林，屋后即是断崖石台。远处两山之间，红日高悬，在一片白茫茫里，如暖火。

《快雪时晴图》是全以墨色画成，以淡墨渲染，烘托雪之洁白，山石用干笔皴擦，枯树用浓墨意笔写之，而雪是留白留出来的。

整幅画作中，红日特别醒人眼目，更暖人眼目。且这一轮红日还横带一抹红霞，在一片白雪覆山的

景色里，尤其美。

几座房舍里也不见人，最高处一座，可见一窗边有桌，桌上有茶壶，旁不知何物，形似大莲花。其他房舍连窗内之物也无从辨认。

为什么不见人呢？去了哪里，既没有窗前赏快雪，亦没有断崖石台上披雪陶陶然。

是见这一阵急匆匆的快雪来了就走，人禁不住奔向林中，追雪而去了吗？如果是这样，也是情理之中的。居于深山，面对这样一场快雪时晴，谁不想做一个痴人呢？

黄公望50岁始学山水画，别号大痴道人。曾做过小吏，被诬入狱，出狱后入全真道。他纵情山川，不管是居虞山，还是松江，或富春江，他都是投身自然之中，细细观察，常终日静坐，如醉如痴。领略到景致深处，便取随身笔墨，展纸摹写。

北大教授朱良志先生曾说，黄公望整天意态忽忽，在荒山乱石、丛竹深林中奔跑，有时突来风雨，他则全然不顾。还常在夜晚，一人驾小舟，顺山溪而行，独自沐浴冷月，忽然大哭起来。

想想这样一个痴人，会不会真的隐于雪深不知处，于是我将画作照片放大，一点点寻找，说不定他就在某棵树下画了个小人呢？

最终虽然未能如愿，但心里却是欢喜的。

想想不管是王子猷雪夜访戴，还是张岱湖心亭看雪，都是兴之所至，快哉人心的事情。正所谓：兴之所至，心之所安；尽其在我，顺其自然。而一场快雪，想必更是能引人遐思，让人留恋，再映以红日，当是别有韵致。

特别是对于隐居深山的人来说，在冬日萧条之际，急雪回风，洋洋洒洒，这雪是信笺上的字，装在世外深山的信封里，红日是个暖暖的印章。

人一生，能有几次立雪看红日啊。

我曾有无数次踏雪进山的经历，但遇见一场快雪，则极少。去年有过一回，下午一时许进山，在冬林深处寻那忘记跟花朵大部队回春城的野花，当然是寻不到，寻的不过是心境上的花香。总之，傍晚时分忽遇一场快雪，是真的快，雪簌簌而下，周身传来细细碎碎的落雪声，更像是脚步声。我在那一时雀跃得像个孩子，却不敢欢呼，生怕这场快雪受到惊吓。我就坐一处树下，静静听了好半天的雪。

那时是无红日的，但在城市里，是见过多次快雪红日的画面，却不可避免地少了许多幽趣。

深山快雪，则画意十足。这快雪，是高明的画家撒下的"白"，为的是给你荒寂的人生画卷，留一处白，且共从容，再升起红日，让你内在的天气，澄和明媚。

人一生，能于深山遇一次这样的快雪时晴，哪还会再忧惧严寒，内心早就是暖烟翠木，风物闲美。

案头的仙境：力士博山炉

✱ 祝 勇

一

李少君去见汉武帝，言称自己是七十岁的老头儿。汉武帝打量着他年轻的脸，有点不大相信。那应该是在公元前133年，汉武帝拒绝了匈奴的和亲要求，在马邑设下埋伏，拉开与匈奴战争的历史大幕。那一年，汉武帝二十四岁。

我至今查不出李少君的真实年龄，因为他不是我熟悉的诗人李少君。历史中的李少君，一无身份证，二无介绍信，三无固定住处，属于典型的"三无人员"，只知道他的职业叫方士，掌握着使人长生不老的特殊技能，实际上就是一个四处游走招摇撞骗的盲流。

为了打消心中的疑虑，汉武帝亮出一件很古老的青铜器，问李少君是否认识此物。李少君仔细瞅了瞅，说："齐桓公十年时，这件铜器曾在柏寝台放过。"汉武帝于是趴在青铜器上仔仔细细核对上面的铭文，当他看见齐桓公的名字时，一时间蒙了，因为李少君不可能提前看到齐桓公的铭文。在场所有人，也都露出了惊讶的表情。司马迁后来在《史记》里写下这一幕时用了四个字："一宫尽骇"。他们于是对李少君的方术深信不疑，认为李少君是神、是仙，他的年纪，往少了说也有几百岁了。

李少君曾经在武安侯田蚡的府上宴饮，酒喝大了，就指着在场九十岁以上的老同志说："你们这帮小朋友，当年我跟你们的祖上一起撒尿和泥玩呢。"李少君说出他们当年一起玩耍和骑射的地点，那些老寿星们迅速搜索自己的童年记忆，想起自己的长辈们都说到过那个地方，于是彻底服了，毕恭毕敬地把李少君当作自己的老前辈。

每个朝代都有能忽悠的人，而专门忽悠皇帝，也早就成了一门专业，李少君是这方面的杰出人才。那一天，面对着那件青铜器，李少君从容不迫，潇洒而镇定地对汉武帝循循善诱："有此奇物可以化作黄金，用这样的黄金做成饮食器具，可以延年益寿，这样，就可以见到蓬莱仙人，与蓬莱仙人进行封禅大典就可以长生不死，飞升成仙。"

李少君声称，自己曾经登上过东海中的蓬莱仙山，在那里，一个名叫安期生的千岁老人给了他一颗像西瓜么大的巨枣，吃了它，他才长生不老。

坚不可摧的汉武帝，就这样被那个名叫李少君的骗子忽悠得五迷三道，把寻找神仙，求得长生不老之术当作自己最紧迫的任务，而且这项工作几乎贯穿了他的一生。横扫匈奴的汉武大帝，在这个领域，注定要一败涂地。

二

在中国人的观念里，在鬼神的世界之外，还有一个奇幻的世界，叫仙境。那个世界不在天上，也不在地下，而就在人间，只不过与我们生活的俗世有一段距离而已。

那是一段物理上的距离，因为它们通常都比较偏远，不是在高山上，就是在岛上——其实岛也是山，是海上的山。同时，那也是一段精神上的距离，仙界里的居民是不死的，他们已经跨过了死亡的关口，可以永远活下去，所谓"老而不死曰仙"。他们也不需要像神那样去履行各自的职责，因此，他们的生活，真正称得上快乐无极限。也因此，无论秦皇，还是汉武，都在绞尽脑汁地打探仙境的地址。

在那个朝代，中国人把世界想象成这样一幅景象：昆仑的方位，是太阳落山的方向，那是世界的西方；而在太阳升起的东方，则是蓬莱、方丈与瀛洲三座仙岛，岛上也有神山，上面长有仙草，可使人长生不老。正是那上面的仙草，吸引秦始皇和汉武帝一次次自黄土高原出发，千里迢迢地奔向东方海岸线，去寻找那些神奇的仙草。

在汉武帝面前，李少君不仅透露了仙境的地址，而且描绘了他"亲眼看见"的真实景象：在那三座神山上，禽兽栖息，颜色皆白，宫阙此起彼伏，一律用黄金和白银打造，远远看去，那仙山宛若彩云，走到近前，才会发现它们原来竟在水下。

有人坚信，语言创造世界，至少在汉代，美轮美奂的神仙世界，就来自李少君这伙人的三寸不烂之舌。因为那个世界，只有在语言中才能呈现，在现实中却艰于兑现——汉武帝跟着那些方士们跑，踏破铁鞋也没有见到过仙境的模样。

既然仙山鞭长莫及，那么生产一些人造仙山，用来安抚他们内心的焦虑，也就未尝不可。汉朝人于是行动起来，通过日常生活器物，构建出自己想象的仙山形象。

那器物的名字，叫"博山炉"。

三

首先，博山炉是香炉，一种用来焚香的器皿，一般为青铜铸造，与汉代的铜镜、铜灯、带钩一样，是青铜文明自祭祀领域向日常生活领域的渗入。香炉内焚用的香料，最早是茅香（时称薰草或蕙草），虽然香气馥郁，但有点烟熏火燎，不似焚香，倒有点像烧烤。

西汉中叶，龙脑、苏合等树脂类香料（比如沉香）自远方传来，人们将这些香料制成香球或香饼，放在香炉里，下置炭火，慢慢地炙烤这些树脂类的香料，便有浓厚的香味自香炉里漫溢出来，丝丝缕缕，带着某种迷人的意境，幽香沁脾。这些树脂类香料，就这样取代了茅香，成了那个时代的主流。

香炉的器型，于是因之而变，"为了下容炭火，博山炉与豆式熏炉相比炉腹要深"，"同时将炉盖增高，在盖上面镂出稀疏的小孔，透过小孔的气流挟带熏炉上层的香烟飘散，而炉腹下部的炭火由于通风不畅，所以只保持着缓慢的阴燃状态，正适合树脂类香料发烟的需要"。

其次，像古代许多实物器具一样，博山炉本身就是一件艺术品，具体地说，博山炉就是一尊关于山的雕塑——所谓"博山"，就

是一座仙气缭绕、群兽妖娆的海上仙山。它的山峰，像花瓣一样层层包裹，紧紧簇拥，在山的皱褶里，有飞禽狂舞、动物凶猛，与方士们描述的别无二致。

故宫博物院里，有一件西汉时期的鎏金博山炉，炉盖上山峦重叠，山中有樵夫负薪而行，也有野兽在奔走。另一件东汉时期的力士博山炉，造型更有想象力，因为在群山之巅，站立着一只小鸟，可能是天鸡或者凤凰，不知道是刚刚降落，还是准备起飞。这一神来之笔，在山的高度上，又加上了一个新的高度——飞翔。而它的炉柱，则是一个跪坐在神兽背上的力士，力拔山兮气盖世，单手就把山峰托举起来。

但博山炉最关键的装置，却不是那些吸引眼球的部分，而恰恰是不易被看见的部分——用来透烟的微小孔隙。当炉腹里的香料被点燃，就会有烟岚从那些小孔里穿出，游荡在山峦之间，那烟岚的造型，都可以被小孔控制，条条缕缕，与仙山的梦幻效果刚好相配。

总之，这是一种精密到极致、同时美到极致的日常生活器具，体现了那个时代的工艺成就，也体现出那时的贵族对物质生活的苛求。几百年后，一位被称为"诗仙"的大唐诗人还在一首乐府诗里，表达了他对这一神奇的视觉效果的痴迷："博山炉中沉香火，双烟一气凌紫霞。"

四

博山炉的发明，让香料与香炉配合默契，各得其所。一方面，博山炉无疑为香料提供了最佳的容身之所，因为它不仅能够把固体的香料转化为袅袅轻烟，而且对那香气的来源给出了合理的（或者说，是艺术化的）解释——那股幽香，其实并不是从香炉里发出来的，而是从仙境里发出的。

反过来，那股神秘而持久的幽香，也强化了博山炉的仙境形象，使仙境不仅有形象（像李少君描述的那样），而且有气味。那奇幻迷离的香气，正是对仙境的最佳注解。

我想起有一次去温州，与盲人歌手周云蓬说到西藏，他说，他具有根据气味来分辨地点的功力，因为不同的空间，完全可以用不同的气味来描述。比如有人把他空降在拉萨，空气中弥漫的藏香的味道，就会告诉他这是在哪里，因为那股特殊的香气，是这座城市辨识度最高的标志之一。对此，我深有同感——我相信，拉萨城的藏香味道，是从城市的体内散发出来的，而不是外加于它的，它是城市灵魂的一部分，只有那样的芳香，才能够体现拉萨卓尔不凡的气质。

博山炉的造型后来有了变化，比如到南北朝时期，就已经摒弃了仙山的形象，开始和佛教中的莲花造型结合在一起——比如故宫博物院藏的一件绿釉莲瓣蟠龙博山炉，时代断为隋代，炉盖上传统的山峰已经演变为联珠纹沿边的钿式花瓣——但那缕香气，依旧是有出处的——它来自佛的世界（莲花象征佛界），就像它来自仙境一样具体。

那时的中国人，不像今天这样敷衍，造出的日用品都那么丑陋、孤立、冷漠，赤裸裸地服从于实用，所有对世界的想象、激情都被过滤掉了。那时的人对世界所知甚少，这从反向上激发了他们对世界的想象。我甚至觉得，科学与艺术有时是成反比的，对世界越明白，想象力就越少，艺术创造力就越是低下。比如登月时代来临之后,那枚曾经照亮中国传统文化中的月亮不幸被一个伸手不见五指的、荒芜的月球取代,"春江花月夜"的美妙意境至此荡然无存。对神仙世界的向往,的确透射出古人的无知,却也激发了他们对世界的好奇心和想象力,博山炉也因此开启了中国艺术的新模式,即"汉代人开始给抽象的设计赋予具体的文学含义。"

五

把皇帝作为自己忽悠的对象,在中国忽悠史上,汉朝方士的地位应当是首屈一指。他们胆子大,风险也大,因为皇帝,不会总像他们想象的那样愚蠢。

比如汉武帝,有时也会纳闷:既然这些人都登上过仙山,遇见过仙人,为什么自己跟着他们东奔西走,结果连仙人的一根汗毛都没看见?

李少君只好解释说,这要看缘分,脾气不对的仙人肯定隐而不见啊;后来的方士栾大也说,是秘方用尽了,所以没有应验啊。所幸李少君死得早,还没有来得及露出破绽。后面那几位就不那么幸运了,他们不仅露出了破绽,而且露出了破腚,被汉武帝打得皮开肉绽,甚至命人取下了他们的脑壳,借此掩盖自己的愚蠢。

一生从胜利走向胜利的汉武帝,在寻找仙山的道路上,碰了一脑袋包,究其原因,是他把艺术的世界当成了真实的世界,混淆了虚构和非虚构的界限。最终,他还是醒悟过来,语重心长地对大臣们说:"向时愚惑,为方士所欺。天下岂有仙人,尽妖妄耳!"说完这话的第三年,汉武帝就永垂不朽了。在临死前敢于否定自己,或许正是汉武帝的非凡之处。

汉武帝被整得很惨,中国艺术却受了大益。历史中常见意外,由此可见一斑。因此,我经常对康德的历史目的论心存怀疑,在康老爷子看来,历史是遵循趋利避害的原则,有理性地发展的。但在卑微的我看来,历史更多是没有理性的,时常会抽风,比如一生英明的汉武帝,却培植了一大批摇唇鼓舌的大忽悠,而那些大忽悠并没有让汉武帝心满意足,却给中国造型艺术加了一把推力。

此前的中国艺术史中,只有战国时的屈原在《离骚》中对仙山进行过描述,但那也只是文学形象,而非视觉形象。只有在汉代,创造出博山炉这一独特的视觉形象。它固然汲取了前代文化中的装饰艺术成就,包括在东周时期发展到极致的富有动感的盘旋曲线纹饰,但它更"为仙山的表现奠定了基本的图像志基础",博山炉的传统自此从未断流,一直延续到晋唐五代、宋元明清,材质也由青铜,拓展到瓷器上,发展成一个庞大的艺术家族,蔚为大观,甚至于旁敲侧击影响到其他艺术门类。

比如中国山水绘画,就是从仙山的形象中脱胎而出的,这才有了一代代画家笔下的云卷云舒、山高水长,山水画也几乎成了中国艺术中最为典型的艺术形式。对此,汉朝人一定是没有想到的。这充分证明了历史有时不那么听话,它就像人的命运一样,有时也会拐弯,不太好规划,也很难未卜先知。

从这个意义上说,忽悠有时也能成为历史发展的动力。为此,整个中国艺术界,都不妨对李少君这个大忽悠脱帽致敬。

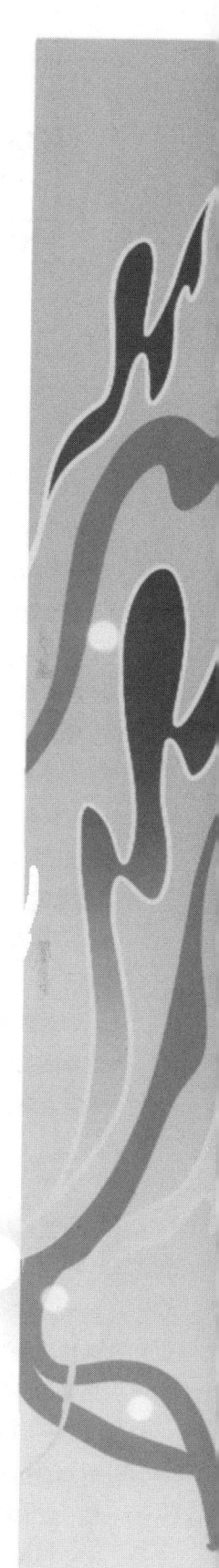

"婴戏图"的真相：宋代硬核生育广告

✽ 龚 曼

《小庭婴戏图》（宋）佚名

在流行云养萌宠甚至萌娃的今天，网络上铺天盖地的萌娃节目或视频似乎比父母的花式催生更能触动大众心底的防线。

图像的视觉冲击在不知不觉中弥合了言语说教的鸿沟，正如电视里穿插的广告、街角的招贴、不经意间刷到的直播……都能潜移默化地扭转大众态度。

而人丁兴旺的美好祈愿古今相通，"萌娃图像"也不只是现代人的专利。早在宋代，关于萌娃的图像就已掀起狂潮，还形成了无所不在的时代专题——"婴戏图"。

"婴戏图"是描绘儿童游戏时的画作，也称"戏婴图"。

这些画，为宋代的生活美学增添了太多光泽，而这满纸的岁月静好，更像一部部古老的默片，演绎着来自大宋官方对生育问题的呼吁……

宋代政府的焦虑

我们从宋高宗赵构的一则"八卦"开启故事。

当年，金军的铁浮屠踏进大宋境内，碾压过一个个横亘在他们面前的关卡，最终击溃了"蜷缩在黄河怀抱里的"那座浩瀚之城——汴京（今河南开封），北宋最后一任皇帝宋钦宗赵恒和他尊严扫地的老爸宋徽宗一同沦为金军的阶下囚。而同为宋徽宗儿子的赵构命运却截然相反，他不仅幸免于难，还南渡至临安，成为南宋第一任真命天子。

但属于他的劫数，他并未逃脱。

在金军冲破汴京那扇朱漆金钉的皇城大门之后，赵构及那些仓皇而逃的贵族们从此得了一种病，叫"怕金病"。战马的嘶鸣、滚雷般的马蹄声、刀锋相撞间森然的回响萦绕在赵构心中，成了扣紧他命门的噩梦，给他带来无限的恐惧和绝望，用闻风丧胆来形容一点也不夸张。

建炎元年（1127），赵构在逃跑的第一站南京应天府（今河南商丘）匆忙继承皇位，自此他不断地向金议和、称臣、纳币、割地，做足了全套安抚工作以保平安。可金军是下定决心要取得大宋江山的。很快，金军大举南下，应天府也化作一片废墟，赵构被迫逃至扬州。

建炎三年（1129）某日，赵构正沉浸在温柔乡里还没回过神，金兵将至的噩耗吓得他连滚带爬地再次狼狈而逃。或许是惊吓过度，不能及时疏导的心理问题演变成生理问题，从此无法生育变成了他心中不可提及的禁忌……

事实上，宋朝皇室后代的凋零，并非从赵构开始，可以说整个宋代王室因遗传病等种种原因常会遭遇子孙夭折、子嗣惨淡的窘迫。

我们再把时间向前推至宋神宗时期的元丰三年（1080），文坛首席苏东坡因"乌台诗案"被贬至黄州（今湖北黄冈）。在这里，他名义上是基层小官，实则是被贬来体验艰苦生活。可他从不会丧失内心的温暖来关注和体验民生的艰辛、百姓的悲怆与无奈。即便是再小的官儿，"权力所及的事，他从不错过"。

让他时刻感到忧心不安的是他在当地所见所闻

（宋）佚名《蕉石婴戏图页》

（宋）佚名（传周昉）《戏婴图卷》

的种种"生子不举"的现象。所谓"生子不举"，即生而不养，婴儿或被弃或被杀。

这些揪心的事件像一团团黑云压在苏东坡心中令他寝食难安，便愤然写信（《与朱鄂州书》）反映给当时的鄂州知州朱寿昌，希望能引起朝廷重视以革除旧风气。

于是便有了以下报道：

黄州小民因贫困养不起孩子，初生便将孩子溺于盆中浸杀……

可关于类似的报道，不只存在于岳州、鄂州一带。

这些悖理伤伦的现象虽在宋以前就不算鲜闻，可"生子不举"一词的正式出现是在宋代，它出没于宋人的笔记、地方志的记载、皇帝的奏疏、国家的典章制度……

一言以蔽之，在宋代，人口危机一直是政府亟待解决的困境与心患。

政府的传话筒

谁也不知道赵构的难言之隐是否变成了问题的沸点，再或是种种事件的发酵，北宋的难题击鼓传花到赵构这里时，南宋政府在生育问题，特别是乡村贫困户的生育问题上做了积极而精彩的应对措施。政府的明令法规主要是物质上的激励，可这终究不是一劳永逸的解决方案。总要有一个媒介让人们麻木的精神得到慰藉，自觉收敛粗野丑陋的行为，毕竟没有谁的良心是彻底泯灭的。

那该如何撩拨人心呢？

要知道，在绘画趋于多样化之前，最先成熟的是人物画，可它的出厂设置不是纯粹的艺术性，目的也不在审美和怡情，而是作为政府的喉舌、意识形态的言说工具，以及感化的力量，来调动人们心灵的后花园，也就是唐代画论泰斗张彦远所言的"成教化，助人伦"。

例如，藏在大英博物馆里的中华瑰宝《女史箴图》就是东晋时期的一卷关于如何尊崇妇德的官方行为指南。

不难想象，为政治服务的绘画主要出自官方（宫廷绘画）。想要窥探到不同历史时期的政治信仰和审美新时尚，它们无疑是最权威的历史入口。

在中华文化自主性大爆发的宋代，赵氏帝王对艺术的推波助澜，皇家画院的人才引进，民间画家的加盟以及城市的发展，环环相扣，让绘画从高冷的贵族专享项目逐步走进民间，为雅俗共赏的世俗美术提供了温床。而婴戏题材作为世俗绘画的典型，与政府鼓励生育、善待婴孩的诉求达成了一种默契。

这时，画院中涌现出一批为领导分忧且热衷人物绘画的优秀员工，其中稳坐"宋代婴戏题材名人榜"首席的是汴京画家苏汉臣（一说为钱塘人）。

苏汉臣是画院里名副其实的元老级人物，北宋末年曾就职于宋徽宗画院，靖康之难后，继续在南宋画院发光发热。他之所以能在人才济济的皇家花园脱颖而出，是因为历来画婴戏题材的画家，罕有能出其右者。

"婴戏图"甚至在后世变成了苏汉臣的专属标

(宋)苏汉臣 《冬日戏婴图》

(宋)苏汉臣 《灌佛戏婴图轴》

(宋)苏汉臣 《秋庭戏婴图》

签,以至于很多宋代佚名的婴戏图作品,都被误归在他名下。

当然,在宋代"婴戏图"的圈子里,苏汉臣不是唯一的偶像,只不过那些被淹没在历史洪流中的画家和作品,造成了我们与历史的隔阂。

在零星的史载里,让人过目不忘的是一个活跃在北宋政和年间名叫"杜孩儿"的汴京画家,他的真实姓名已无从得知,但他一定是画婴孩题材的楷模,才会被冠以"孩儿"之名滞留在历史的记忆里。

儿童的微缩世界

当孩子的形象被收纳到画卷里,历经千年,溢于纸素的天真之气如我们心中的故园一样不会褪色。展开画卷,你会惊奇地发现熊孩子们的"作案"游戏现场总是惊人相似——无非是玩具随处乱丢、抢玩具等。

这些窥透宋代儿童世界一隅的画作,内容直白又充满烟火气息,所有人都能感受到孩子们呼之欲出的活泼机趣。我们无须去揣测画家的精神内涵,也不必解读言有尽而意无穷的至高境界,没有画技的炫耀和卖弄,也没有文人画里哲学式的深邃。

画里只充斥着孩子们天生自在俯仰即是的快乐。姑且可以认为这些画家们也一定秉有童心才能将这纸页上的葱茏童年渲染得五光十色。在注重写实的宋代,画枝花都要洞察昼夜晴雨四时的变化,更何况要创造一个童趣世界。

或许这些画家已是两鬓霜染、能量衰减的老者,在捕捉孩子们游戏的过程中,也要融入孩子的快乐星球,说不定还会回忆起曾经那个怎么做梦都不过分的年纪,忘记成人世界的揖让、逢迎以及虚与委蛇。

在忘记烦恼、让自己开心这方面,有几个成年人能比孩子履践得更彻底?别看他们你争我抢地频繁闹情绪,但他们光明磊落,那万花筒般的眼睛,总能找到无数散碎的快乐把烦恼抛至九霄。

再看那些被打翻在地上,随时失去小主人关心的玩具,暗藏着画家的匠心和流动的时间线。《秋庭婴戏图》里的两个孩子刚从右边的玩具堆里转移到左边的几案上紧张地等待新一局游戏(推枣磨)的比赛结果,也顾不上从肩上滑落的衣服,当我们都挂念这个游戏的结局时,画面却在此定格,成了永恒的悬念……

我们无法统计,这些热烈明朗、闪烁着童真的画作让多少人的目光变得柔软。

画家们就这样把无形的思想注入有形的画作中,用孩子们与生俱来的纯洁与美好感染教化人心,用现世的温暖和人世间最凡俗的点滴,生发着人们对幸福的憧憬。虽比不上名臣武将的千秋功业,但他们如时代的心理咨询师,用这些只为融合感情,不再设立界限的世俗美术涤荡心灵,为国家的生育政策提供了最有力的情感支撑!

宫灯照亮千年孤独

* 甜腻老干妈

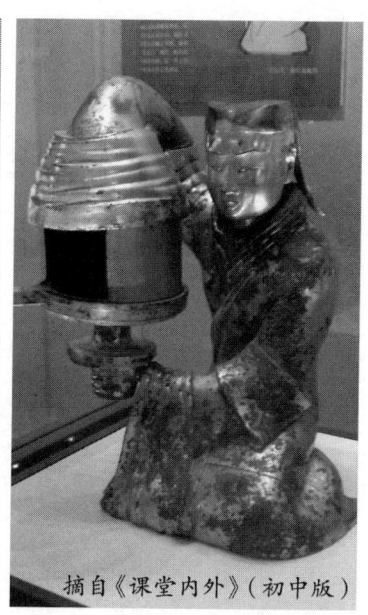

摘自《课堂内外》（初中版）

我是一盏宫灯。

一九六八年冬，满城中山靖王刘胜妻窦绾墓，我被无意发掘。世人惊叹于我的美，惊叹我通体鎏金的外表和在当今看来依然很新潮环保的设计，于是时隔两千年，我再次得见天日，被送入了河北省博物馆。

考古学家和村民一路护送我到省博的时候，外面是铺天盖地的鹅毛大雪，就像我第一次入宫时那样。那是很久很久以前的事了。

入夜，长信宫内，灯火通明。天已临近破晓，烛光摇曳，远处传来鸟雀的鸣叫，在晨光和夜幕的交织中，显得有些凄厉。窦太后斜倚在卧榻上，身后是富丽的暗红色锦绣，绣的是长安城内人们仓廪实衣食足的盛世之景。身旁是造型精巧的八角桌，桌上燃着一炷香，燃尽的烟灰裸露在外，风一吹，散落在黛紫色绸缎铺就的地面上。窗外是今年的第三场雪，天南地北，通透的白。此刻的窦太后正在为立储的事忧心忡忡。吕后专权、七国之乱的前车之鉴言犹在耳，那个七岁的孩子，真的有资格成为大汉天子吗？

我就是那个时候被送进长信宫的。我本属阳信家，后被收缴国库。景帝看我外观别致，点灯也不熏眼，便将我送到了长信宫。那时我还不知道，命运的轮轴此刻正在悄然转动。

这，就是长信宫吗？我坐在八角桌上，用孩童般的眼神打量一切。太后的宫殿果然秀美雅致呢。余光瞥到窦太后，她显然年事已高，鬓角的白发和已经浑浊的双眼是岁月留下的痕迹，眼角眉梢的憔悴，每一道都是关于万里山河的愁思：七王之乱平息不过四年，朝局尚不稳定，把大汉的江山传给一个七岁的顽童，是否真的是一个明智的决定？刘彻虽然天资聪颖，但他的母亲王娡并不是个寻常女子，她不像宫里其他女人一样，只有不加节制的奢靡、不知疲倦的欲望、任性无知组成的肤浅的美，她清醒又理智，站在美丽和血腥上，稍不留意，便会是第二个吕后。儿子的身体一日不如一日，几天前他来到长信宫，话音未落，飞溅的口沫便在衣袖上凝成一股股红。立储之事，可不能再拖了啊。

次日的长信宫，那个七岁的顽童在祖母面前行礼。我跪在八角桌上暗暗观察，思忖着这孩子看上去资质平平，并不特别。

窦太后把刘彻叫到身旁，给他出了道题：哥哥刘胜即将大婚，该送给他什么礼物呢？那个虎头虎脑的孩童目光扫过桌上的朱雀衔环杯和博山炉，连连摇头——都是些精巧有余人情不足的东西。余光扫到我时，脸上流露出惊喜的神情。他指着我说，这不失为送礼的一个好思路。

一来是符合亲情，二来是节俭，三来嘛，这宫灯本为阳信侯所有，他的儿子刘忠义参与了七王之乱，现虽已平息，但仍有隐患。送这盏灯给刘胜哥哥，也算是一个警告了。

窦太后听了他的分析连连点头，我也为他小小年纪展现出的聪明才智所惊叹。蛰伏在太后心中的疑惑，就这么轻而易举地被一个七岁的孩子打消了。她意识到，刘彻看似稚嫩的面孔远比她想象的聪慧，可以禁得住这坐拥江山却无人理解的孤寂。

或许万事万物，都寂寞。对于窦太后来说，寂寞大概是不知道该把王国社稷交付给谁；对于汉武帝刘彻来说，寂寞大概是要坐拥天下时刻提防着兄弟是劲敌母亲是外戚；对于我来说，寂寞大概是在这厚厚的宫闱里，望尽宫墙柳。

记忆仿佛又回到很久很久以前，大雪映衬尘世荒芜，宫灯照亮千年孤独。

这些宝贵的文物，都在博物馆被偷了

※ 一 童

2023年2月13日，荷兰"公主庭院"博物馆遭窃，有4件十分珍贵的中国陶瓷文物遗失，另外还有7件瓷器被严重损坏。这11件文物里有一些来自我国明代，另一些则有1000多年的历史。

至于这次失窃文物具体的价值是多少，博物馆方面没有透露，但在声明中提到失窃的文物均在中国春节期间举办的展览中展示，属于珍品，此次损失惨重。

当我们检索世界上文物被盗的案件，发现数量之多超乎想象。

英国遗失艺术品统计局的数据显示，全球每年发生的艺术品盗窃案超过5万起。英国从1976年至2010年，共有53709件艺术品被盗；美国位居第二，登记在案的失窃艺术品有21079件；法国、意大利和德国等国家也在榜单上……

01 被偷走的名画

案发时间：1911年

案发地点：卢浮宫

被盗文物：达·芬奇《蒙娜丽莎》

《蒙娜丽莎》是意大利文艺复兴时期画家列奥纳多·达·芬奇创作的油画。

这幅世界著名的画作被认为是文艺复兴时期美学代表，表现出了女性的深邃而又高尚的品质，同时也是达·芬奇生前最喜欢的作品。达·芬奇去世后，法国国王弗朗索瓦一世买下了这幅画作。

从此，《蒙娜丽莎》成为法国卢浮宫三大镇馆之宝之一。

1911年8月21日，有一位意大利人名叫文森佐·佩鲁贾，在他工作的卢浮宫内偷走了这幅《蒙娜丽莎》，他认为要履行"爱国职责"，将画带回意大利。

由于文森佐的身份为他作了掩护，博物馆直到第二天才发现文物不见了，于是闭馆调查并且高额悬赏寻找画作。

这一新闻事件在当时轰动全球，许许多多人来到原本存放《蒙娜丽莎》画像的展位，对这丢失的名作充满了好奇。

幸运的是，两年以后，文森佐·佩鲁贾在意大利因卖画而被捕，这部举世画作终于被追回。

经过此事，《蒙娜丽莎》因祸得福，享誉全球，成为"全球最珍贵的艺术珍宝之一""世界上被观看次数最多、报道次数最多的名画之一"。

可正是因为这部画作极负盛名，多年来也常常遭遇被破坏、盗窃的风险。例如在法国巡展的时候，被观众泼酸性液体，导致下半部分被严重损坏，以及2022年5月，被一名轮椅伪装者抹了蛋糕。

目前，《蒙娜丽莎》已经成为全球保护系数最高的艺术品。

案发时间：1990年

案发地点：伊莎贝拉·斯图尔特·加德纳博

物馆

被盗文物：《加利利海上风暴》等艺术品

伊莎贝拉·斯图尔特·加德纳博物馆位于美国波士顿，是一座19世纪末创建的私人艺术博物馆，其中收藏了超过2500件世界著名艺术品，包括米开朗琪罗、拉斐尔、波提切利、伦勃朗、莫奈、德加、萨金特等艺术大师的画作，都属于无价之宝。

伦勃朗于1630年初期创作的《加利利海上风暴》就藏于这座博物馆。这幅画是伦勃朗唯一的一幅海景画。

但在1990年3月17日凌晨，有两名男子冒充警察，绑架了安保人员，并潜入了加德纳博物馆，带走了13件价值5亿美元的艺术品，其中包括伦勃朗、维米尔、莫奈和德加的画作以及中国青铜器。

在这起博物馆被盗窃的案件中，窃贼粗暴地砸开画框，撕走了画布。《加利利海上风暴》从这一天开始，便消失了。

为了找回画作，博物馆曾悬赏100万美金寻找线索，1997年将赏金增加到500万美金，但是始终没有实质性的调查进展。2017年，该博物馆的官网仍显示这13件文物的悬赏价格为1000万美金。

如今，加德纳博物馆中仍留存着空画框，等待在外流浪的《加利利海上风暴》的回归。

案发时间：2012年
案发地点：康索现代艺术中心
被盗文物：毕加索《小丑泰德》等画作

2012年10月16日凌晨3点左右，荷兰鹿特丹市的康索现代艺术中心内警铃大作，警员赶到的时候，墙壁上悬挂的7幅油画不翼而飞，窃贼已经逃跑。

这7幅油画分别是：毕加索的《小丑泰德》（1971年）、莫奈的《伦敦滑铁卢之桥》（1901年）和同年的《伦敦查令十字大桥》、野兽派代表亨利·马蒂斯的《穿着黄、白服装阅读的女孩》（1919年）、高更的《窗前的女孩》（1898年）、卢西安·弗洛伊德的《闭着双眼的女人》（2002年）与麦耶·德·汉的《自画像》（约1890年）

这是一起损失巨大的名画失窃案。

因为当警察发现嫌疑人藏画的手提箱时，里面只有一堆灰烬，而名画却不见其踪。

很有可能，这些著名画家的真迹已经被焚烧在那个罪恶的箱子里。

02 被偷走的雕塑

案发时间：2003年

案发地点：维也纳艺术史博物馆

被盗文物：切利尼"黄金盐罐"

维也纳艺术史博物馆，是全球规模最大的艺术馆之一，里面珍藏着哈布斯堡王朝收集的欧洲珍品。

这座博物馆的镇馆之宝（之一）黄金盐罐，是意大利著名艺术家本韦努托·切利尼在1543年前后为法国国王弗朗索瓦一世专门打造的顶级作品，被称为"雕塑中的蒙娜丽莎"，是切利尼唯一存世的金制塑像。

2003年5月11日，博物馆的保安人员发现有展柜破碎，其中摆放的黄金盐罐已经消失不见。维也纳艺术史博物馆因此遭受巨大的损失。

直到2006年，窃贼罗伯特芒自首，警方到维也纳以北90公里的森林中挖出了装在铅盒里埋到地下的黄金盐罐，这珍贵的艺术品才重见天日、失而复得。

窃贼偷走这一个盐罐，也许只是因为它由黄金制作，便于携带和交易。但是仔细观察这一小小的黄金盐罐，你就会惊叹它装饰之复杂、作者雕刻技术之精湛！

椭圆形的台座上，两个赤裸神像相对而坐，左边为大地女神，她身旁是一个用作胡椒研磨器的爱奥尼亚式神庙；右边手拿三叉戟的是海神，他身旁有一艘用于放盐的精致小船。两个人物双脚交叉，身体向后躺，形成一种相互拉扯的静止动态。

此外，切利尼制作的这款盐罐是由黄金、象牙、珐琅、乌木等珍贵材料制成，十分豪华，可以说，这简直是意大利奢侈品的鼻祖。

案发时间：2015年

案发地点：法国枫丹白露博物馆

被盗文物：圆明园景泰蓝麒麟

2015年3月1日凌晨，法国枫丹白露博物馆内，有2名戴着头套的盗贼闯入了中国馆，在不到7分钟的时间里，他们取走了数件顶级藏品。等到警报响起，值夜保安赶到时，窃贼早已逃之夭夭。

在被盗的文物中，有我国圆明园藏品：清乾隆年间铜胎掐丝珐琅麒麟、藏传佛教礼器金曼扎等。这些藏品的价值无法估量，可是直到现在还是没有被寻回。

其中，铜胎掐丝珐琅麒麟，又被称作景泰蓝麒麟，原本是一对珍贵的圆明园动物雕塑。1860年被法国远征军将其掠走，其中一只献给了欧仁妮皇后，被存放在枫丹白露宫；另一只则流失海外，所幸被我国台湾收藏家收藏，目前仍然留存于世。

从外形上看，这只景泰蓝麒麟四足站立，张口像是在嘶吼，臀部丰满高翘，似乎下一秒它就会跳跃起来。

整只麒麟以填海蓝珐琅为地，掐铜丝作鳞纹，并以宝蓝珐琅点缀，颈部饰以绿鬃，眉毛胡须皆外展鎏金，是一个精致又绝美的装饰品。

不止如此，景泰蓝麒麟背上有盖，可以作为燃香用具，腹内点燃香料后，香气可从口内圆孔向外扩散。

如今，这只珍贵的景泰蓝麒麟在遭遇了圆明园抢劫之后，又一次落入盗贼的手中，命运多舛的麒麟能否再发挥它驱邪避害的作用呢？

博物馆是承载人类历史的宝库，每失窃一件文物，就是人类的一部分历史记忆被偷走，尽管有的失窃文物能失而复得，但更多的文物因此销声匿迹，只留下无限的遗憾。

以上提及的文物被盗案只不过是沧海一粟，目前许多博物馆在安防措施方面仍存在不足，保护文物依然任重而道远。

包罗万象

一个人的疑惑,一众人的旋涡

欧洲贵族的真实生活

※ 张佳玮

世界人民有种念想，姑且叫作"贵族幻想"。

《笑林广记》里，多有如此段子：乡民耕地之余，想象皇帝的生活，总觉得他们的粪叉子都是金的；皇帝家里，住着四柱牌坊，上写金字"皇帝世家"，两边贴对联"日月光天德，山河壮帝居"。这是古代人民的幻想，所以编评书说故事的人，往往也投其所好：你们爱把帝王家想象得土豪金粗俗银，咱也这么顺着编。

这种贵族幻想的现代版，就变成了"欧洲贵族幻想"。于是王子公主、骑士贵妇、城堡天鹅绒、纹章与剑，都成了传说。在崇尚欧洲，将欧洲幻漫诗化这方面，日本人尤为夸张：能把金发碧眼和亚洲人的脸型糅合，制造出奇怪的非欧非亚的经典二次元形象。中国在这方面比较淳朴，最多也就是有奸商编些达·芬奇家具之类的骗人。

那么问题来了：达·芬奇时代的家居生活，到底是怎样的？

中世纪欧洲贵族住城堡，看上去威风凛凛，情意绵绵，还有帅到飞起的吸血鬼伯爵，其实大有苦处。因为欧洲城堡和日本领主们的城堡相似：非为保护人民，只是贵族私宅。战乱年代，匪徒丛生，领主躲在城堡里，就能刀枪不入。说起来，城堡的出现无非是地主怕土匪，于是高筑墙广积粮罢了。

然而住在城堡里，实际生活，实在不算有趣：倒不是有吸血鬼和蝙蝠，只是住在一个石头砌成的房子里，任谁都气闷。中世纪时没有洗手间系统，城楼守将惯常在十几米高的大缝隙解决排便问题，久而久之，领主与下人共闻其臭，鼻子一定很痛苦。英国至今保留的伦敦塔，早年并无厕所，所以屎尿是顺着墙根往下流的——您不妨想象一下那气味。

当然啦，中世纪大家都挺脏，也就习惯了。真问题乃是一个字：寒。毕竟欧洲大陆除了意大利和西班牙等国家偏南纬度，其余大多国家偏北，冬天寒冷，石头墙尤其雪上加霜。英国人是到文艺复兴前才琢磨出壁炉家用的，欧洲大陆的石头房可怎么办呢？

所以欧洲人要用挂毯了——城堡里的穿堂风，那可是嗖嗖的呀！

后来中世纪过去了，战乱也少了，城堡也就荒废了，领主们虽然还是大窗大门高围墙高拱摆阔气，但好歹不用造城门楼子了，有取暖方法了，挂毯也慢慢过时了——毕竟这玩意儿太贵了。

说回家具。

达·芬奇那会儿，欧洲家具基本不流行镶嵌技术，基本靠雕刻：给家具表面上刻出美女、狮子、海豚、叶子、藤萝，所以您家里的家具连起来，可以开个动物园。晚上睡觉时，都不敢起夜。

欧洲人用黑檀木来做家具镶嵌，再用黄铜、象牙这些玩意儿，是17世纪的事了——确切地说吧，那时候达·芬奇已经死了一百多年了。至于其他镶嵌品，包括铜、象牙、银、黄铜、骨质、贝壳、天青石、黑曜岩、大理石、犀牛角，是17世纪晚期18世纪早期的事了。实际上，欧洲贵族大概到18世纪中期，即中国乾隆年间，才开始把家具做得适合人用，而不单是好看。

吃的呢？

您别看现在欧洲人吃西餐讲仪式，法国人在16世纪前，都是用手抓东西吃的。铁餐具引入法国，差不多是中国明朝中期了。17世纪，荷兰进入黄金时代，号称欧洲第一富。他们吃什么呢？答：他们煮水加盐，加点肉豆蔻，加点肉末，就敢说是肉汤。寻常

市民经常一周只烧一次饭菜,吃一天热的,余下六天吃冷食过日子。他们吃不到什么新鲜肉,每星期能吃一次腌肉。

荷兰富豪能吃些特殊的,比如:上等小麦做的面包、栗子,以及一种"牛羊肉剁成肉末,加些蔬菜,浇橙汁,泡酸醋,用火焖"的奇怪肉类。您别嫌土气,因为17世纪,即中国明清交接那个世纪,欧洲最富的荷兰人也就是吃吃黑麦、大麦、荞麦、燕麦,甚至蚕豆粉做的面包。往前一百年,明朝的市井生活,您可以读《金瓶梅》感受下,而法国那边亨利四世大王还在发布承诺,要让法国人民实现以下梦想:"每家每周,吃得起一只鸡!"

欧洲人现在吃土豆凶猛,然而直到1772年之前——嗯,就是乾隆爷跟和珅勾兑好关系前后——法国人相信"吃土豆的只有两种东西:猪和英国人"。那会儿的贵族吃得也不精,只好拼量。比如,伟大的威灵顿公爵,在他老人家胃口不那么好的日子里,早饭只吃两只鸽子、三块牛排、四分之三瓶摩泽尔葡萄酒、一瓶香槟,其他面包和茴香酒等再说。

欧洲开始大规模流行餐厅,是19世纪初的事了——嗯,就是乾隆爷让位给嘉庆爷前后那几年。当年法国闹大革命,轰轰烈烈折腾了近三十年。这期间,贵族倒台、国王斩首、拿破仑呼风唤雨,你方唱罢我登场,轰轰烈烈。大时代风起云涌之时,伟大的厨子怎么办呢?主人倒台了,贵族没有了,厨子们就出门,去开饭店了——这是欧洲大陆第一批主厨饭店的出现。当时的名厨安托内·鲍威耶,还开了欧洲大陆第一家面包房。也在这会儿,以法国为开端,流行起了一道菜接一道菜上的俄式上菜法。什么意思呢?在19世纪之前,欧洲贵族们,其实也跟我们现在中国人的家宴似的,上菜堆满一大桌。

这里有个微妙的时间差。

以家具为首的各类品牌,所吹嘘的欧洲宫廷式豪奢,其实很尴尬。因为欧洲贵族真正进入物质丰茂、家具饮食都可以奢靡一下子的,大概也就是18世纪,相当于中国的康乾盛世。讽刺的是,18世纪巅峰时的法国,最崇拜的反而是中国:大量引进中国瓷器来装点凡尔赛宫且不提,还专门在万森堡和尚第伊的瓷器厂出品的瓷器上,描绘出中国人的生活场景,以便摆阔。

而欧洲人的生活水平,真正突飞猛进便利到可以纵横世界,是在19世纪,然而那也是革命纷起、贵族消亡的世纪。

所以事实是,欧洲封建贵族——简单说就是有封邑的地主们——过的日子,绝大多数时候,以我们现有的标准看,是肮脏、阴暗、寒冷、粗糙的,也就在18世纪之后,过得有几分奢侈模样。现在中文语境中描绘的欧洲贵族形象,是善良的中国人民美好想象+描绘梦境的商家们,联手打造的。

19世纪巴黎连续几次世博会时,有商人就明白这点:人民怀念远去的王朝,法国人民和中国人民都相信"皇帝掏粪也用金耙子",所以,只要将家具装饰、衣服饮食,说是"玛丽·安托瓦内特王后当年御用的",就能畅销。人们总愿意为这类传奇中的奢华买单。

所以,您当然可以继续相信欧洲贵族们的传奇,但如果需要一点直观印象,那么,也许,《冰与火之歌》《勇敢的心》这类影视作品里,那破落阴暗的欧洲贵族整体模样,比中国各类房产广告上的"欧洲宫廷式奢华别苑",更接近真实呢。

为什么名著主人公总得肺结核?

※ 托马斯·福斯特

文学作品中如何利用疾病来刻画人物,突出主题,有一定的规律可循。不是所有疾病都生而平等。在现代管道铺设之前,霍乱几乎和肺结核一样普遍,而且更加致命。然而霍乱很少出现在文学作品里,而肺结核则随处可见。为什么?主要是"形象"问题。霍乱很可怕,很难闻,而且,来得很猛烈。没有人愿意阅读与霍乱有关的文字。

那么,什么样的疾病才具有文学价值呢?

首先,它必须有好的画面感。就以肺结核为例吧,19世纪,人们把肺结核称为"消耗性疾病"。听到一个人一阵阵咳嗽,好像整个肺都要咳出来了,一定很可怕。然而,患者往往会鬼使神差地变得"异常美丽":皮肤变得苍白,眼窝变得黝黑,整个人看上去就像中世纪油画中的殉道者。

其次,病源必须很神秘。因此,肺结核在19世纪又成了大"赢家"。这一可怕的疾病有时会把一家人放倒,可是,当时没有人知道究竟是怎么回事。

最后,要有很好的象征意义。不知道有没有与天花相关的比喻,即便有,我也不想知道。肺结核患者日渐虚弱消瘦,这是一个很好的象征。它象征着被消耗的生命。

书中的人物因为患上肺结核纷纷倒下。作者往往不提疾病的名字。有时,我们看到书中的人物"虚弱""体弱""敏感""消瘦";有时,就是不停地咳嗽,或者体力不支。实际上,只要出现一两个症状,读者就知道作者指的是什么了,因为他们对这种疾病太熟悉了。

有时,人物不必非要真的生病,他只要觉得自己生病就行了。当《秘密花园》里的玛丽·伦诺克斯遇到表弟考林时,她发现表弟常年卧病在床,身体孱弱,自我哀怜,弄得周围的人整天闷闷不乐。他告诉玛丽,他觉得自己要死了。玛丽和考林一样自私不快,所以,对他半点儿同情心都没有。"我不信!"她厉声说道,"你这么说,就是要大家同情你。"

事实上,玛丽是对的。考林并没有生病。不过,从另一个角度来说,考林也是对的。他的确病了:他讨厌自己,讨厌孤独。他没有朋友,妈妈不在了,爸爸不愿意和他说话。他唯一的伙伴是身边的仆人,而仆人因为他的骄横跋扈、乱发脾气而憎恨他。他太孤独了,仅凭这一点就可以把他杀死。

当考林和玛丽成为好友,当玛丽把他介绍给她的新朋友迪肯时,他感觉好多了。当他和新结交的朋友来到秘密花园时,他的身体变得越来越强壮了。考林的"病"不是真的,但是,作为一个比喻,是真的。

所以,当人物生病了或者死亡了,那就要注意了。他究竟得了什么病?如何得的?什么可以让他感到好受点儿?书中人物不会无缘无故地生病。仔细观察,你会发现,外表的疾病恰恰反映出人物内心的世界。

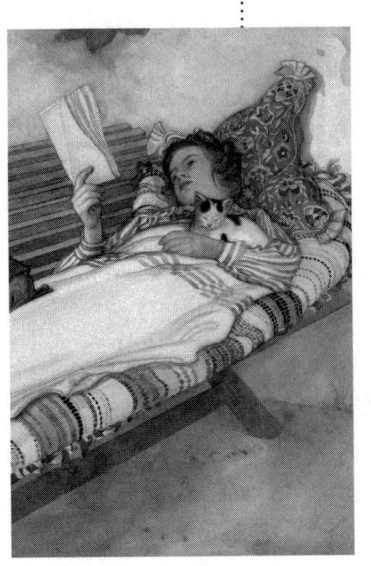

你在《新华字典》里找到家乡了吗？

罗振宇

2021年，我的同事、语言学学者李倩老师做了一件很特别的事，在"得到"《听书》栏目里解读国民工具书《新华字典》。

因为要作解读，她就来来回回地翻字典。有一天，她突然问了我一个问题："罗胖，不算异体字、繁体字，最新版《新华字典》总共收录了9000多个汉字，《现代汉语通用字表》才7000字，你猜，多出来的是些什么字？"

她不问，我还真没想过这个问题。

她说："很多都是地名。那些非常生僻的山川河流、街道乡镇县城的名字。"

比如，贵州省黔东南苗族侗族自治州镇远县有一条河，叫㵲阳河，"㵲"左边是三点水，右边是一个"舞蹈"的"舞"字。

请注意，汉语中，这个字只在这个地方有用。如果不是当地人，或者去那里旅游，你可能一辈子都不知道有这样一个地方。输入法都打不出这个字，但《新华字典》里就有。

类似这样的字成百上千，不是当地人的话，你可能一辈子都用不上。那为什么还要把这些字收录到《新华字典》里呢？

因为这些字，还真就不能随便省略。作为国民字典，《新华字典》不光要给小学生学习认字，还承担了一项非常重要的任务，那就是塑造国民共识。用李倩老师的话说，这是让咱们中国人觉得山川可亲，街镇有情。

一条河、一座山、一个镇子，它的名字不光能用汉字写出来，现在还能用普通话读出来。居住在那里的人，无论离北京多远，都会在心理上把自己真正纳入中华民族的民族共识之中。

你想想，一个苗族或者侗族的小学生，从小在这条河边长大，看到当地地名的铭牌上写着"㵲阳河"这三个字，不知道这字用普通话怎么说，就去查《新华字典》。这一查，发现这个字念"wǔ"，"说的就是我家门口这条河啊，全国的小朋友在《新华字典》里都能看到这个字，看到我家乡的这条河"。这时候，他在心理上顺着这条河走出去，走到更大的世界去的好奇心是不是就更强了？

试试吧，在《新华字典》里，你是不是也能找到那个独属于自己家乡的文化密码？找到字，你是否会心一笑，思乡之情油然而生？

秦始皇统一中国之后，书同文，车同轨，统一六国文字，那是一次文明向心力的重整。而《新华字典》从20世纪50年代诞生到现在，已修订至第12版。一代代编纂者，其实也是在做同样的事，守护着这本字典，一点点地把各地的人、各民族的人、各世代的人卷入这个集合中。让我们向这些名字致敬。

最新一版的《新华字典》，第一次向两位初创者致敬——叶圣陶先生和魏建功先生，并收录了编委成员名单。其实，近70年来，参与这本字典编纂工作的，有上百位一流学者，他们大多数人的名字并没有出现在这个名单里，根本不为人知。让我们向他们致敬。

末日生存指南：
及时逃离城市才能活得更久

❋ 路易斯·达特内尔

给你一个《我是传奇》《僵尸世界大战》的开局，你能活几天？末日来临，躲在城市安全，还是跑到人烟稀少的地方安全？当大部分人类消失，作为幸存者应该如何求生，未来应该怎样重新恢复人类文明？

末世题材一直是科幻影视作品、小说、游戏中最喜欢的设定之一，人类有可能会经历病毒、自然灾害、核战等要命的情况。但假如真有一场这样的末世降临，文明崩溃，而我们恰好又是幸存者，我们应该如何生存？

世界终结的最佳方式

在探讨"最佳"之前，咱们先来说一下最糟的情况。

从重建文明的角度来说，全面的核战争将是最糟糕的末日事件。就算你没有在目标城市里被汽化掉，构成现代世界的大部分材料也已经被毁掉了，灰尘遮蔽的天空和被放射尘污染的大地会阻碍农业的恢复。

一旦出现这种现代文明核心基础设施遭到毁坏而没有发生直接人员死亡的情况，社会秩序的崩溃将很快随之上演，居无定所的人群会迅速地消耗剩余供给，继而造成大规模人口下降。

最终，幸存者还是会面对一个没有人的世界，但是在这个世界里，能够为他们提供复原所需宽限期的所有资源都已经被消耗干净了。

很多后末日电影和小说喜欢表现的戏剧化场景或许是工业文明和社会秩序崩溃，幸存者被迫为了日益萎缩的资源展开越来越疯狂的斗争，然而我想要关注的场景恰恰与此相反：人口发生了突然而极端的下降，我们这个技术文明的物质基础却毫发无伤。大部分人类已经死去，然而所有的物资都还在。这一场景为如何从零开始加速文明重建的思维实验设立了一个最有趣的出发点。

它为幸存者们提供了一段宽限期，令他们在重新学习一个自给自足的社会所具备的全部基本功能之前能够先站稳脚跟，防止退化的步伐走得太远。从这个意义上来说，世界终结的最佳方式将是毁于快速传播的流行病。

完美的病毒风暴是剧烈的毒性、较长的潜伏期和接近100%致死率的结合。这样的话，这种可怕的病毒在人与人之间有着极强的感染性，需要一段时间才能发病（以便将遭到感染的后续宿主群体最大化），最后却又必定造成死亡。

我们已经变为一个真正的城市物种——自2008年以来，全球超过一半的人口生活在城市而非农村地区——这种状况聚集了很高的人口密度，加上热火朝天的洲际旅行，为传染病的迅速传播提供了绝佳条件。

假如现在暴发一次有如在600多年前抹掉1/3的欧洲人口（以及或许同样比例的亚洲人口）的黑死病，我们这个技术文明的弹性将远远不及当年。

末日的食物能吃多久

靠着我们的文明的残羹冷炙，你能够维持多长时间？

现代食物包装上的保质期只是一个指导意见，它们通常会留出一段安全期——这是对实际腐败时间的低估。那么不同类型的食物保持可食用的实际时间究竟有多长呢?

一些产品几乎永远不会过期,包括盐、酱油、醋和糖(只要保持干燥)。在废弃的超级市场的货架上,我们食谱中的其他一些重要成员就没那么幸运了。大部分新鲜水果和蔬菜会在几个星期内枯萎腐烂,不过块茎可以保存的时间要长很多,因为它们演化出了为植物储备过冬能量的功能。如果处于凉爽、干燥和黑暗的地方,马铃薯、木薯和甘薯很有可能撑过六个月。

熟食柜台里的奶酪和其他货品会在几个星期内发霉。几个月过后,肉铺里未经包装的带骨肉就会腐败到只剩下奇怪的T形骨和肋条。鸡蛋的保质期长得出人意料,在不冷冻的情况下一个月之后仍然能食用。

白面仅仅能够保存数年,但还是比全麦面粉长,后者会由于更高的油脂含量而迅速变质。如果谷物没有经过粉碎或者碾磨,营养成分维持的时间便会长很多,所以未磨碎的完整麦粒能够在几十年内保持可食用性。与此类似,完整玉米粒保持营养的时间大约为十年,但是玉米粉的保存时间就降到了仅仅两三年。干燥大米可以保持五到十年。

以上所有数据的前提都是食物处于有利保存的环境中:凉爽而干燥。

在温带地区的大型超级市场内部,对这种环境的期待算不上离谱,但是如果你生活在气候炎热而潮湿的地区,食物将会在电力中断、空调失效的那一刻迅速开始腐败。冰箱和冰柜停止工作以后,变质食物发出的刺激性气味会引来很多非人类拾荒者:老鼠和昆虫,还有成群结队的狗和其他之前的宠物,它们越来越饥饿了。

就算是包装完好的食物往往也逃不过尖牙利爪的劫掠,因此幸存者能够得到的食物资源,更多会受到有害动物而非保质期的限制——就像早期文明的谷仓那样。

最大的防腐食品储备会是超级市场货架上一排排的罐装食品,不仅坚固的包装能够抵挡后末日时代的害兽与害虫之灾,在罐装过程中的热处理还格外有利于其免遭内部微生物造成的变质。

为什么你需要离开城市?

你或许会觉得对任何城市而言,最糟糕之处是其他人:密密麻麻的人群,在街道上熙来攘往,在地铁上你推我搡,沉浸在马达和汽笛交相呼应的喧嚣当中。

灾难造成人口减少之后,寂静无声的废弃都市一开始会显得相当诡异,但是也会令人心情非常舒畅。

不过,尽管死寂的城市会是重建材料的重要回收来源,你还是不大有可能继续住在那里。

在灾难之后的较短时间内,建成地区的主要问题会是大量遇难者的遗体。由于缺少有组织的机构以卫生的方式移除并处理这些遗体,最初的几个月内,腐败不仅会散发出令人无法忍受的恶臭,还会造成严重的健康风险。就像在任何灾难事件中一样,受污染的供水系统传播的疾病都是一个非常关键的问题。

但是经过了一年左右的时间,在乡间游历以及搜寻其他幸存者之后,何不搬回城里享受它的舒适呢?

事实上,在文明崩溃之后,现代城市里那些熠熠生辉的摩天大楼乃至中等高度的公寓楼实际上都已经不适合居住了:只有在现代基础设施的支持下,它们才会发挥功能。

没有电网和燃气的供应来保障空调或供暖系统的运行,建筑内部的气候会变得令人不适且难以控制。供水干线失去压力之后,你需要在城市中找到一处地下水源,每天把几加仑水运回你的公寓,而且要走楼梯,因为没有电力来驱动电梯运行了。

在一些城市,技术泡沫爆裂之后,环境会迅速变得不宜居住。洛杉矶和拉斯维加斯这样的城市都很不协调地建在了非常干旱的地区甚至是沙漠里,一旦远距离供水的沟渠失去了维护,它们就会迅速枯萎衰败。华盛顿面临的问题则完全相反,因为它被建在了曾经的沼泽地上,排水系统失效之后便会开始恢复其最初的状态。

"相爱相杀"的大作家们

※ 黄 薇

在文学艺术界,从来不乏真挚友谊,但并非所有人都能一路走到终点。

友谊需要求同存异的包容心。歌德与席勒算是"神仙"友谊,席勒比歌德小10岁,两人的友谊激发出彼此的创作,共同支撑起德国文学史上辉煌的"古典主义"时代。但也会有分歧。婚恋观传统的席勒对歌德的风流就看不惯,曾指责歌德和一个未婚女子同居的行为"不要脸";而歌德对席勒通宵熬夜打牌的习惯嗤之以鼻;另外,席勒闻着烂苹果的味道才能文思泉涌,"对席勒有益的空气对我却像毒气",处女座的歌德也强忍了下来……种种分歧并未真正影响他们的关系。

俄罗斯文豪屠格涅夫与托尔斯泰,年龄同样相差10岁,屠格涅夫经常扮演父亲的角色,自己也说怀着"一种奇怪的,像慈父般的感情"爱着托尔斯泰。他刚一读到托尔斯泰的《童年》,就击节赞叹,迫不及待要结识这位"新的天才"。那时托尔斯泰初出茅庐,而屠格涅夫已是在文学界活跃近10年的著名作家。当年轻的托尔斯泰抵达圣彼得堡,第一个想见的人就是屠格涅夫。

青年时的托尔斯泰跟大众通常印象中的白胡子睿智"圣人"托翁完全不一样,他年轻时桀骜不驯,喜欢冒犯人。他与屠格涅夫的关系有点像现代物理学中的"量子纠缠",时而吸引时而排斥。翻看托尔斯泰当时的日记,他常充满矛盾地记述:"与屠格涅夫好好聊了一阵""我非常爱他",有时则断言"我和他永远也合不来"。

两人关系的转折发生在1861年,托尔斯泰到欧洲考察教育后回国,他去拜访刚刚完成小说《父与子》的屠格涅夫。屠格涅夫朗读这部作品时,托尔斯泰觉得枯燥乏味,竟睡着了,令屠格涅夫勃然大怒。

几天后,他们为一件小事彻底闹掰。两人闲聊中提及女孩们的教育问题。屠格涅夫认为他雇佣的英国女教师不错,她会让屠格涅夫给女儿一笔钱,供其做慈善,培养善良心性,最近又让他女儿为穷人缝补衣服。托尔斯泰立即接了句:"一位打扮得漂漂亮亮的姑娘,膝头放着又脏又臭的破衣服,是一幕不真挚的表演。"屠格涅夫被激怒了:"您这样说,是否说明我教坏了女儿?"两人差点要决斗,友谊就此决裂,长达一年不再有任何联系。

菲茨杰拉德与海明威的绝交是因为海明威的小说讽刺他。1925年,菲茨杰拉德与海明威在巴黎相遇,菲茨杰拉德的《了不起的盖茨比》刚完稿,意气风发,海明威则是平平无奇的新秀。菲茨杰拉德将海明威推荐给了他的编辑珀金斯。次年,海明威的《太阳照常升起》便由珀金斯经手推出,海明威一举成名。

菲茨杰拉德提出的创作建议对海明威影响深远,菲茨杰拉德也曾花费心力为海明威修改文稿;菲茨杰拉德在自以为病重之时,首先想到向海明威托

孤。两人交情至深时，互称对方"菲茨"和"海姆"，菲茨杰拉德的妻子曾充满嫉妒地形容："哼，他们俩在一起的样子简直就像是一对情侣！"

但就是这样的友谊，随时间的流逝逐渐消磨。进入20世纪30年代，菲茨杰拉德无法把握新的时代节奏，硬汉海明威崛起为文学英雄。两人境遇天差地别：一个深陷酒精与捉襟见肘的窘迫；一个文学事业蒸蒸日上，并且越来越富有。1936年，菲茨杰拉德在重重压力下，发表了他的系列散文《崩溃》，后编辑成书，坦述自己从巅峰滑落的失败及原因。海明威将这种向公众的坦白视为博取同情的"懦弱"，于是写了一篇《乞力马扎罗的雪》，主角是一个失败的作家，名字就叫菲茨杰拉德，后来因编辑珀金斯抗议，主人公的名字才被替换成朱利安。二人的罅隙终于公开，标志着这段美国文学史上最著名的友谊渐行渐远。

马尔克斯和略萨的友谊则更让人唏嘘。1976年的一记重拳，让两位后来的诺奖作家长达9年的友谊化为泡影。

1967年马尔克斯与略萨在拉美最有名的文学奖颁奖现场相遇，一见如故。此前两人已通信约一年。马尔克斯大略萨9岁，两人的成长经历有太多相似之处，几乎在同样的年纪发表了第一篇短篇故事，都喜欢福克纳、加缪、聂鲁达。两人都以记者为业开始艰难谋生，都有年轻时到巴黎闯荡、住旅店穷到付不起房租的经历，好心的店主同意他们缓交房租，不过得搬到阴暗的小阁楼继续写稿——多年后，两人发现当年的店主竟是同一对夫妇！1957年的马尔克斯在住所构思着他的小说《没有人给他写信的上校》，1960年的略萨则在那里写完了他的《城市与狗》。

有4年的时间，两人在巴塞罗那比邻而居，结下了深厚的感情。两人有同一位文学经纪人，甚至曾计划共写一本小说，可惜没能进行下去。略萨有一次坐飞机，遇到一位读者问能不能请他到经济舱给自己签个名，他一口应允，"您的《百年孤独》是我这辈子读过的最棒的小说"，略萨面不改色地在书上签了名，感谢了那位读者的热情。马尔克斯也有同样的经历，被错认成略萨，但他没有丝毫不快，只会觉得是和好友的有趣逸事。

1976年2月12日，墨西哥城美术馆放映厅，一场私人放映会开场在即。马尔克斯站起身，张开双臂，向走过来的朋友略萨打招呼，后者毫无预警地用一记勾拳把他击倒在地——略萨以前曾是业余拳击手。朋友们惊呆了。女作家埃莱娜回忆，众人在外边餐厅找不到冰块，最后手忙脚乱地用一块冰冻的肋排敷在马尔克斯肿起的左眼上。

关于两人决裂的原因众说纷纭，当事人双方都三缄其口。直到2014年4月马尔克斯逝世，万众期盼的相逢一笑泯恩仇的场景也未曾出现。

美国历史学家、小说家亨利·亚当斯说："一辈子能有一个朋友足矣，两个已太多，三个几乎不可能。保持友谊需要彼此有相当的生活、思想的观点的碰撞。"时间、境遇、人性的弱点，都在考验着友谊的金兰之契。

只能说，好的文学独立于作家私交之外。就像马尔克斯与略萨，作为拉美"文学爆炸"的领军人物，他们带领其他拉美作家聚合在一起的力量，使二十世纪六七十年代真正成为属于这片古老大陆的文学黄金时代，是那时世界文学中最耀眼的星辰。他们交相辉映的图景，永远留在了人们的记忆中。

颜值决定了你能否被研究

*源的天空

爱美之心，人皆有之——科学家当然也不例外。

2021年5月，《自然·植物》上发表的一篇研究发现，那些长得漂亮的花朵，有更多的机会成为科研人员选择的研究对象。也就是说，颜值不单单影响找对象，还影响能否成为被研究的对象。

其实不单单是颜值，很多因素都会导致研究人员无法对所有的研究对象一视同仁。不同物种的存在感实在是千差万别，知名度高的物种有更大的概率被研究。大家应该都听说过树袋熊，但有几个人会知道昆士兰毛吻袋熊这种冷门却更为濒危的动物呢？谷歌学术上可以搜索到的树袋熊的相关论文有5000多篇，维基共享资源网上的相关图片则有616张；而昆士兰毛吻袋熊的论文则不到1000篇，图片更是少得可怜——只有3张。现实的情况就是，某些物种大家都在争着研究，而某些物种却少有人问津。

每个物种都有研究的意义和价值，但"偏心"不一定就是坏事。毕竟有时候，重点突破要比雨露均沾效果更好。老话说"把钱用在刀刃上"，把有限的科研资源用在合适的地方，才能更好地平衡投入与回报。

物种中的"命定之子"——模式生物

在生物研究领域，有些物种会被生物学家们拿来研究并揭示生命科学的普遍规律，这些被选为研究对象的物种被不同领域的生物学家研究，被称为模式生物。

模式生物通常是生长周期短、基因组简单、分布广泛且具有代表性的物种。如果你关注过生物学领域，相信你或多或少听说过小家鼠、斑

马鱼、秀丽隐杆线虫和拟南芥等模式物种。

现代实验中经常用到的小白鼠，即实验小鼠是由小家鼠培育而来。小家鼠通过近交的方式产生了许多性状不同，但遗传背景单一的品系，从而可以保证实验变量可控、结果可重复。全球每年消耗的实验小鼠数量多到难以统计，这些通常不被人类喜欢的邻居，在与人类密切相关的生理研究、疾病研究、药物研发等众多领域做出了巨大的贡献。

物种中的超模——旗舰物种

除了科研人员在选择研究对象时会有偏好，动植物保护在选择保护对象时也会有所偏好。

在斟酌对不同生物的保护力度大小时，除了考虑濒危程度，还会考虑关注度、生态价值、经济价值等。

由于文化、颜值、知名度等原因，某些物种对唤醒人们的生态保护意识具有特殊的号召力和吸引力，可引起人们对物种保护的关注，是地区生态维护的代表物种，这些物种便被称为旗舰物种。憨态可掬的国宝大熊猫便是最著名的旗舰物种之一，其形象还被用在了世界自然基金会徽标中。除大熊猫之外，东北虎、朱鹮、海南长臂猿、亚洲象等处在不同生态系统中的物种也属于旗舰物种。

保护野生动物中关键的一个环节是对其栖息地的保护，因此旗舰物种除了可以吸引社会大众的目光、更容易获得保护资金与措施外，还有个间接的功能——对其所处生态系统中的其他物种起到间接的保护作用。近年来，我国试点发展了一批国家公园，而在首批试点的国家公园中，有两个是以旗舰物种为主题的：大熊猫国家公园和东北虎豹国家公园。

大熊猫国家公园里分布有二十多种国家一级重点保护野生动物，九十多种国家二级重点保护野生动物。被《世界自然保护联盟濒危物种红色名录》定为濒危等级的小熊猫，和大熊猫一样爱吃竹子，论可爱程度也并不亚于大熊猫，但由于种种原因导致关注度远不如其他旗舰物种，且保护等级也只是二级。好在其分布区和大熊猫有一定的重叠，随着大熊猫国家公园的建立，相信小熊猫的未来也会是一片光明。除小熊猫之外，在大熊猫国家公园中分布的其他珍贵却冷门的中华秋沙鸭、黑鹳、独叶草等物种，都将在大熊猫名声的庇护下，安然生长。

还有能吃的物种

无论是模式物种，还是旗舰物种，感觉离我们普通人都有着很远的距离。但有一类研究人员偏爱的物种，则与我们每一个人息息相关：家畜家禽、粮食作物等关系到我们基本需求的物种。

今天我们之所以能够有足够的牛奶喝、粮食吃、棉布衣服穿，很大程度上归功于人们对它们的偏心：花费了大量的人力和物力来研究它们，得以使它们的产量和品质都远超野生的祖先。例如通过人工培育，我们可以品尝到没有籽的西瓜。随着以杂交水稻技术为代表的育种研究的发展与相关高产品种的推广，全国平均水稻单季亩产已从1990年的773斤增长到2020年的939斤，进一步保证了国家的粮食安全。

其实颜值也好，人气也罢，当我们做出选择的时候，偏心就已然存在了。或优，或劣，正是因为有了选择的存在，才会有无限可能的结果，世界也因此而丰富多彩。

为什么小众的东西变成大众的，你就不喜欢了？

柴颖瑞

很多文艺青年在年少时都曾有一种执念：

当大家都听周杰伦、林俊杰的年代，随身听里放着朴树、李志、陈绮贞就觉得很牛；当大家都看金庸、水浒、余华的时候，你书架上摆着村上春树、卡夫卡、歌德会有一种莫名的自豪感。

当其他人在电影院和KTV里流连的时候，你也曾觉得逛独立书店，去小剧场看演出才是生活；当人们都用苹果、华为的时候，你作为最早一批"锤子粉"也曾暗暗对其他人流露出不屑。

总觉得自己的偶像最牛，自己的品位最独特，对一切大众的流行保持距离，在潜意识里认为自己是"脱离了低级趣味的人"，这大概是每个小众爱好者最初的幻觉。

然而，当《南山南》被街头的理发店循环播放，村上春树的作品成为文青们人手一册的畅销书，连看门大爷也拿着锤子手机谈梦想的时候，很多曾经的小众爱好者感觉自己那可怜的自留地被大众踏破了门槛，那一丝丝的优越感也流失荒野。

当小众的偏好变成大众的流行，为什么我们会倍感惋惜而又对它嗤之以鼻了呢？小众的东西变得受欢迎，它就不再是原来那个东西了吗？

小众也有品位壁垒

对于什么样的东西才是小众的，其实并无什么明确的概念来界定。因为它首先是一个与大众相对的概念，大致可以理解为在一定时空条件下被各类因真实审美趣味而集聚的少数群体接纳、推崇并传播的文化总和。

并不是所有的东西在数量范围上稀少就是小众，对于像从发型和穿着上显示自己小众的"非主流"，或是像别人唱歌你直播吃蝗虫就可以冠以小众。这时候，审美趣味就显得尤为重要。

小众的偏好总是体现在青年文化现象、先锋艺术形态及特殊消费行为上，如艺术电影、实验戏剧、户外音乐、文学鉴赏、小众旅行、古籍收藏等。小众文化的温和抵抗并不刻意制造"文化震惊"，反而传达着一种前卫独立的文化理想与雅致诗意的生活情趣。

故此，小众常被贴上"优越感"的标签，"不就是装吗？扯这么多干吗？"大众对小众的嘲讽就像小众对大众的不屑，都因为一堵所谓品位的高墙。如果说小众鄙夷大众的浅薄是优越感，那大众觉得小众装，有时也是反智。

中国自古以来就有"阳春白雪"和"下里巴人"之分，传统文人的"流觞曲水"确实离不开一定的文学艺术修养；而二人转、广场舞也与芭蕾、古典舞在美学鉴赏上存在一定的差距。这种审美维度上的差异很容易通过群体的方式集结，基于内群体偏好，对其他维度上的群体进行降维攻击。

因此有各种"鄙视链"在民间流传：同样是看剧，看欧美剧的鄙视看日剧的，看日剧的鄙视看韩剧的，看韩剧的鄙视看国产剧的；听个歌吧，听古典的鄙视听摇滚的，听摇滚的鄙视听民谣的，听民谣的又鄙视听流行乐的。

小众的执念，不只为了装

其实，对小众的执念，也并非抓住品位不放，非

要争个高下，很多时候是年少无知的我们在嘈杂纷繁的大众媒体时代为自己寻觅的一处精神庇护所。从阅读到音乐再到物品的消费，追求小众，不单单是那份觉得自己并非泯然众人的优越感，还有因长时间的情感寄托而生的一种占有欲。

曾经有一位女作家坦言："当知道《麦田里的守望者》是一本畅销书的时候，我觉得非常失望。在此之前，我一直以为它只属于我一个人。"真心的喜欢，容易延伸出"守护"的心情。

当一个小众的偏好变成大众的流行，就好像从一件私人的用品被共享带来的剥夺感一样难受。因为大众永远代表着平均和一般的喜爱度，远远达不到你自己当初在人群之外依然情有独钟的那份感觉。

就好像有朋友在好妹妹乐队没有火之前，会看他们上传的每个视频，关注主唱的每个动态，花钱听专场演出，这个乐队仿佛只属于他自己，他所投入的情感以及金钱不仅是私人情感的寄托，更是一种对自我身份的认同。在这万千世界之中，你我都是独一无二的那一个。

而听歌也不再是为了听歌，而是带有一种回归的仪式感，提醒自己与大众的平庸化保持距离，拥有和偶像一样独立和批判的人格。

小众必将被大众收编？

在公交车上，隔壁的手机铃声响起的不是《最炫民族风》而是《董小姐》，当《成都》变成烂大街的口水歌，你也会想到曾经自己偶然在深夜听到歌曲时那种奇妙的个人体验。小众的事物也并非不能共享，本来这些精神消费就是孤独的人渴望获得的认同，喜欢小众的人也希望可以有知音和自己一起讨论，一起感受。但又不希望这个圈子过于大，沦为大众，成为廉价的消遣。对于小众的圈子来说，曾经的"豆瓣网"是一个栖息地。形形色色的小组因兴趣而建，因其以个人为中心的主动性，形成一条长尾。如"元音大雅（昆曲爱好者的圈子）""星盘案例研究""二次元住民"等小组。在这个圈子里，小众是自由的。

但大多数情况下，有些小众的东西必将走向大众或被大众收编。英国的伯明翰学派对亚文化现象进行研究的过程中发现，亚文化因其对主流文化的抵抗性和风格化，最终会随着社会的开放和经济的发展被整合与收编。

亚文化的风格和符号，可以通过工业化生产得到大量的复制产品。曾经作为文青最爱的三宅一生的服装，如今在淘宝上已经成为"爆款"。

小众并非要孤立，而是要独立。作为时代的启蒙者，小众有其文化使命与社会责任，即激发大多数人的文化觉醒。可是，如果小众变成大众，那么其独立性与批判性又难免受到损伤。就像曾经的崔健再也呐喊不出"一无所有"，曾经的郑钧再也唱不出"商品社会"。

如果说小众在变成大众之前是一部分人的情感流放地，那么在变成大众之后也许就是一代人的精神家园。它就像一席流动的盛宴，从属于你，到属于我们，从喂饱了你，到喂饱大家，直至又有新的小众代替原先已变成大众的部分。

电车难题：转弯？不转弯？

※ 魏 然

有些实验可以在实验室里进行，但还有一些是无法在现实中做到的，怎么办呢？我们还可以通过想象力来实施。接下来这几个全球著名的思想实验，将带你开启一段脑洞大开的思维之旅。

结果很重要

在哈佛大学著名的政治哲学公开课《公正》中，迈克尔·桑德尔教授要求学生想象一下这么一个场景——你是一名电车司机，那天，你驾驶着一辆有轨电车高速向前行驶，刹车突然失灵，不巧，在你前方不远处有五名维修工人，眼看你就要撞到他们了。但幸运的是，电车转向杆功能正常。这时，你可以拉动拉杆，让电车开到另一条轨道上去。然而问题在于，那条轨道上也有一名工人。

摆在眼前的路无非两条——转弯，撞死一名工人；不转弯，撞死五名工人。这时，你会怎么办？

这就是多年来引起人们颇多争议的著名思想实验"电车难题"，无论怎么选都有可能遭受良心和道德的谴责。我们不妨来看看在不同的选择面前，你有可能产生的心理活动和结果——

你拉动拉杆，轨道另一端的人死了。你认为，如果非要牺牲，与其让五个人全都丧命，不如只牺牲一个。虽然你遗憾愧疚，但也已经通过努力，把灾难的损失降到最低。毕竟5>1，用少数人的死亡挽救多数人的生命，在那一刻这是最优的选择。

然而，有人谴责你的出发点太过功利，众生平等，人不应该作为效用最大化的代价。所以，你要为另一条轨道上那些"无关者"的死负部分责任。

或者，你没有拉动拉杆，五人全部丧生。你认为道德的判断不是根据结果，你不能把那一个人作为另外五个人获救的代价。所以从本质上看，两条轨道上的重量是一样的，"5=1"。

但是这回，指责你的人更多了——如果可以只死一个人，那么为什么要死五个？

事实上，哈佛大学心理学家也曾就此进行过一次大范围的问卷调查，结果显示，无论地区、年龄、性别、受教育程度和出身,他们给出的答案都惊人地相似——几乎所有人都愿意拉动变道拉杆。虽然大多数人对此会犹豫,但不难做出决定。原因很简单,大多数人觉得,如果能救活五个,哪怕牺牲一个也是值得的。拉动拉杆虽然也会造成不好的结果,但至少不是最坏的。

就像在空难事故中,我们把那些在最后关头改变航向,让失控飞机落入人烟稀少地带的人称为英雄一样,他们已经尽力挽救了大多数人。可见,在很多情况下,人们认为,行为的对错取决于它造成的结果。

行为是否道德

但换成其他情况,大多数人却又对"结果"不那么坚定了。循着电车难题,我们不妨来看看下面这个情境。

这回,你站在天桥上,突然你看到桥下一辆失控的电车正疯狂向前行驶。在轨道前方,有五名工人正专心致志地工作,没发现电车正向他们冲来。此时,你身边正好站了一个胖子,你发现他的巨大体型与重量,正好可以挡住电车,从而使五名工人幸免于难。但与此同时,胖子必死无疑。那么,在不考虑是否犯法的前提下,你是选择杀死一个胖子拯救五个工人,还是坐视工人们魂飞天外?

如果按第一种情况取最优结果的价值判断(可以只死一个,为什么要死五个),那么,这个情境应该也不难得到相似的答案。但是,在哈佛大学的问卷调查中,那些在上一种情况选择"5>1"的人们,这次却集体站在了少数这一边,几乎没有人选择把胖子推下去。为何在第一种情况下大多数人认可的对错取决于结果,到了第二种情况就行不通了呢?

有人说,胖子和我们一样是置身事外的旁观者,他并不牵涉到这件事中,无论在任何情况下,人们都不应该把其他人的生命掌控在自己手里;

也有人说,在第二种情况下,推胖子是我们的自愿选择,我们有能力选择推或者不推,而主动"杀人"是我们的伦理和道德所无法容忍的。

你看,这次大家更关注的是行为本身是否合情合理。虽然杀一个胖子可以救五条命,但人们觉得这样做有违伦理道德,因为行为本身就有问题。即使是为了拯救多数人,杀害无辜也是不对的。你看,结果主义在这里不起作用了。

那么问题来了,人们在做选择时,究竟是以什么为原则的呢?为什么有时候,人们在乎结果好坏,而有时,人们又更在乎行为过程是否合理?

真实的"电车难题"

其实在我们的日常生活中,"电车难题"也无处不在。要想弄清楚人们在不同情境下的价值判断,我们不妨来看一个现实版的"电车难题"事件。

这是一个发生在英国的真实故事。

19世纪,一艘英国船只在南大西洋发生了事故。船上有四名船员,假设A是船长,B、C、D是另外三名船员。据当时的报纸描述,他们都是品行良好的人,其中,A、B、C在伦敦都有家庭、有孩子,而D是一名十七岁的孤儿,这是他第一次出海远航。出发前,他满怀希望和热情,认为这次航行可以让十七岁的他成为一个真正的男子汉。

但很遗憾,事情并没有像他想象的那么顺利。他们的船只被海浪击中并沉入大海。所幸,四名船员都跳上了救生艇,然而,他们的食物只有两个罐头,没有水。在开始的几天里,他们什么都没吃。到了第四天,他们打开了第一个罐头。在接下来的几天里,他们吃了一只海龟和剩下的罐头。到了第八天,所有食物都被吃光了。

在之后的几天里,他们在茫茫大海中漂荡,不仅没有救援船只的身影,连海鱼、海龟也再没出现。后来,D不听大家劝阻,喝了海水,并因此病倒。到了第十九天,除了病重的D奄奄一息外,其他三个人也饿得快支撑不下去了。此时，船长提议来一次抽签，与其四个人一起饿死，不如牺牲一个人挽救其他三个人的生命，也就是，吃人。

然而，B极力反对抽签这种做法，最后，这件事便不了了之。又过了两天，救援船只依旧没有出现。

想象一下，换成是你，在这种情况下会怎么做？再提议进行一次抽签？坐以待毙？或者……

可能你已经猜到故事接下来的发展了，没错，A、B和C把目光对准了奄奄一息的D——他们杀了他。尽管良心上受着谴责，但他们还是享受着D的"恩赐"。最终，他们活着等来了救援船只。

由于杀了人，他们被警察逮捕并接受了法院审判。在法庭上，他们没有否认自己的行为，只是在辩护中称：如果不吃D，四个人都会死，而现在，一个人的死就换来了三个人的生机，最终的结果更好，他们没有做错。

现在，想象一下你是陪审团成员，如果暂且抛开法律层面的考虑，从道义上评判他们的行为，你觉得他们应该被无罪释放吗？

这个故事听起来是不是与之前"要不要杀了胖子救活五条人命"的情况颇为相似？如果按照之前不推胖子的理由和逻辑——行为本身要合乎道德，那么在这个故事中，三名船员是不值得被原谅的，因为他们同时违背了两条伦理：杀人、吃人。谋杀就是谋杀，即使它能增加社会幸福总和，即使这个行为带来的结果是更多人活下来了。如果这种行为合理，那么那些社会上的杀人犯为了自己、家人或其他更高尚的目的而杀，也会被认为是符合道德的。

然而，在当时的伦敦社会，大家对他们的"遭遇"十分同情。有人认为，在如此绝望的情况下，为了生存你不得不做些什么。杀人、吃人都是在特殊、严峻情况下的不幸之举。如果一个人的牺牲可以挽救其他人，那么这种牺牲在所难免。不仅如此，也有人称这还牵扯到数量和影响的问题。D没有家庭、家人，他是一个孤儿。但其他几个人可能还有一大家子人要照顾。如果考虑价值和对社会的影响，它就不仅仅是3∶1了。就连当时的报纸也为他们开脱——如果不是因为家人，他们当然不会这么做。

你看，这一次，伦理道德又被人们抛诸脑后了，结果和功利反过来成了评判对错的标准。两种相似的情况，为何这一次，答案不同了？

无法抛弃的利益

很简单，因为这回，"我们"成了灾难的当事人。

在"电车难题"里，无论是司机还是桥上的旁观者，"我们"都置身事外。试想，如果在电车另一轨道上的那一名工人是你的亲人，那么"可以只死一个，为什么要死五个"的理性对错评判标准是否还能发挥作用？在第二种情况下，如果你刚好是那五名工人中的一员，会不会希望有哪个"好心"的路人扔下一个胖子救你于水火之中？

从大家对"吃人事件"的态度中，我们不难找到这两个问题的答案。

可见，大多数时候，当面对他人的利益时，我们都是冷漠的。就像在第一种情况下，那六条生命对"我们"来说只是数字概念而已。所以作为旁观者，当面临二择一的必选题时，我们当然愿意站在大多数人这一边。

至于什么是对，什么是错，立场不一，答案自然也就不同。"电车难题"是一个难有答案的讨论，一旦变换一个条件，人们选择的标准也会立马发生改变，正义和邪恶永远不像看上去的那么简单。不身临其境，我们永远不知道自己会何去何从。

张衡地动仪的复原之路 —— 是传说还是真实存在？

※ 刘创

小时候曾经在课堂上读过"张衡地动仪"的章节，对1800年前的中国人居然能遥感地震、制造浑天仪惊叹不已。

公元132年，张衡发明了世界上第一台地动仪，称为候风地动仪；他还是浑天说的标志人物，被后人尊为"科圣"。张衡不仅是中国的，更是世界的，鉴于他在天文学、地理学和数学上的突出贡献，国际天文学联合会将月球上的一个环形山命名为"张衡环形山"，将太阳系中的1802号小行星命名为"张衡星"。他发明的浑天仪、地动仪是人类科学水平在东汉时期的最高体现。

然而，地动仪的实物并没有留存下来，人们只能从古籍的文字记载中了解它的大概信息。为了弄明白张衡的地动仪究竟是否真实存在，学界一直试图复原一个真实的地动仪。

一 失败的1951年版地动仪

有关地动仪，目前掌握的材料只有不到二百字，曾经在课本中我们绘声绘色地读到过的描写是这样的："尝一龙机发而地不觉动，京师学者咸怪其无征。后数日驿至，果地震陇西，于是皆服其妙。"

遗憾的是，张衡的地动仪早已毁于战火，并没有实物和详细原理资料流传下来。它究竟是通过何种原理来实现地震预测的，并没有人清楚。历史上对其所知甚少，只能从《后汉书·张衡传》中那寥寥百字去猜测得知：地动仪用精铜所铸，径达八尺，顶盖形如酒樽，中有大柱，有八根竖杆代表八个方位，每个方位上均有一条口含铜珠的龙，与龙相对有一只蟾蜍张口以待。任何一方如有地震发生，该方向龙口所含铜珠即落入蟾蜍口中，"虽一龙发机，而七首不动，寻其方面，乃知震之所在。验之以事，合契若神。自书典所记，未之有也"。

虽然描述得生动形象，但是其具体造型和工作原理却一直不得而知。而我们现在看到的无论是1953年中国发行的"张衡地动仪"邮票或者是科学杂志、教科书里地动仪的照片，都不是严格意义上的张衡地动仪。这些实物的仿制依据，依然只是《后汉书·张衡传》中的那段文字，至于其工作原理，更是无从谈起。

那么，按史料记载的触发原理，张衡发明的地动仪是否具有实际应用能力？其灵敏度和可行性到底怎样？我们在照片上常见的那个地动仪，到底是谁制造的？

他叫王振铎。

1934年，燕京大学历史研究生在读学生王振铎动了复制地动仪的念头。他先是按照书中所说"形似酒樽，饰以篆文山龟鸟兽之形"以及龙头和金蟾的描述，设计了"地动仪"的外形。但是地动仪的内部结构，因为缺少有力的资料支撑一直停滞不前。

在接触了英国地震学家米尔恩所著的《地震和地球的其他运动》一书后，结合《后汉书》中语焉不详的描绘，王振铎猜测地动仪的工作原理应该是米尔恩提出

的"倒立柱结构",也就是用一根底部固定上部可以悬摆的主杆(即《后汉书》中所说的"都柱"),通过震动倾斜,触发其余八根副杆,由副杆激发龙口中的铜珠。

经过近二十年的反复研究,1951年,王振铎用倒立的直杆原理,复制出了1:10比例的"张衡地动仪"模型。次年4月,《人民画报》对这台复制模型进行了详细报道,图文并茂地讲解了地动仪的结构和工作原理。随着这篇文章的发表,王振铎版"张衡地动仪"随即被言之凿凿地认定为百分百复制了张衡地动仪,整个学界都惊呼"张衡地动仪"重见天日了,我们见到的这张照片,从外观、结构上看,就是历史上张衡制造的原物!

一时间全球轰动,整个学界都认为,1951年版"张衡地动仪"的外观及结构是科学的、严谨的,是不容许一丝一毫改动的,"当年张衡就是这么想的也是这么做的"。

"1951年版张衡地动仪"也被当作"中国科学的历史卫星",不仅进入了教材、印上了邮票、上了电视和最高级别的科学杂志,就连中国地震局也用这一复原模型做了几十年LOGO(近年已被换下)。

随后这台1951年版"张衡地动仪"被安排在联合国世界知识产权组织总部展览,与其展位相邻的是美国宇航员从月球带回的岩石,可见世界学界对其的重视程度。

但是尴尬和质疑也随之而来,最为甚者,1988年,地动仪在日本展出,中方的解说员在自豪地向观众讲解地动仪原理时,因无法证明这个仪器的灵敏性,只能用手里的木棍去捅,由此来演示龙口中的铜丸掉到下面蟾蜍的口中的过程。奥地利人雷立柏在他的《张衡,科学与宗教》一文中甚至声称"对张衡地动仪的迷恋正是中华科学停滞特点的典型表现"。

其实早在1969年,西方地震学领域学者就发表了一系列论文,认为1951年王振铎版地动仪的物理原理存在严重缺陷;1972年,日本人关野雄用计算机模拟法推算出"直立杆原理"在地动仪中不可能成功预测地震;1983年,荷兰的斯莱斯维克、美国人赛维、博尔特也提出王振铎理论在地震学模型上不成立,认为其"工作原理模糊,模型简陋粗糙,机械摩擦大,灵敏度不足,对地震波的感应和反应低于居民的体感,根本无视寻常震动与地震在波形和发生机制上的差异,其利用铜丸的掉落方向来确定震中位置和方向,在地震物理学上不可能实现"。

而中国的学者和科研人员,几十年间从没有用这台地动仪测试过真实的地震。中国科学院地球物理研究所名誉所长傅承义就曾当众指出王振铎地动仪在原理上的不科学性,并拍案怒道:"你根本就不懂地震,如果想感知地震,房梁下吊块肉都比你那个模型强!"

二 张衡地动仪错了?

质疑1951年版王振铎地动仪的人群中有一个叫冯锐的,是中国科学院研究生院教授。1966年邢台地震时,他还只是中国科技大学的在读研究生。当时他报名参加救灾,工作内容主要是收集地震相关数据,除此之外还要印发各种宣传逃生的讲义和传单。那个时候中国人对地震的防灾自救知识几乎为零,他清楚地记得传单中建议人们在屋里倒立一个酒瓶,如果瓶子倒了就证明有地震。这个小技巧其实与1951年王振铎版地动仪的工作原理相同,是直立杆原理的实际应用。

随着对所学专业知识的不断深入,在读到英国地震学家米尔恩《地震和地球的其他运动》一书后,针对书中提出的"悬垂摆结构"优于直立杆结构的特点,2002年冯锐在一篇科普文章中提出了另一个防震自救的实际应用技巧——"地震没地震,抬头看吊灯"。

于是读者的问题便来了:早年是立酒瓶子,为什么现在要"看吊灯"了?冯锐一边耐心解答读者的提问,一边敏锐地感觉到了王振铎地动仪的问题也许就出在这里。王振铎仿制地动仪采用的是"直立杆原理",也就是倒立酒瓶子,而吊灯的原理则是"悬垂摆"。倒立酒瓶子的弊端是但凡接收到外界震动就会倒下,另外酒瓶子倒下是随机的,没有方向的具体指向性,也就是酒瓶子只能证明发生了震动,但是无法验证地动仪的根本功能——哪个方向上的震动。

"我作为一个地震学家,一直引以为豪的是,张衡是地震仪器的鼻祖,如果张衡的地动仪错了,我觉得我会有很大的精神上的压力的。这个起码我从感情上是很难接受的。"冯锐无法接受这个现实:难道这么多年在教科书和自然科学上被奉为中华经典的张衡地动仪,只是一个传说中的幻象,王振铎版地动仪也只是一个精美的摆设?更或者是张衡的地动仪确实错了?

接下来冯锐对王振铎的地动仪原理和那次发生在邢台的地震进行了实际测试,更让他难以接受的数据摆在他面前:如果想达到《后汉书》中记载的"一龙机发而地不觉动"的灵敏度,1951年版地动仪的"都柱"要高达2米,但直径只能是1.5毫米,这种棍子显然连立都立不住。

结论已经给出了:如果当年张衡真的造出了一台能从遥远的京都测出陇西地震的地动仪,那么就只有一种可能:全世界都在质疑的号称"张衡当年就是这么做的"的1951年版地动仪确实做错了,王振铎设计的地动仪的核心部件——"都柱"不合理。

三
一台真正能只对地震做出反应的地动仪

倒立柱原理失败,能想到的解决办法就只有1881年英国人米尔恩创立的"悬垂摆理论"。如果能用这个原理验证成功张衡地动仪,就可以推导出"悬垂摆理论"不是英国人发明的,而是1800年前的东汉张衡。

2004年8月,河南博物院与中国地震台网中心签订了合作协议,组成了课题小组,重新组织、共同复原"张衡地动仪"。

复原团队成立后,众多文史专家参与进来,与地动仪相关的文献资料渐渐丰富起来,前人大多只能依靠《后汉书》中不足二百字的文字记载。这一次在文史专家的帮助下,在《续汉书》《后汉纪》等典籍中分别发现了相关记载。最为关键的是,由《续汉书》中对张衡地动仪的描述得知,地动仪下方的金蟾其实是和地动仪主体连为一体的,并非1951年版地动仪那样,金蟾和地动仪主体是分开的两部分。

冯锐还特地去了汉代时放置地动仪的灵台密室。对当地土质进行详细勘查后,冯锐发现这里的土质疏松,张衡地动仪当年如果真的测出了地震,也是因为这里疏松的土质放大了地震波的传导信号。

克服了种种困难后,利用悬垂摆原理复制的地动仪终于完成,但冯锐并没有急于公布,而是进一步细化和优化这台仪器,使其只对横向震动波做出反应,过滤掉比如重力关门、汽车驶过等震动。经过一年多的反复测试,悬垂摆原理冯锐版地动仪,终于得到了考古界和科界界的一致认可。

2009年9月中国科技馆新馆开幕,新的地动仪模型第一次与观众见面。与以往不同的是,这是一个真正可以"动起来"的地动仪,并且设置了不同的波段和强度,参观者可以亲手按下按钮,观察在不同波形下地动仪的不同反应——只有模拟地震的横波到来它才吐出铜球,其他来自纵波的震动,都无法使地动仪有任何反应,哪怕你在地动仪旁边放了个大号鞭炮。

真正能只对地震做出反应的地动仪终于完成了。

功夫不负有心人,地动仪终于完成了,但这就是张衡当年的地动仪吗?冯锐并不敢肯定:"这只可能是目前阶段,最接近的一种复原。"而当人们问到张衡的地动仪是否真的在历史上存在过,张衡真的可以早在近两千年前就熟练地掌握悬垂摆理论从而发明地动仪时,冯锐谨慎地回答:"我不是科学家,也不是史学家,这个问题,我真的没法回答。"

由于历史的缺失,我们至今无法证明张衡早在1800年前就利用悬垂摆原理成功研制出了地动仪,近年来对地动仪的复制研究投入了很大的人力物力,也并不是一定要证明张衡地动仪的原理和真伪。张衡的难能可贵在于,他把人们一向认为是神在惩罚民众的地震视为一种自然现象,从而生出预测的遥感的想法,这种可贵的科学思想是遥遥领先于他所处的时代的。而后世人的不懈研究,则源自对自然、对科学的严谨求真。

唐僧师徒的生活经验

* 闫晗

《西游记》写的虽然是神仙妖怪的故事，但有些细节非常接地气，充满生活智慧。

有一回，观音菩萨的金鱼变成的灵感大王施法让通天河结了冰，为了看冰厚不厚，猪八戒先用钉耙戳了下，确认冰足够厚。孙悟空正要从冰上走过去时，猪八戒提了些建议：把九环锡杖横过来拿着，这样，即使脚下的冰破了，也不至于整个人掉下去；马蹄子也要裹上稻草，不容易打滑。这让孙悟空十分佩服：这呆子倒是个积年走冰的！

孙悟空的生活经验也很令人叹服。

隐雾山上，花皮豹子精南山大王逮住唐僧，孙悟空上门叫骂时，妖怪们谎称唐僧已经被吃掉了。孙悟空不相信，表示要看证据，小妖没办法，扔了个染血的柳树根，谎称是唐僧的脑袋。孙悟空一下子识破，因为人头落地的声音不是这样的——真人头抛出来，扑搭不响；假人头抛得像梆子声。

在灭法国那一回，唐僧师徒听说灭法国国王发誓要杀掉一万个和尚，为保险起见，四人便化装成贩马的商人，由孙悟空出面张罗住店的事情。老板娘赵寡妇让人抬轿子去院中请小娘子陪他们几人，孙悟空拒绝了，理由是一则那日斋戒，二则兄弟们未到。索性明日进来，一家人一起请。寡妇直道："好人，好人！又不失了和气，又养了精神。"

想来孙悟空当年游历四方时学了不少人情世故，这番与店家打交道时随机应变的本领，不逊于《水浒传》里求见李师师的燕青。

在女儿国时，唐僧喝了落胎泉的水，孙悟空还嘱咐说："师父啊，切莫出风地里去。怕人子，一时冒了风，弄做个产后之疾。"一个猴子居然知道产妇月子里怕见风，懂的还真多。

不过，孙悟空也有不通人情世故的时候。听说红孩儿是五百年前结拜大哥牛魔王的儿子，便觉得人家一定会给他这个面子，把唐僧放了。倒是在天庭做过公务员的沙僧一语道破："哥呵，常言道：'三年不上门，当亲也不亲'哩。"

相比之下，唐僧就显得不通人情世故，说起话来十分"毒舌"。一次，悟空问："师父，这寺里谁进去借宿？"唐僧回答："我进去。你们的嘴脸丑陋，言语粗疏，性刚气傲，倘或冲撞了本处僧人，不容借宿，反为不美。"从颜值、情商、性格全方位怼了三个徒弟。

孙悟空只能回一句："既如此，请师父进去，不必多言。"

洪荒书页

循着不同的情感,历史原来并不确定

几个小人物的万里长城

✽ 章　夫

　　孟超是山东淄博临淄的一个乡绅。公元前210年的一个夏夜,为躲避修长城劳役的追兵,一个叫杞梁的民夫慌不择路,误入了其后园,并迅速爬到园中的一棵树上。此时,孟超的女儿孟仲姿正在水池里沐浴,赤身裸体的一幕恰好被杞梁尽收眼底。听见不远处嗖嗖的树叶声,孟仲姿也发现了仓皇中的杞梁:"你是谁?为什么躲到这里?"杞梁见追兵走远,下得树来,嗫嗫地说:"我是燕国人,被强掳来修长城,实在太苦了,我受不了⋯⋯"

　　望着眼前这个蓬头垢面的青年,孟仲姿突然对正欲逃走的杞梁说:"你把我娶走吧。"杞梁大吃一惊:"小姐冰清玉洁,高贵美丽,又深藏于后院,怎能与我为妻?"

　　"女人的身体是不能给第二个男人看的。"孟仲姿望着漫天的星星,喃喃说道,"这是天意。"她恳请杞梁接受这份意外的邂逅。两人最终拜堂成亲,结为夫妻。

　　这个故事源于一本叫作《同贤记》的笔记小说,出自唐代文人手笔。紧接着《同贤记》将故事这样延续下去,短暂的蜜月之后,逃跑的杞梁看到了生活的希望,他再度返回修筑长城,期盼早日服完劳役,携爱妻回家好好过日子。未曾料凶多吉少,他竟被残忍的监工活活打死,尸体又被残忍地筑进了长城的墙体,杞梁瞬间"被"人间蒸发了。

　　孟仲姿当然不知道丈夫遭受这等变故,还遣佣人去工地替换丈夫。活不见人,死不见尸,最后知道实情后,性烈的孟仲姿奔赴燕山,悲愤号啕,竟哭塌了城墙,瞬间,倒塌的废墟里便露出累累白骨。孟仲姿已然辨不出哪具是夫君的遗骨,于是她把所有的白骨全带回家乡埋葬。一个烈女,用极其悲壮的仪式,终结了这段痛不欲生的姻缘。

　　这只是无数个"孟姜女哭长城"的版本之一。两千多年来,不知道诞生有多少个这样的版本故事了。

　　历史上果真有杞梁这个人。

　　话说齐庄公四年(公元前550年),春秋时代的超级大国齐国,派兵攻打卫国和晋国,撤军时又顺手牵羊打了一下邻近的小国莒国(今山东莒县),不料竟损兵折将,两位大夫杞梁和华周相继战死。后来齐、莒讲和罢战,齐人载两位大夫遗体回临淄。

他们的妻子在路上迎接运回的尸体后，哭声震天，哀号撼地，一时成为齐国上下最动人的谈资。

杞梁妻认为自己的夫君有功于国，而齐庄公的吊唁既缺乏诚意，又仓促草率，便回绝了齐庄公的郊外吊唁。后来，齐庄公亲自到杞梁家中吊唁，并把杞梁安葬在齐都郊外。

就是今天，在山东临淄齐都镇郎家村，还可找到杞梁墓的遗迹，因地处村东，当地村民都称这里为"东冢子"。

这段真人实事的史实，最早记载于《左传·襄公二十三年》，只是较为简略，不过一个战争花絮罢了。谁也没有料到，这般简短的历史浪花，竟会在历史长河里产生经久不息的回响。

"杞梁妻哭夫"自春秋时期以来，便在民间广为流传。有了基本故事原型作本底，从战国开始长达二十个世纪里，一则则传说凭空而出。"哭夫"情节的增加，最初是《礼记·檀弓》里曾子的话，曾子说"杞梁死焉，其妻迎其柩于路，而哭之哀"。这是各种文献里第一次出现"哭"的记载。"崩城"情节的增加，出自西汉刘向的《说苑·善说篇》。"昔华周、杞梁战而死，其妻悲之，向城而哭，隅为之崩，城为之厄。"后来，《列女传》里又平添了"投淄水"的情节："乃枕其夫尸于城下而哭之，内诚感人，道路过者莫不为之挥涕。十日城为之崩。既葬，曰：'我何归矣？……亦死而已。'遂赴淄水而死。"

就像接力赛似的，人们对这个故事添油加醋乐此不疲，一点一滴，一字一句，不断丰满。

到西汉时，杞梁妻的故事初具规模，哭夫、崩城、投水已成系列；到了东汉，王充的《论衡》邯郸淳的《曹娥碑》进一步演义，说杞梁妻哭崩的是杞城，并且哭崩了五丈。西晋时期崔豹的《古今注》继续夸大，说整个杞城"感之而颓"；到东晋时，杞梁妻的故事已经走出了史实的范围，演变成"三分实七分虚"的文学作品。

如果说从春秋到西晋，杞梁妻的故事还是在史实的基础上添枝加叶的话，那么，到了唐代，想象的翅膀使杞梁妻哭夫的故事发生了质的变化，他们把这笔历史总账，算到了秦始皇的头上——唐朝人不仅将故事发生的时间向后推进三百多年，还用移花接木的手法，由齐国临淄城移植到了秦始皇时代的秦长城。

也就在这个时候，"杞梁妻"成为有姓有名的"孟仲姿"，以后故事的流传中又被改为"孟姜女"，而丈夫杞梁，则变成了"范喜良"。这是一个颇值得研究的现象，人们更加愿意相信谣言而非去追根溯源。这样一来，孟姜女和范喜良的名气当然比杞梁和杞梁妻大多了。

那些围绕长城的演绎故事中，《同贤记》无疑提供了一个幻想的范本。让人意外的是，诗仙李白也加入到热闹的演绎队伍中来，他写出了《东海有勇妇》一诗："梁山感杞妻，恸哭为之倾。金石忽暂开，都由激深情。"在李白眼里，杞梁演绎成了梁山，杞妻不但哭倒了城，还哭崩了山。

明代大修长城而招致的民怨，成为民间挖空心思在历史故事里寻觅灵感的源泉，他们把杞梁妻改为"孟姜女"，将杞梁改为"万喜梁"。全新版本的"孟姜女哭长城"故事，在这个时候得到全面升华。

可以说，历朝历代每修一次长城，民间都会把"孟姜女哭长城"这个老掉牙的故事搬出来，从而添加新的想象不断演绎，创造出丰富多彩的艺术作品来。"孟姜女哭长城"成为不同时代同一主题的"控诉修长城剧目"。

令人不解的是，千百年来在中国民间，这样一则故事为何有如此旺盛的生命力？

在"孟姜女哭长城"这个花样不断翻新的故事里，"孟姜女"和"长城"无疑是两个绝对的主角。如果对这两个主角加以分析与研判，便不难得出答案来。

先说长城。两千多年来，农耕民族与游牧民族围绕长城，爆发了无数次血腥的战争。作为中国最为古老的标志性建筑之一，长城的故事时常伴随着历代君王、仁人志士、平民百姓等的喜怒哀乐、爱恨情仇。

如果追溯长城的最初动因，可以上溯至城邦时期的春秋战国时期。长城一开始只是许多段的夯土墙。如今在辽宁建平县张家湾，还残存一段十公里修建于战国时代的燕长城，比这更古老的，还有赤峰北英金河旁山冈上的一段，堪称存世最为原始的长城。在中国北方，没有国家安全感的燕国、赵国和魏、秦等诸侯国，为防御少数游牧民族的侵扰和诸侯国之间的相互攻击，各自画地为牢，修筑城防工事。

公元前221年，秦始皇统一六国之后，青藏高原和太平洋便成了东西两边的天然屏障。但，北方的山脉依然难以抵挡突厥以及匈奴的入侵，这成为强大的秦国内心深处隐隐的心病。为了彻底抵御这些外敌，秦始皇借鉴前人的经验，将一段段断断续续的土墙连接起来。自此，那些西起临洮，东至辽东的墙体，开始被统称为长城。

作为一个庞大的系统工程，秦时修筑长城主要由三部分人构成：戍防的军队、充军的犯人和强征的民夫。《史记》载，秦始皇修筑长城时，是大将军蒙恬在打退匈奴之后，以三十万大军戍防并修筑，经过九年时间修成。因为长城，秦律专门还有一种叫作"城旦"的刑罚，意即罚去修长城的人。《史记·秦始皇本纪》载，公元前213年，秦始皇采纳了丞相李斯焚书坑儒的主张，"令下三十日不烧，黥为城旦"。凡抗拒不烧书的，就在你脸上刺字涂墨后罚去修长城。

为了确保长城的修筑，秦始皇还强征了五十万民夫。事实上，修筑长城强征民夫的情况，各个朝代都有过，非秦所独有。以南北朝时期为例，百余年间就强征了民夫三百余万。

孟姜女是因为长城而存在的。

作为哭长城故事中的绝对主人公，这个故事之所以能流传千古，与孟姜女这个角色十分符合民间审美和历史审美莫不息息相关。一个故事能长时间为人民群众所共同喜爱，并不断地被改造、加工，并不是偶然的。每一个细节所透露出的，都是发自民间最底层的呼声甚至呐喊。

那些津津乐道的故事里，长城代表权势，代表暴政，是恐怖的符号；孟姜女代表弱者，代表芸芸众生，是反抗的重要标志。

那些如泣如诉的故事里，万里长城几乎每段墙体每块青砖之下，都掩藏着一个冤死的亡灵。以至于战火纷飞的五代十国期间，有关孟姜女的传说像病毒一样在民间迅猛传播，成为战乱年代人民精神自慰的武器，但其主题却由原先的后院私恋或家庭美德，悄悄转向对暴君和专制体制的抨击。

抨击得最有血性的也最为猛烈的，非唐末诗僧贯休莫属。他在一首乐府诗中写道："秦之无道兮四海枯，筑长城兮遮北胡。筑人筑土一万里，杞梁贞妇啼呜呜。"毋庸置疑，这样的书写，已经把一个家庭的悲剧归咎于当朝的政治黑暗。

历朝历代的人们把对当局的怼与怒，都融进了这个"哭"的故事里予以宣泄。长城背后，是历代帝王以此为统治标志的"接力棒"。从一定意义上讲，秦朝是背了历代统治者的黑锅，但秦王朝的暴政与酷治，不可否认地成为历代文人墨客同题文学创作中，集中的矛头所向。

两千余年过去，弹指一挥间。从一定意义上讲，长城后来存在的意义，或许已经不再是军事的防御，而是边界的标示。游牧和农耕以此为界，中原和北边由此划线。

当我们登上居庸关、八达岭、山海关城楼或是其他长城关隘，看见那宛如巨蟒奔驰在崇山峻岭之间的长城时，每一个人的眼里与心里，都会滋生出不同的感慨——那便是芸芸众生的小人物于长城最鲜活的解读，且常解常悟，常读常新。

一

我有一个发小,姓岳,高中时我俩是同桌。有一天他告诉我,他是岳飞的后人,很小的时候,他的父母还回老家参加过同族祭祖。

我激动莫名,每天缠着他讨教岳家枪法和《武穆遗书》。发小被我烦得够呛,两手一摊说:"哪有那样的东西,你读闲书读魔怔了。"

可我对岳飞的喜欢和敬仰,确实是从闲书里得来的,但话说回来,我们喜欢岳飞,又有几个人不是从《说岳全传》、刘兰芳评书、民间传说、武侠小说,乃至岳飞自己的《满江红》中得来的呢?

与史书里那个岳飞相比,我们更熟悉文学里的岳飞。

在说岳评书里,岳飞是周侗的弟子。周侗一生教过三个徒弟,一个是河北玉麒麟卢俊义,一个是东京八十万禁军教头林冲,最后一个关门弟子,是相州汤阴岳飞岳鹏举。

岳飞出身农家,从小天赋惊人,文武双全,他幼时在一个山洞与巨蛇搏斗,打死巨蛇,摸出一件装备,就是传说中的沥泉蟠龙枪。在评书与演义小说里,英雄人物一定要配置神兵利器,比如关云长的青龙偃月刀,张翼德的丈八蛇矛,秦叔宝的瓦面金装锏,到岳鹏举就是沥泉蟠龙枪。

岳飞提着沥泉神枪,投身于抗金战争,三十功名尘与土,八千里路云和月。到他39岁这年,他统帅岳家军在朱仙镇大破金兀术,眼见将收复中原,直捣黄龙,迎回徽、钦二圣,不料朝廷连发十二道金牌,召他回京。

岳飞只好带着四个家将,乘小舟渡江回朝。船到中流,被一条巨鱼袭击,危急关头,岳飞提枪刺去,巨鱼带着沥泉神枪游走了。

打了半辈子仗,称手的兵器却丢了,这无疑是上天给岳飞的明喻。岳飞明白,他一入京城,不但功败垂成,而且必死无疑。但他还是坚定地走进了临安城,因为岳飞是忠臣。

在民间评书文学朴素的价值观里,只有黑白分明的忠奸"二元论",岳飞是忠臣,也就是好人,秦桧是奸臣,也就是坏人。忠臣不能造反,哪怕造反,也只反奸臣,不反皇帝。

忠臣做到极致,也是好人做到极致,就是君要臣死,臣不得不死。评书里的岳飞排除万难,拒绝了各路救援,坚持到风波亭,与儿子岳云、女婿张宪一起被勒死。

故事里的岳飞

* 冷 风

那高高在上的宋高宗赵构呢，他是好是坏？对不起，在评书价值观里，皇帝超脱于忠奸的考评，只分为明君和昏君。

明君可以很无能，可以不辨忠奸，听信谗言，让忠臣吃了很多苦，但只要最后惩罚了奸臣，补偿了忠臣，他就是明君。

昏君则是不辨忠奸，听信谗言，让忠臣吃了很多苦，直至忠臣遇害，奸臣笑到最后。他自己到死也没为忠臣平反，那他就是一个昏君。

评书里的赵构，就是一个昏君。按照说书人善意的解释，赵构并不想杀岳飞，但也不想岳飞迎回二圣，不然他的皇帝还要不要继续做下去？所以他睁只眼闭只眼，在后宫装病，任由秦桧嫉贤妒能，害死岳飞。

暗喜保住皇位的赵构，对外则宣称：岳飞是秦桧杀的，与我赵某人何干？我只是一个昏君，能有什么坏心眼？

而评书里秦桧的动机更"厉害"，他与老婆王氏最初被俘虏到金国，金兀术放他们夫妇归宋，并私下达成协议，秦桧帮助金兀术灭宋，事成之后金兀术封秦桧为一字并肩王，共享江山。

秦桧的老婆王氏动机也很充分，她与金兀术是真爱，一心灭宋之后，踢掉秦桧，与金兀术喜结连理。

所以秦桧与王氏东窗定计，害死了岳飞。天下万民，无不恨他们夫妇欲死，频频暗杀，秦桧最终惊吓而死。

在评书说岳的结尾，岳飞的儿子们带领岳家军，北伐成功，归来后要求新皇帝孝宗为父亲岳飞平反，并公示秦桧的罪行，惩治秦桧余党。孝宗一一照办，至此皆大欢喜：

岳飞至死都是忠臣，等到沉冤昭雪，更成了忠孝道德的典范。

参与陷害岳飞的秦桧党羽，包括秦桧老婆王氏、万俟卨、罗汝楫、张俊等人，都被处死。在演义小说《说岳全传》里，张俊甚至被民众一人一块肉，活活咬死。

大奸臣秦桧未能明正典刑，居然平安地死在家中。但说书人安排他死前受尽惊吓，死后又被开棺戮尸，也算因果报应。

何况在民间说书人朴素的价值观里，秦桧也算不得好死，作为野心家，他灭宋篡位的野望破灭，岳飞的儿子们北伐成功。作为一个男人，老婆王氏与金兀术私通，他戴了半辈子绿帽子，多惨啊。

在说书人看来，绿油油的秦桧，就该满街大喊：谁能比我惨啊。

但这到底有什么意义呢？事实是，秦桧害死岳飞后，权倾朝野，做了一辈子宰相。宋高宗赵构迫于金国议和时的要求，不能撤换秦桧，他甚至对秦桧畏惧到要偷偷揣一把匕首，才敢与秦桧见面。说句扎心的话，秦桧的宰相饭碗，比赵构的皇帝饭碗结实多了。

至于宋高宗赵构，在评书里，他自然老死。新皇帝孝宗即位，替他为平反岳飞，改正了他生前的错误。而仅由"孝宗"这个谥号可见，新皇帝把太上皇赵构伺候得很周到。

好人无辜冤死，死后收获了忠孝的好名声。坏人富贵一生，死后一把骸骨任凭清算。昏君坐稳江山，死后两眼一闭，任孩儿们改正错误。似乎人人都得到了公平奖惩，是一个完满结局。

可是小时不觉，如今再审视这个故事，我只觉得心冷，忍不住想说：这个世界不该是这样的，做人不该是这样的。

至少岳王庙前，跪在岳飞座下的铁像里，就少了一个人。

他当然只能是赵构，赵构才是岳飞之死最大的凶手。

但说岳的说书人已经尽力了，他们已经摸到了评书文学价值观念的上限，皇帝怎么可能除了明君昏君之分，还可以是一个坏人呢？

如果高高在上的皇帝是个坏人，那么这个世界还能好吗？

《大明王朝1566》整部剧都在说同一件事，

权臣、忠臣、奸臣们,所有人用自己的智慧和力量,齐心掩饰一个真相:嘉靖皇帝才是一切祸乱的源头。直到海瑞将这件皇帝的新衣给戳破了。

所以在评书和演义小说的文学领域里,《水浒传》成就最高,它用一系列逼上梁山的故事,讲了一个简单的道理——乱自上做。

至于到底上到哪一层面,是太尉高俅,是太师蔡京,还是皇帝宋徽宗?虽然遮遮掩掩,其实一目了然。

但我从小爱听的评书,都到不了这一步。《说岳全传》里的宋高宗,《杨家将》里的宋太宗,《薛仁贵征东》里的唐太宗,《薛刚反唐》里的李治李旦,他们作为明君与昏君,可以耳根软,可以贪生怕死,可以听信宠妃枕边风,但他们都不能是坏人。他们只是被奸臣蒙蔽,坏人坏事只能让奸臣来干。

例外当然也有,《兴唐传》里的隋炀帝,就是最坏的人,那是因为李世民才是天命所归的皇帝。

《薛刚反唐》里的武则天,也是一个坏人,因为她是一个女的,并且武周篡唐,得位不正,薛刚这样的忠臣造武则天的反,理直气壮。

甚至为了遮掩皇帝是坏人这个故事里的漏洞,演义小说干脆带入神话体系,使用因果律这个终极武器,强行自圆其说。

演义小说《说岳全传》里,岳飞、金兀术与王氏大有来头:岳飞是如来佛祖头顶的金翅大鹏鸟,王氏是被大鹏鸟一怒啄死的女土蝠,金兀术是玉皇大帝派遣下界惩罚宋徽宗的赤须龙。三个人因果早定,下凡一场,只为了结恩怨。

所以,宋高宗与秦桧合谋害死岳飞,什么不使黄龙成痛饮,都不存在。宋高宗没有错,秦桧也没有错,岳飞之死,是如来佛祖与玉皇大帝商量安排好的,跟过家家似的。

《说岳全传》这样的小说,就是如此无聊。它让你觉得,一切人间的喜怒哀乐,一切人的高贵卑劣,都没有意义,人完全没有自主性,剧本早已被神仙写好。

那还活个什么劲儿啊。

而民间传统文学里的岳飞,就这样一边泛着神光,一边抹了厚厚一层忠君的金粉,在历史的河流里**巍然矗立**。

三

反而在一些武侠小说与影视剧里,岳飞少了一些神性,剥掉一点金粉,露出人的面目。

金庸先生笔下,岳飞的一部《武穆遗书》,串联了射雕三部曲:郭靖凭此书死守襄阳,为国为民;成吉思汗看此书收起骄横之心,与岳飞隔空兴起知己之意;杨过的玄铁重剑一分为屠龙倚天,《武穆遗书》就藏于屠龙刀,终至百年后徐达持此恢复中原。

岳飞撼山易撼岳家军难的治军作战之法,被金庸先生妙笔生花,而兵法无敌的后面,是岳飞人格的力量,推动着郭靖走上大侠之路。

温瑞安早期的"神州奇侠"系列,当时两大高手萧秋水与燕狂徒,联手在破庙等待岳飞,他们要阻止收到十二块金牌回京的岳飞,阻止他为忠君赴死。

岳飞却在破庙里坦露心迹,他说自己并不是为了忠君去死的,他只是不想破坏大宋战乱之后好不容易建立起的制度,他只想以自己的死,唤起更多人收复大好河山的决心。

不管逻辑对不对,温瑞安对岳飞之死的理解,已经比评书和演义好了许多。

在很早很早以前,早到吴京还没去《流浪地球》,还是一个水浒后人,在这部《水浒后传》电视剧里,岳飞作为一个偶像,被塑造得很巧妙。

整部剧岳飞都没有跟人动武,虽然在宋金两国武人心里,岳飞枪法第一。金国一个高手的理想是拳打武松,枪挑岳飞,他找上岳家军军营,向岳飞挑战,岳飞接过长枪,并不接战,而是在地上写下四个大字:还我河山。

写完后的岳飞,告诉金国高手,等到恢复河山那一天,我就跟你打。不动手的岳飞,完全是另一个境界了。金国高手看完这四个字,甘拜下风,他也看出了岳飞精神境界的崇高。

这个看字拜服的桥段,张艺谋的《英雄》也曾用过:秦王从一个剑字里看出了不杀,看出了和平,然后就安排弓箭手射杀了放弃刺杀的无名。但他的讲述逻辑有些硬拗,不如岳飞这段丝滑流畅。

因为岳飞恢复山河之心,世人皆知,他如此大气行事，正是我们心底向往的岳元帅啊。

四

文学里的岳飞有多好，现实里的赵构就有多恶。

这些年出现了许多奇奇怪怪的"高论"，大都认为岳飞之死咎由自取，有人说他情商低，有人说他不该参与太子立储，有人说他是军阀活该被灭，甚至有"奇人"表示宋朝要想好，必须杀岳飞。

这些言论扯来扯去，也扯不掉一个简单的事实——岳飞就是中国历史上一个罕见的崇高的军人。

他保家卫国的立场坚定。从金人入侵，北宋灭亡开始，岳飞就入伍参战，从一个小兵一直战斗到39岁被皇帝赵构害死，抗金与恢复故国之心始终不灭。

他百折不挠，心志坚定。岳飞几乎参与了宋金大战全程，在北宋灭亡、南宋节节败退的大势下，岳飞打过很多败仗，这也是很多人言之凿凿岳飞战绩浮夸的原因。

但一个人在被强大的对手追着打到亡国，追着打到搜山捡海、逼得皇帝赵构逃到海上的崩溃的局面下，不但没有崩溃，还锻造出岳家军，直至让金人"撼山易撼岳家军难"，这何其艰难，又何其伟大！

他是真的心怀百姓，品质清白。抛开那首充满争议的《满江红·怒发冲冠》，另一首确定出自岳飞之手的《满江红》里，岳飞写他登上黄鹤楼，遥望中原，只看到昔日繁华不再，全是金人铁骑，他哀叹民生多艰，国家多难，在词的下阕明志说：

兵安在？膏锋锷。

民安在？填沟壑。

叹江山如故，千村寥落。

何日请缨提锐旅，一鞭直渡清河洛。

却归来、再续汉阳游，骑黄鹤。

与《满江红·怒发冲冠》一样，他依旧表达为了救民于水火，为了恢复故土，立志北伐，等驱逐入侵者，功成归来，他只想做闲云野鹤。

大概也只有这样的心志，才能说出文臣不贪财，武臣不怕死，才能锻造出一支冻死不拆屋、饿死不掳掠的岳家军吧。

许多人贬斥岳飞，认为他打仗的能力被高估，远不如韩信、霍去病、李世民，但那些军神们战功彪炳、所向披靡，可曾有一丝一毫冻死不拆屋、饿死不掳掠，体谅百姓的传说？

而一支军纪严明的军队，看看近代史，我们就会知道他们有多能打。

岳飞就是这样一个不贪财，不怕死，抗击侵略之心坚定，体谅民生，军纪严明，能文能武，道德感与武力值同样满格的清白英雄。

这样一个人，简直就是武将里的诸葛丞相，宋朝何德何能，会拥有这样的英杰。

赵构又多么可恨，竟害死了这样一个人，让他徒呼天日昭昭。

没有任何一个理由，可以允许罪恶杀死这样一个好人，但赵构就是做了。

与自己的权势地位相比，这世间没有什么不可以被他舍弃，一个岳飞值得什么呢？

不要再说秦桧害死了岳飞，没有赵构点头，秦桧没有权力杀死这样一个举足轻重的大臣。

害死岳飞，偏安一隅的赵构，在许多人心里，有了一个新名字——完颜构。

在各种抗击金人的穿越文里，主角会以各种各样的方式与岳飞合作，但最简单的一种，是直接魂穿赵构。这样岳飞最大的一个敌人就没有了，你只需要提供钱粮军马，支持他北伐中原，直捣黄龙。

可惜是大梦一场，最该跪在岳飞像前的赵构，反而乐得逍遥。

以至我会想，南宋以杀害岳飞立国，偏安一隅，赵构固然一世富贵，但也犯下原罪。等到南宋灭国时，三千多赵宋皇族成员在泉州被屠杀一空，也算因果循环了。

这当然是胡思乱想，因为岳飞毕竟冤死，秦桧毕竟善终，赵构毕竟活到81岁，寿终正寝。西湖的水，英雄的泪，只有意难平。

长孙皇后：一个被误读千年的女人

✽ 陌枝野

若论"贤德"二字，谁能比长孙皇后更胜任？这位女性，在传统儒家框架内，简直是白月光一般的存在。

只是以儒家的眼光看人，难免无趣。一个"德"字，就足以把原本鲜活灵动的"人"，变成冷冰冰的标杆和楷模。

日本作家原百代写《武则天传》时，面对长孙皇后，发出这样的疑问："女人啊，你为什么要成为偶像？"

依我看，原百代误会了她。众多仅称赞她为"贤后"的观点，也都小看了她。

长孙皇后，不止这么简单。

（一）

长孙皇后可谓家世显赫。

其祖上原为北魏宗室之长，其母高氏为北齐宗亲，父亲长孙晟则是隋朝有名的军事家、外交家。有个成语叫"一箭双雕"，说的便是长孙晟出使突厥大放异彩的故事。

而长孙皇后的姻缘，由她那眼光独到的伯父长孙炽一手促成。

唐高祖李渊的夫人窦氏，是个奇女子。当时，北周武帝娶了突厥公主，却不与她相亲，年幼的窦氏便劝告舅父以苍生为念："要善待她，才能得突厥之助，以免江南、关东为患啊！"

小小的孩童，便有了政治家思维。待隋文帝杨坚篡夺北周天下，窦氏更勇武地喊道："恨我不为男儿身，以解舅家之难。"

长孙炽认为此女不一般，她教出来的子女也一定出色，因此力劝长孙晟与李渊结亲。于是，两家便订下了长孙皇后与李世民的婚约。

但未等完婚，长孙皇后便经历了丧父之痛。接着，她与哥哥长孙无忌、母亲一起，被同父异母的兄长长孙安业赶回了舅父高士廉家。

长孙皇后的不幸在于，八九岁的年龄，便开始见识同室操戈、人情冷暖。她的幸运之处则在于，虽然寄人篱下，但他的舅父对她甚为疼爱，尽了抚养之义。

十三岁那年，在舅父的促成下，长孙氏与李世民完婚。此后，二人一起经历了隋末的动荡与改天换地的波澜。

长孙氏的成长经历，积累了诸多有利条件：能人辈出的家庭滋养了她的见识与气度；家族内部纷争使得她早早开始了解人生，不至于太过天真或脆弱；

而亲身经历天下大乱，则让她对黎民苦难，有了最直观的认识。

此外，她还是个书痴，即便在梳洗打扮的时候，也手不释卷，并且善于借鉴古人之善恶以完善自我。

这些经历，都成为她后来履行皇后职责的宝贵经验。

（二）

公元626年，长孙氏被册封为皇后，至公元636年去世。十年皇后期间，她留下许多令后世赞叹的"贤"事。

综合来说，长孙皇后的贤德，主要表现在以下几个方面：

一是宽厚大度。长孙安业曾将她赶回舅家，她仍然善待这位异母哥哥，并在他卷入谋逆大罪时，亲自向太宗求情请命。对待后宫，也没有宫斗剧的套路。她收养过世嫔妃之女，视为己出，并且常常在妃嫔生病时，资助御药。宫中诸人感念皇后的，是一个"仁"字。

二是主动抑制外戚。唐太宗喜欢与她商谈国事，她却常常以"后宫不干政"为由，闭口不言。对待自己的亲哥哥长孙无忌，她则力劝太宗不要对他恩宠过甚。

三是良言救忠臣。太宗怒气冲冲地要杀整天刺儿他的魏征，长孙皇后特地换一身朝服，恭贺陛下得此良臣，瞬间消解太宗的脾气。她临死前，还在帮被赶回家的房玄龄说话："玄龄为陛下做事已久，善出奇谋，如果没有大过错，请陛下不要罢弃他吧！"

四是节俭自律。长孙皇后物欲较低，衣服够穿就行，也要求子女减少奢华的享受；重病之时，太子要为她赦囚祈福，她不愿以一己之事搅扰天下；临死之际，唯恐身后事劳民伤财，特向太宗提出薄葬。

好一个"温、良、恭、俭、让"的皇后，难怪让儒家念念不忘。

（三）

长孙皇后固然有"贤德"的一面。只是身为女性，历史往往只看重她的道德品质，却忽略了她的政治立场和能力智慧。

虽然没有"垂帘听政"的野心，但长孙皇后，是深度参与了初唐政治的。

高祖李渊执政晚期，秦王李世民与太子李建成的关系日益紧张。当时的长孙王妃在做什么？她尽力侍奉李渊，与李渊的后妃搞好关系，为李世民争取人心和支持。

玄武门之变，是一场兄弟相残的悲剧。而在这悲剧的序幕里，是长孙王妃亲自慰勉参与兵变的成员，史载：士兵群情激奋。

早在成为皇后之前，长孙氏便充当了外联与决策的角色。

成为皇后之后，表面上，她推三阻四，说什么后宫干政，非国之福。实际上呢，保谏臣、抑外戚、求薄葬，她的眼睛何时离开过朝堂？

透过这些熟悉的故事，长孙皇后所展现的，除了"德"之外，还有对人性的了解、对福祸的警惕和对理性的认知。

先看她熟悉人性的一面。

为人求情，劝人受谏，是长孙皇后的强项。换朝服救魏征一事，亦可窥见她的机智。根据《旧唐书》记载，后宫每有获罪者，长孙皇后的办法是：假装怒气冲冲，要严惩宫人，与太宗共情。待太宗的脾气缓解下来，又徐徐开解，不令有人蒙冤。

古来劝谏帝王者，很容易以硬碰硬，怼得帝王下不了台，这一招即便对普通人，也很难生效。长孙皇后不挑战人性，而是以更加柔和的方式，达到自己的目的。这背后是对人性的理解和尊重。

再看她居安思危的一面。

外戚专权是长孙皇后一辈子的心病。她坚决不允许太宗对长孙无忌荣宠过甚，但太宗不当回事。于是她就密令长孙无忌辞去高位，不达目的不罢休。

她写了十篇《女则》，引历史上外戚乱政所带来的危害以自省。

皇家处处皆风险。她应当是深知这位兄长的性情，总怕他身居高位后，滋养权力野心，为己为人，都带来祸患。临死前留遗言，还在要求丈夫不要给她的家族太重的位置。

可惜的是，太宗仍然没有重视。

到高宗时期，长孙无忌借房遗爱谋反案，玩弄权术，大肆牵连皇室成员，给高宗留下阴影。后来，高宗借助武则天的鼓励和帮助，清算了长孙无忌。

可怜这位国舅，落得异乡自尽的下场。长孙皇后早已预料到一切，却也无力阻止。这是她的聪慧，也是她的悲哀。

人之将死，长孙皇后所表现出的，则是豁达和高度理性。

她坚持拒绝因她生病而行"赦囚祈福"之事，她的道理是："死生有命，非人力所为。如果修福可以延寿，我从未作过恶。平生积善既无效，再求又有何用？"

她亦不迷恋死后哀荣，对于身后事，仅要求"因山而葬，不须起坟，无用棺椁，所须器服，皆以木瓦，俭薄送终"，由此开创了帝王陵依山而建的传统。

综合以上，一个分寸感极强、善于处理人际关系、严格自律、聪慧透彻而又不失仁爱之心的女政治家形象呼之欲出。

（四）

长孙皇后的"贤德"只是表面，内在隐藏的，是她卓越的才能。

这一点，唐太宗李世民是很清楚的。作为她的丈夫，太宗给她的定位是"良佐"。在他眼中，他失去的不仅是一个妻子，还是一个像魏征一样，能令他理智、清醒的伙伴。

太宗与长孙皇后一起见证过隋末的动荡和百姓的贫苦。

太宗才华横溢，又长期担任军事将领，骨子里有自视甚高和专横的一面，与隋炀帝的经历、性格高度类似。

也因此，他极度警惕自己重蹈隋炀帝覆辙。新朝伊始，休养生息、重用贤能、广开言路，便成了太宗的既定路线。

而长孙皇后同样是一个聪明、有见识、有手段，却偏偏可以节制和自律的妙人。相同的志趣和性情造就了一对志同道合的夫妻。

有意思的是，两个在政治上自律到严苛的人，却在夫妻关系中，显现出难得的人情味。

太宗生过一场重病，长孙皇后昼夜不离地照顾左右，并暗暗备下毒药，预备太宗万一不测，她亦决意相随。

虽然她又提出了冠冕堂皇的说法——"不想成为吕后"，但我更愿意理解为，这是二人的感情使然。

这个理解可以从另一件事中得到佐证。

太宗驾临九成宫期间，妹夫柴绍突然警告有变，太宗立刻起身穿起盔甲，长孙皇后心急如焚，不顾病体，跟随太宗而出。左右相劝，她却说："陛下还在震惊中，我如何能心安？"

长孙皇后一生克制，唯有在对太宗的感情上，表现出极为动人的偏执和冲动。

而太宗也回报以同样的尊重和爱护。

长孙皇后逝世后，他在城内筑起层观，时时遥望妻子所葬之处，被魏征劝阻后，大哭了一场，方拆掉层观。

他这样表达对妻子的不舍："我不是不知天命而不能割情，可就是无法停止悲伤啊！"

（五）

全唐诗中留存了长孙皇后的一首诗：

上苑桃花朝日明，兰闺艳妾动春情。
井上新桃偷面色，檐边嫩柳学身轻。
花中来去看舞蝶，树上长短听啼莺。
林下何须远借问，出众风流旧有名。

透过这首明艳、妩媚、灵动的《春游曲》，可以看到，在那桃红柳嫩、蝶飞莺啼的上苑中，一个美丽的女子发出了大唐最初的强劲之音："何须林下借问，论出众风流，我早已远近闻名啊！"

这种明媚与骄傲，岂是单纯的"贤后"可定义的？

在整个唐代姹紫嫣红的百花园里，长孙皇后是独特的。

她自信有之、自律有之、贤德有之、固执有之、感性有之、理性有之，她巧妙地把内在的锋芒转化为流水般的柔韧，如山谷幽兰，不张扬，却难掩清香。

杠精极简史

※ 豆梦之

杠精，一种在互联网上横行霸道的生物。

他们是迷之自信的"嘴强"王者，是匿名区的暗夜之神，是评论弹幕里的逻辑大帝。

普通人避之不及，唯有键盘侠可与之一战。

当然，杠精不是现代社会才有的产物，只要有语言的地方，就会有"杠"。

春秋战国时期还出现了职业杠精——名家。

但此杠非彼杠，不含贬义。

作为诸子百家中独树一帜的存在，名家奉行的是"以非为是，以是为非，是非无度"的诡辩之术，有着非常专业的抬杠素养。

名家的创始人是邓析，他的抬杠技巧非常高超，因此跟着他学习的人数不胜数。

作为一名专业的抬杠者，邓析的技能之一是"操两可之说，设无穷之词"。

这种杠法就是同时肯定事物正反两面的性质，提出两个逻辑对立的观点，再分别论证这两个观点的正确性。这样一来，无论从哪个方面论证，都能杠赢。

有一年郑国发大水，富人渡河时不慎淹死，其尸体被一个穷人打捞上来。富人家属希望能赎回尸体，穷人却漫天要价，双方僵持不下。

于是富人家属请教邓析。邓析便说："你们不必着急，对方只能把这具尸体卖给你，因为除了你，没有第二个人会向他买这具尸体。"

过了几日，穷人也来请教邓析。邓析说："你不必着急，对方只能从你这里买尸体，因为除了你这里，别处是买不到的。"

经邓析这么一搅和，过了几天尸体腐烂了，穷人富人都没得偿所愿，于是怒告邓析。

邓析把对双方说的话又重复了一遍，办案的官员听完，觉得很有道理的样子，便判了原告一个扰乱公堂的罪名。

太强了太强了。

然而，邓析最终却因为过于能杠，使得"郑国大乱，民口欢哗"，被郑国执政者处死。

杠精祖师爷被处死，自有后人继承其衣钵。

公孙龙亦是名家的代表人物，其著名的"白马非马"之诡辩绝对可以载入杠精史册。

据说，有一次公孙龙骑着白马通过秦国的关卡。

看守的官吏说："骑马要交过路费。"

公孙龙便说："骑马是要交过路费，骑白马怎么也要交呢？"

官吏无语，道："只要是马，都要交钱。"

公孙龙便开启嘴炮技能，居然成功给官吏洗脑"白马非马"，大摇大摆地过了关。

对于名家的职业杠精，《庄子·秋水》评价其"然不然，可不可，困百家之知"，而《论六家要旨》中则说"名家苛察缴绕，使人不得反其意"。

看来，古往今来的杠精风评都不是很好。

庄子也遇到过一位杠精。有一日，他看见水中的鱼在游泳，便感叹了一句：鱼可真快乐啊！

普通人通常是应和一句也就罢了，但惠施不是普通人，自然要发挥杠精的超能力。他说的是：你又不是鱼，凭什么说鱼快乐呢？

当然庄子也不是吃素的，他反问惠施：你又不是我，怎么知道我不知道鱼快乐呢？

惠施说：我不是你，当然不知道你，但你也不是鱼，当然不知道鱼是不是快乐。

鱼：无语。

《世说新语》中记录了一个孔文举（就是那个让梨的孔融）大战杠精的故事。

说文举十岁时随父亲到洛阳拜访李膺，李膺门第高，青年才俊或是沾亲带故的才会见，于是文举便说自己是李膺的亲戚。

李膺问他：我们是什么亲戚啊？

文举抖机灵道：以前我的先祖孔子曾经拜您的先祖老子为师，所以咱俩是世世代代交好的关系啊。

李膺和其他宾客都被小孩的机智折服，纷纷表示这娃娃有出息。

杠精当然不这么认为。陈韪不以为然道：小时了了，大未必佳。

作为一个小机灵鬼，文举当然是选择怼回去，便说：想君小时，必当了了。

内涵得杠精下不来台。文举，不愧是我辈楷模。

杠精家族，各有各的杠法，除了面对面抬杠的，还有那种跨越时空的杠。

譬如南北朝诗人王籍在《入若耶溪》中写：

艅艎何泛泛，空水共悠悠。

阴霞生远岫，阳景逐回流。

蝉噪林逾静，鸟鸣山更幽。

此地动归念，长年悲倦游。

宋朝诗人王安石对"鸟鸣山更幽"有意见：呵，明明是鸟不鸣山更幽。

无法当面杠也没关系，他刷刷写了一首《钟山即事》表示不服：

涧水无声绕竹流，竹西花草弄春柔。

茅檐相对坐终日，一鸟不鸣山更幽。

另一位文化人杠精，则是清朝的毛奇龄。

这位碰瓷的是苏轼。

元丰八年（1085年），苏轼为北宋名僧的画作《春江晚景》题诗，写了一首《惠崇春江晚景》。

竹外桃花三两枝，春江水暖鸭先知。

蒌蒿满地芦芽短，正是河豚欲上时。

毛奇龄对"春江水暖鸭先知"这个说法不服，隔了几百年也要杠上一杠。

"这水里又不是只有鸭子，为什么是鸭子最先知道春江水暖，那鹅呢！"

《随园诗话》中亦有对此事的记载：

然毛西河诋之太过。或引"春江水暖鸭先知"，以为是坡诗近体之佳者。西河云："春江水暖，定该鸭知，鹅不知耶？"此言则太鹘突矣。若持此论诗，则《三百篇》句句不是：在河之洲者，斑鸠、鸬鸠皆可在也，何必"雎鸠"耶？止丘隅者，黑鸟、白鸟皆可止也，何必"黄鸟"耶？

清代大才子袁枚回怼毛奇龄，说按他这个杠法，那《三百篇》中所有提到鸟类的诗句，岂不是都可替换？

可见对付杠精，当然只有比他更杠才能赢。

朱元璋到底长啥样？

※ 王文元

朱元璋算是传奇皇帝。从一个寺院小和尚到君临天下，创造了历史上少有的帝王发迹史，也自然容易被附会种种不同凡响之处。据说，朱元璋出生之时就"与众不同"。据《明实录》记载，朱元璋是晚上出生的，散发着红光，以至于邻居以为朱家失火了。不过在现代人看来，此说理解为朱元璋出生时他母亲似乎遭遇了大出血，更靠谱一点。

最传奇的是朱元璋的相貌。关于朱元璋的相貌有两种说法：一种是极丑的，一种是雍容富贵的。明显走了两个极端。极丑的相貌是这样描画的：下巴凸起，耳朵肥大，还长着麻子，眉毛竖起，就是人们所谓的面有异相。人们戏称，明太祖朱元璋是中国帝王中的"第一丑男子"。另一种雍容富贵的画像，呈现的是一位和蔼可亲、器宇不凡的老人，身着黄袍坐在龙椅上，白色胡须，根根可数。

一个人留下两种截然不同的视觉印象，可以说是非常罕见的。这两种迥异其貌的画像，有16种之多。16个明太祖朱元璋，该信哪个版本呢？朱洪武究竟长啥样？

古代没有照相技术，长相如何全靠画师一支笔。据说，王昭君因不愿贿赂画师而被故意画丑。又传有个皇帝，一只眼睛受伤瞎了，对画师画出的像总是不满意，杀了几人后，直到一个画师画出眯着眼睛看箭的皇帝像，才算过关。

给朱元璋画像也不容易。传说朱元璋画像时，头一个画师画得"惟妙惟肖"。朱元璋一看，如此"丑化"怎么得了，推出去斩了。第二个，把朱元璋画成美男子。这不是弄虚作假吗？也推出去斩了。第三个画师实在没招，只能模糊处理，画出来的像五官端正，雍容富贵，似像非像。这才留了个活口。真相如何，我们就不得而知。

但有一点可以肯定的是，朱元璋长得不差。虽然，元代是蒙古人建立的王朝，但对官吏标准依旧延续"身言书判"，如果朱元璋长得太差，怕是成不了郭子兴的亲兵，更成不了他女婿。

说到这里，怕是有人要反对了。据《明史》记载，朱元璋在郭子兴军中就因异相引起重视，被郭子兴认为是异人。《明史·郭子兴传》中说："（子兴）袭据濠州。太祖往从之。门者疑其谍，执以告子兴。子兴奇太祖状貌，解缚与语，收帐下，为十夫长，数从战有功。子兴喜，其次妻小张夫人亦指目太祖曰：'此异人也。'乃妻以所抚马公女，是为孝慈高皇后。"其他地方也有类似记载。

仔细想来，在群雄逐鹿的时代，一个面有异相却没实力的人，怕是吸引敌人火力的招牌，谁都想杀了他。

朱元璋自己的一篇文章，则压根就没有提到他面有异相。只是说，当时走投无路，投奔郭子兴义军时，差点被杀。郭子兴知道后，同他交谈，发现他才干出众，这才取为亲兵。此观点，见朱元璋《纪梦》及朱为郭子兴立的碑。后来，朱元璋娶郭子兴抚养的马公之女（即马皇后），也是因为他才干过人，而不是所谓面有异相。在群雄逐鹿的时代，颜值不实用，关键看能力。

对于自己的出身，朱元璋说得很实在，有"朕本农夫"和"淮右布衣"等。这也不难理解，从吃不上饭的小和尚到创下巨大家业，自然要强化描述自己的奋斗历程——靠的是实力，而不是颜值。

朱棣是丑化他父亲的第一人。老朱虽有自信，奈何他的儿子朱棣却不这样想，怎么也要表达一下"君权神授""天命所归"。再说，明成祖朱棣是从侄儿手里抢了天下，心虚是肯定的。自然要强化我们老朱家得天下是神授的。相貌不凡，就是证据。可是，朱元璋相貌很一般啊。咋办，加工啊！

永乐中期，在朱棣的推动下，朱元璋逐渐有了异貌。后来，再由相士按照帝王相貌进行加工，并写进《明太祖实录》。于是，朱元璋从奇人变成了"奇骨贯顶"。

《明太祖实录》说"相貌的奇伟"，是"上稍长，姿貌雄杰，志意廓然，独居沉念，人莫能测"。景泰初，著名相士袁忠彻编纂相书《古今识鉴》一书，不仅编了故事，还说朱元璋长得"天地相朝，五岳俱附，日月丽天，辅骨插鬓"。就是说，额头和下巴凸起。向现在看的丑像发展了。

好在，终究是自己祖先。老朱家的皇帝们，对朱元璋的异相夸张得还不太过分。仅仅是有"异相"而已，距离今天人们看到的丑陋之像，还有差距。到隆庆年间，朱元璋的画像就出现了两个极端。当时，武英殿所藏的朱元璋像"眉秀目炬，鼻直唇长，面如满月，须不盈尺，与民间所传奇异之像大不类"。万历年间，民间朱元璋的像被进一步恶化，出现麻子，即所谓"左脸十二黑子"。而皇宫中的真像，则依旧是雍容富贵。

关于朱元璋的异相，还有一种说法是"疑像"。据说，朱元璋喜欢微服私访，为了安全，就画成了异相，故意在民间流传，从而引开人们的视线。不过，这种说法听来不太靠谱。

朱元璋的异相是怎么来的？有人说，似乎是根据相书上真龙天子的样子画的；也有人说，完全是主观臆造的，大麻子是借鉴了刘邦，谁知长错地方了。

清朝为丑化明代帝王，完成了朱元璋"异相"的最后一笔。清王朝修《明史》时，丑化了明代皇帝。当时，明朝皇宫中历代帝王像被清王朝全部接收。起初，还都是明代宫廷的真像。乾隆中，民间流传的朱元璋的丑像也渐渐地流入了宫廷中。嘉庆时统计，朱元璋的像有12幅。满脸大麻子，就是清朝时丑化的。据说，刘邦左面大腿上长着72个麻子。谁知，丑画上的朱元璋，麻子却全长在了脸上。显然，这是清代为丑化明代帝王而指使人画的。如果是朱元璋或朱元璋后人画的，怎么也不可能把刘邦大腿上的麻子移到朱元璋的脸上。

当诸葛亮自比管仲乐毅，便就此埋下命运的伏笔

*张佳玮

众所周知，诸葛亮少年时，自比管仲乐毅。

罗贯中显然不满足于此，《三国演义》里还让司马徽吹嘘，说诸葛亮可比兴周八百年之姜子牙，旺汉四百年之张子房。

问题来了：

诸葛亮为什么不自比姜子牙、张子房，甚或其他古来大贤，偏要自比管仲乐毅呢？

我的猜测。

一是，地域。

诸葛亮生在琅琊阳都，是现在所谓山东人。

管仲是齐国名相，在齐鲁大地都有不错的名声。他在齐地的传奇不消多提，说个鲁地的段子吧。

《史记·刺客列传》开头提到过一个鲁国人叫曹沫。齐鲁打仗，鲁国输了，被迫割地会盟。曹沫临场撒泼，拿匕首劫持齐桓公，要求他退回土地，齐桓公被迫答应了，之后自然不爽，想反悔，管仲劝齐桓公：不可失信，土地给他吧。

如果我是鲁地人，也会觉得：行，管仲够意思啊。

乐毅呢？众所周知，乐毅为燕昭王领军，连同各国联军，打得齐国七零八落；他留在燕地五年，打得齐国就剩两个城了。

当然，后来继任的燕王不信任乐毅了，乐毅就跑路了，还写了著名的告别信；齐国的田单则用火牛阵打了个大胜仗，复兴了齐国。

这一次齐国死里逃生，也让他们对其他各国大为不爽；后来秦灭六国时，齐国经常处于看热闹的状态……嗯跑题了。

大概对齐鲁大地的百姓而言，乐毅真是一个响当当的名字吧：差点都扶助弱小的燕，把强大的齐国给灭了！厉害啊！

诸葛亮是山东人，所以深为钦佩管仲乐毅，大概也可以理解。

大概类似于，广东人梁启超很佩服广东同乡袁崇焕；我们熟悉的一位湖南大人物，虽然立场不同，却也夸赞过湖南的曾国藩。

又，诸葛亮喜欢管仲与乐毅，也可见其趣味。

管仲是贤相，但贤相其实也分许多种。像陈寿就说曹操的施政是穷申商之法术，又说诸葛亮是管萧之亚匹。

申就是申不害，商就是商鞅。管是管仲，萧是萧何。都是贤相，风格不一样。

商鞅那风格我们都知道的，秦国后来的做派，许多都是商鞅奠定的。

诸葛亮对应管萧，就是管仲和萧何了。那管仲是啥风格？

孔子说过，管仲器量不算大，但也说过："微管仲，吾其被发左衽矣""桓公九合诸侯，不以兵车，管仲之力也。如其仁，如其仁"。

司马迁就分析了，说管仲的确是贤臣，但孔子说他器量小，大概是因为觉得，本来管仲可以让齐桓公行王道，结果让他称了霸，哎，不够大气。

但话说回来，管仲体现出的做派和思想，确也不纯是儒家的。

现在有本书叫《管子》，其实不是管仲写的，一般认为出自稷下学宫之手，却也跟管仲的做派有类似处。

里面有些话很有名，比如我们都知道的：仓廪实而知礼节。吃饱了饭，物质丰足了，才能搞精神建设。

也很重视法治。比如："禁淫止暴莫如刑。"

有人会说，这玩意儿难道是法家吗？

可《管子》又不只是法家。因为书里也说了："刑罚不足以威其意，杀戮不足以服其心。"

还有一段最有名的："礼义廉耻，国之四维，四维不张，国乃灭亡。"

如是，管仲在齐国的姿态大概是：发展经济，废井田制，允许土地买卖，建立常备军，也发展商业。

观念上，要法治，要搞物质建设；但同时也要讲信用，讲礼义廉耻。

既讲法，又讲人情。

管仲这人吧，不是一个纯粹的道德君子。他自己的道德是有点小缺陷的。比如著名的管鲍之交，管仲和鲍叔牙的友谊。

年轻的时候，管仲家里很穷，又要奉养母亲。鲍叔牙知道了，就找管仲一起做生意。做生意的时候，因为管仲没有钱，所以本钱几乎都是鲍叔牙拿出来的。可是，当赚了钱以后，管仲分红比鲍叔牙还多，但鲍叔牙无所谓，知道管仲家里穷。

然后他俩一起去打仗，管仲躲在最后面。鲍叔牙无所谓，说管仲要照顾老母亲。

于是管仲说："生我者父母，知我者鲍叔牙。"

后来管仲差点把没继位的齐桓公给射死了，是鲍叔牙向齐桓公推荐了管仲。照理说是大恩大德。但管仲临终前，说鲍叔牙不适合做宰相：他为人太完美太清白，容不下小人，还是隰朋好。

大概管仲是个相对实际的办实事的人，没有很高的道德口号，也不随大流，自己脑子很清楚。

而乐毅呢？众所周知，他其实是个纵横家风格的贤才。能带动各国一起打齐国，还差点把齐国灭了，那是外交内政军事一把抓的干才，却也不是夸夸其谈的儒生。

诸葛亮自比管仲乐毅，大概挺欣赏这两种风格的——实际上，管仲和乐毅这种做派，后来诸葛亮自己身上也体现出来了。

齐桓公时，有处士叫小臣稷，桓公去见了三次，

没见着。桓公说了：

"吾闻布衣之士不轻爵禄，无以易万乘之主；万乘之主不好仁义，亦无以下布衣之士。"

于是去了五次，才见着这个贤臣。说明齐桓公的确是个重视人才的君主。

诸葛亮自比管仲，也希望遇到个齐桓公吧？

结果刘备的确是三顾茅庐，把诸葛亮顾出来了。一见诸葛亮，如鱼得水，什么都听你的！

刘备后来当阳之败，情势危急。

诸葛亮说："事急矣，请奉命求救于孙将军！"事情紧急了，请让我去向孙权求救！于是诸葛亮去跟孙权达成同盟，孙刘合力，赤壁一战大破曹操。

——这和乐毅促成诸侯联军，大破齐国，有异曲同工之妙。

后来刘备登基，诸葛亮为宰相。终于也和管仲乐毅一样，成了君王最信任的人。扶弱小之国，为一方之主，心满意足。

诸葛亮后来逝世，鞠躬尽瘁死而后已。

陈寿说诸葛亮之为相国也，"抚百姓，示仪轨，约官职，从权制，开诚心，布公道；尽忠益时者虽仇必赏，犯法怠慢者虽亲必罚，服罪输情者虽重必释，游辞巧饰者虽轻必戮；善无微而不赏，恶无纤而不贬；庶事精练，物理其本，循名责实，虚伪不齿；终于邦域之内，咸畏而爱之，刑政虽峻而无怨者，以其用心平而劝戒明也。"

注意这里啊：

刑法严峻但是公平，而且"劝戒明"，所以大家都服气。这就是法治结合了教育。

跟《管子》的"禁淫止暴莫如刑""刑罚不足以威其意，杀戮不足以服其心"，其实是有暗合之处的。

不只是陈寿说诸葛亮管萧亚匹，后来唐朝房玄龄说：

"至若夷吾体仁，能相小国，孔明践义，善翊新邦，抚事论情，抑斯之类也。"

夷吾就是管仲。

这样想，诸葛亮年轻时自比管仲乐毅，想成为一个又搞法治又结合礼义廉耻的好宰相，也想成为一个天才纵横家，也希望遇到一个赏识自己的君主。

结果真遇到了，而且刘备对他，真就像齐桓公对管仲，燕昭王对乐毅似的。

好，那就鞠躬尽瘁死而后已吧。

终于最后，连唐朝的房玄龄，都把诸葛亮和管仲放在一句话里比较了。

像诸葛亮这样，自比管仲乐毅，最后的人生，处处都体现出管仲乐毅，这就叫求仁得仁了。

当然，燕昭王逝世后，乐毅被继任的燕王怀疑了；管仲临终前劝齐桓公别用一群小人，齐桓公没听，没两年就完了。

诸葛亮鞠躬尽瘁死而后已，他逝世后蒋琬费祎都得到了重用，季汉是三国中唯一没有内乱废立的国度，也算是他比管仲乐毅好的地方了。

最后一个小巧合——

燕昭王任用乐毅，纵横齐国。乐毅就留在齐国五年。

当时有人进谗造谣，说乐毅不想给燕昭王干活了，想自立为齐王。

燕昭王立斩进谗人，立派使者封乐毅为齐王：你们说他要自立当齐王？我还就让他当齐王怎么着？

乐毅感激推辞。彼此相得如此。

刘备三顾请出诸葛亮，以为如鱼得水。白帝城托孤之时，一以委之，君臣至公，甚至说出了"君可自取"。与燕昭王立乐毅为齐王，异曲同工。

燕昭王。刘备昭烈。

光明清楚，可对日月，是为昭。

刘备幽州涿郡人，旧燕之地是也。

诸葛亮年少时自比乐毅，最后也如乐毅般，得了个燕地出生、推诚昭然的君主。

天意呀。

他此生再也回不了大汉

李怡楚

　　李广难封,一半是时运不佳,一半是人事倾轧。

　　李广成名于文景时期,那时西汉与匈奴之间的战争,以防御为主。匈奴骑兵电闪飞驰,飘忽不定,野战毫无胜算。大汉边将们守住要塞,硬抗十数天,敌人粮草不济,不得不悻悻而归。

　　李广防守能力极强,他驻扎在哪里,哪里便如同一道铁闸,匈奴不敢南进。李广因此将边关轮了个遍,陇西、雁门、代郡、云中,在这些地方都做过太守。

　　汉高祖曾杀白马立下盟誓,"若无功,上所不置而侯者,天下共诛之"。不是立下赫赫战功,不能被封侯。李广防御战打得再好,也立不下战功,封不了侯。

　　熬过了文景,武帝登基,汉朝的画风变了,从稳妥防御转为积极进攻。大汉男儿热血沸腾,武力沛然,大规模兵团长途奔袭,深入大漠草原几千里,饮马瀚海,封狼居胥。

　　李广参加过几次远征匈奴的战争,但运气总是不好,要么碰不见敌人,两手空空,要么遇见数倍于己的敌人主力,死战而退。

　　元狩二年(公元前121年),霍去病从北地兵分两路出击匈奴,李广率四千骑兵为先锋。先行数百里,遇见了匈奴左贤王,四千骑兵被团团围住。李广用强弓接连射死好几位匈奴将领,敌人气为之夺,阵脚大乱,汉军借机冲出了包围。

　　这场战役里,霍去病大放异彩,斩杀匈奴三万人,俘获大小王近百人。由此霍去病被封食邑五千户,麾下数位将领封侯。

　　李广无功无赏,黯然回到长安,武帝让他做了郎中令,职掌宿卫警备。

　　两年后,元狩四年(公元前119年),汉朝军队继续进攻匈奴。李广向武帝恳求多次,终于获准出征。武帝任命他为前将军,受卫青节制。

　　大军出塞后,卫青从俘虏那里得到了单于的准确方位,他想让自己的老部下立功,于是将李广调往了东路。

李广不同意，他知道东路没有向导，没有补给，根本无法行军。卫青强令下去，李广只得愤懑地向东进军。

李广在东路上果然迷路了。他兜兜转转很久，直到卫青班师，才在路上遇见——直接错过了整场战役。卫青追究李广没有及时会合的责任，让李广去大将军幕府陈情受训。

李广说："迷路的是我，跟校尉们无关，我去受审吧。"走在路上，李广心中无比压抑，六十多岁的人了，还要去面对刀笔之吏吗？罢了罢了，拔刀自刎。

卫青将李广调往东路，的确有私心。他想让自己的亲信立功封侯，这位亲信叫公孙敖，是卫青儿时的玩伴，救过卫青的性命。

公孙敖间接地伤了李广，若干年后，他又一次有意无意地害了李广的后人。

李广死后，其子李敢意难平，出手打伤了卫青。卫青没有计较这个事情，只说是自己弄伤的，不打算追究此事。霍去病听闻，却忍不住了，一次狩猎中直接射死了李敢。

此时的霍去病如日中天，武帝极为宠爱，便推说李敢被奔鹿撞死了。此事不了了之。

一晃二十年过去，时间来到了武帝天汉二年（公元前99年）。这一年，武帝令贰师将军李广利从酒泉出塞，袭击匈奴右贤王。

其时，武帝宠幸李夫人，隐隐有将李夫人之子昌邑王刘髆立为太子的想法。但太子刘据经营多年，也不能贸然废掉，何况刘据背后还站着卫家。虽然卫青已过世多年，但军方重要将领都是卫青的嫡系。

武帝开始扶持李夫人的哥哥李广利，让他多立战功，望其能与卫家分庭抗礼，以做外甥刘髆的后盾。于是，便有了李广利费时四年，靡金无数，攻打大宛的远征。

这年夏天，进攻匈奴，依旧是为李广利攒功绩。

出征的队伍里，有一支五千人的步兵，将领为骑都尉李陵。李陵是李广的孙子，武帝很欣赏他，认为他有乃祖之风，是可造之才。

出征前，武帝想让李陵为李广利运送辎重，做好后勤保障工作。李陵却想单干，说："我麾下都是楚地的猛士，希望能前往兰于山以南，牵扯单于的兵力，为李广利做策应。"

武帝提醒他，没有多余的兵士和马匹拨给他了。

李陵说："五千步兵足矣，愿以少胜多，直捣单于王庭。"

武帝还是不放心，又令老将军路博德在途中接应李陵。

老将军不太想给这位年轻人殿后，上奏希望皇帝令李陵再等等，等明年春天匈奴马匹羸弱时再出击。

武帝以为是李陵怯敌，不敢出发，而让路博德代为上书，于是命令李陵立即出击，同时也给路博德派了其他任务。

李陵带领着五千步兵，孤军向北推进。三十天后到达浚稽山，遇见了匈奴主力——三万骑兵。

冷兵器时代，骑兵相对于步兵优势极大，势如破竹般的碾压。在匈奴眼里，这支人数不多的汉人步兵如同待宰的羔羊。

李陵的步兵却打出了漂亮的逆转：大车围成营寨，前排手持戟盾，后排弓弩起伏。匈奴骑兵冲刺，汉军万箭齐发。匈奴留下几千具尸体，不得不退回。单于大惊，又召唤了左右两路八万骑兵，将李陵团团围住。李陵且战且退，匈奴紧追不舍。

李陵凭借着山谷地形以及强弓硬弩，与匈奴苦力周旋，杀死敌人近万，但汉军也是人人受伤。受伤三处的人坐在车上，受伤两处的人驾车，受伤一处的人则手持武器作战。哀兵绝路，迸发出极强的战斗力，匈奴越打越心寒。

这么一支孤军为什么如此死硬，是不是要将我们拖进某处埋伏？或者是想将我们引到汉军边塞，

然后围攻我们？

不管怎样，几万骑兵奈何不了几千步兵，这个脸丢不起，否则以后再也不能号令边臣，也会让汉人更轻视我们。匈奴决定再进攻最后一次，若还是不能成功，那就退兵。

匈奴骑兵继续冲击了一整天，双方交战数十回合。汉军依旧咬牙坚持，又击杀了数千匈奴。单于长叹一声，准备退兵。

这时，一个叫管敢的军侯当了叛徒，跟匈奴说："没有伏兵，也没有援兵，只有这么一支孤零零的汉军。汉军的箭矢也将用尽了，能战斗的人已经不到三千人。"

匈奴大喜，士气高涨，骑兵们猛烈冲击。

李陵的军队被困在谷底，一天之间，他们射光了五十万支箭，只能砍下大车的辐条，拿在手中当作武器，继续战斗。

黄昏时分，李陵着便装独自走进匈奴大营，准备刺杀单于。良久，又回到营中，长叹道："兵败了，要死于此地了。"又叹道："如果再给我们几十支箭，我们就能回家了。"天亮后，汉军化整为零，各自突围。

李陵与十几位随从，被几千骑兵紧追不舍，李陵叹道："我已无脸再见皇帝了。"于是下马，投降匈奴。

李陵被俘的地点，离大汉边塞不过百里。消息很快传到了皇帝耳中，君王大怒，李陵应该战死，怎么能够投降匈奴？

太史令司马迁站了出来，说："李陵忠孝信义，颇有国士风范，投降只怕是有内情，权宜之计，应该是在找机会报效国家。"

武帝将信将疑，派公孙敖出塞，游走于匈奴部落，找机会接应李陵。

公孙敖出走了一大圈，回来说："抓到了俘虏，他告诉我说李陵已经在帮匈奴训练部队，不会再回来了。"

武帝震怒，杀了李陵的母亲兄弟妻儿，当初说情的司马迁，也惨遭宫刑。

皇帝定罪后，事情迅速发酵，汉朝的舆论圈里，人人都在唾弃李陵。

李陵兵败那年，苏武出使匈奴，被扣在了北海，牧羊为生。李陵少时跟苏武相识，后来到了匈奴，却不敢见苏武。

很多年后，单于派李陵来劝降苏武，李陵这才鼓起勇气来跟苏武说话。

李陵开口，便是天大的委屈："皇上年事已高，法令变化无常，大臣无罪而被抄杀满门的有数十家，我就是一个活生生的案例，你这番心迹值得吗？"

苏武回道："为臣的侍奉君王，如同儿子侍奉父亲，儿子为父亲而死，没有遗憾。希望你不要再说了！"

李陵后来又见过苏武两次，一次是武帝去世，另一次是汉昭帝始元六年（公元前81年），苏武准备回国。临走前，李陵设宴祝贺苏武，说道："如今你回国，名声传遍匈奴，功劳显扬大汉，丹青史书所载之古人，又怎能超过你呢？"

苏武载誉而归的，是他回不去的大汉。李陵泪流满面，语气里饱含着羡慕、嫉妒、委屈与不甘。

李陵刚投降时，有汉朝使者到匈奴，遇见了李陵。

李陵问道："我领步卒五千横扫匈奴，因无救援而败，有什么对不起汉朝而要杀我全家？"

使者说："陛下听说你在为匈奴练兵。"

李陵大惊道："那是李绪，不是我啊！李绪是另外一位边将，匈奴来攻，便投降了。"

当年，公孙敖给了武帝一个假消息，有可能是他故意传错话，也有可能是他听信了俘虏的话。

是命运之手还是小人搬弄，已经说不清楚了。但又能怎样，全家都被杀，声名坏了，大汉再也回不去了。最后，只能老死于匈奴。

皇帝女儿也愁嫁，公主琵琶幽怨多

✽ 余显斌

一

她是唐太宗和长孙皇后的小女儿，唐高宗的同胞妹妹。她是衔着玉出生的，数遍史书，所有的公主中，唯她风光占尽。唐朝有明文规定，公主不能使用"名山、大川及畿内县"作为封号，怕惹怒神灵。可她一出生，太宗就迫不及待地为她破例赐号"衡山郡公主"，足见对她的疼爱。

初唐还规定，公主出嫁时，给食邑300户。太宗一贯标榜自己是守法模范，并以此沾沾自喜。可他一早就给了衡山公主食邑，等女儿八岁那年，他再次迫不及待地公然违反规定，增加了女儿的食邑。

至于女儿的乘龙快婿，太宗更是要早早定下来。衡山公主九岁那年，大唐纠察官魏征病重，太宗巴巴地跑去探望老战友，看见了他病榻旁站着的魏家长公子魏叔玉。魏叔玉年纪不大，却已经可以看出玉树临风的范儿。太宗马上就盯上了魏公子，他第二次去探望魏征时，干脆将宝贝女儿也拉上了。他坐在魏征的病榻前，指着衡山公主，说要把女儿许配给魏叔玉。病得迷迷糊糊的魏征根本没看清这个儿媳长什么样子，但皇帝的好意，他领了。

以魏征教育孩子的功夫，魏叔玉应该差不到哪儿去——一个人连皇帝都能教育好，别说自己的公子了。等衡山公主嫁过去，两人的小日子应该会过得不错。可是，不久就有人揭发魏征的奏折都保存有副本，明显是在说皇帝智商不行，没有他魏征，一定会一溜跟头栽得鼻血长流。太宗气得将自己给魏征立的碑推倒，自己写的赞美魏征的碑文也要磨掉，自己的宝贝女儿也要和魏家解除婚约！

九岁的小女孩什么都不懂，只说了一句"我听父皇的"，然后就转身跑去放风筝了，满天都是咯咯的笑声，真是少年不识愁滋味。

二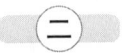

衡山公主第一次"被恋爱"失败，太宗的眼珠子扫遍天下二十岁以下的"小鲜肉"，然后摇头长叹："怎么没有一个让朕满意的男生呢？不是个子不高，就是脸皮不白；个子高、脸又白的人，才华又不行……"太宗为此伤透了脑筋。

贞观二十三年（649年），太宗的头发白了，身体也不行了，其中有国事的操劳，也有选女婿的焦心。小女生已经长成了大美女，太宗感到自己来日无多，得把自己宝贝女儿的事办了，才能瞑目离开。他决定甩开膀子，和时间赛跑。

终于，他拍板，要将衡山公主嫁给长孙诠。长孙诠是长孙皇后的族弟，人长得帅，人品也好，太宗超级满意。至于长孙诠比自己女儿高一辈的事，他根本不管，并马上告诉长孙诠的爹：我女儿要嫁给你儿子，你们家就偷着乐吧！

虽然衡山公主是外甥女嫁给了舅舅，好在这舅舅不是亲的，年龄也相当。情窦初开的衡山公主心灵花开，悄悄看了一眼未婚夫，正和他四目相对，一时间电光闪闪。小公主笑得春光灿烂。

太宗很得意：自己打仗不赖，治国不赖，看来选女婿的眼光也很牛啊。他立刻开始大力操办女儿的婚事，但还没有筹备完成，就撒手人寰，把宝贝女儿的终身大事托付给了接班人。

高宗是衡山公主一母同胞的哥哥，对妹妹自然是贴心贴肺地呵护着。衡山公主一天不见自己的长孙舅舅，心里就空得慌。妹妹的这点儿小心事，高宗当然看得出来。爱情是甜美的，高宗觉得，得抓紧时间把妹妹的婚事办了，让妹妹有更加美满的生活。

至于日期，高宗早就请钦天监查了，自己登基的那个秋季就有一个黄道吉日。

皇帝决定秋天嫁妹，所有大臣都举手通过，力挺新皇的英明决策。可这个本来顺顺当当的喜事偏偏遭到了大臣于志宁的反对。

于志宁非常正直，和当年的魏征有得一比。他提出，虽然衡山公主已到出嫁年龄，而且现在服丧期满，按律已经可以完婚，但是，服丧虽满，"心丧"还在啊！所以，他希望公主在心丧期间，切勿出嫁，否则，不仅违背礼法，连人情也说不过去。

高宗很不高兴：我爹希望我妹妹出嫁，我妹妹也想出嫁，这些都符合人情，怎么就"违于礼经……人情不可"了？他坚持决定要按时将妹妹嫁出去，避免她每天看花落泪、看鸟伤神的，让自己心里也跟着伤感。

于志宁一看高宗摆出了强硬姿态，立刻换了种进谏方式，说："陛下刚刚即位，正是需要树立个人形象的时候。压抑人情、获得守礼的美名，比荒废礼法、收到讥讽要好啊！"这话确实说到高宗的心坎里了，让他感到通体舒畅，不由得频频点头。于志宁一看有门儿，又站在国计民生的角度阐发开来，说："若推迟婚礼，便是'国家于法无亏，公主情礼得毕，则天下幸甚'的一举两得的大好事。"

这马屁拍得也是够大的。高宗把自己的庶母接进后宫才会关乎大唐的国计民生，这事不见于志宁出来反对；公主出嫁，怎么就会给国家带来危害了？可见这个所谓的直臣也有拣软柿子捏的毛病。

心丧就得守三年。因为于志宁这一掺和，衡阳公主三年的大好青春不得不付与"断井颓垣"，只好叹一声"良辰美景奈何天"了。

衡山公主无奈，眼泪汪汪地回到宫中，将自己的吉服收进匣子，也将待嫁的心事藏起来，每天扳着手指算日子。

她的皇帝哥哥也在扳着手指算日子。三年后，离太宗离世还差三天，高宗就忙起来，马上下旨晋封妹妹为新城郡长公主，且食邑5000户，作为嫁妆。唐朝有明文规定，

作为皇帝的姐妹,长公主出嫁会有600户食邑。高宗疼爱妹妹,大方地一次就给妹妹账户上拨了5000户。

有哥哥的疼爱,衡山公主在婆家更是如鱼得水。别的公主嫁到婆家,往往高升一格,成了祖宗,让婆家战战兢兢,如履薄冰。新城长公主却性情温柔,如一朵娇嫩的牡丹。

高宗更是得意,觉得妹妹给自己长脸,逢人就夸,自己的妹妹和历代公主相比有过之而无不及,用官方文字说就是:公主嫁到长孙家,和老公非常恩爱,可做天下楷模,是妇女界的榜样。

可惜,好景不长。

高宗妹妹的爱情开花结果,高宗自己的爱情也有了着落——他把武氏封为了皇后。可武氏一天天握紧了印把子,高宗能看得开,想做个五好丈夫,他老舅长孙无忌却不满了,带着重臣韩瑗等人站出来,指着武氏的鼻尖叫阵。

老头子还没做好万全的准备就去和一代女枭雄对战,结果被武氏先下手为强,长孙无忌家族被一网打尽,长孙无忌也自杀了事。

长孙诠是长孙无忌的族弟,其姐姐又是韩瑗的妻子,武氏自然也饶不了长孙诠。长孙诠被流放到巂州(今属四川凉山彝族自治州)。巂州刺史极度善于拍马,他知道皇后心里肯定希望长孙诠去死,他就弄死了长孙诠。

于是,新城长公主在结婚九年之后成为一个小孀妇。

她心里自然充满怨怼,对哥哥特别不满,可是,面对亲舅舅与亲哥哥、亲嫂子争权的这个结局,却只有内心痛苦,对外只能显示自己的大义。私下里,她表达出对老公的思念,"贯秋柏以居贞,掩寒松而立劲",期望做秋柏和寒松,为老公守节。

这当然不行。皇帝的妹妹必须和皇帝站在一条阵线上,不能给政治敌人守节。

无奈的新城长公主只得违背内心,改嫁给了名门出身的韦正矩。

五

韦正矩迎娶新城长公主的时候,公主还不到三十岁。为了安慰妹妹的丧夫之痛,高宗不仅给妹妹塞嫁妆,还破格给新妹夫韦正矩提升官职。开始,韦正矩只是个奉冕大夫,是给皇帝戴戴帽子、系系帽带的跑龙套角色;自从当了皇帝的妹夫,几年之内,他就做到了三品官,成为殿中监、驸马都尉,让所有官员羡慕。

可韦驸马表面光鲜,内心却纠结不已。因为新城长公主的心明显不在他身上,而是跟着长孙诠一块儿死了。韦正矩对她笑,她冷着脸;他讨好她,她也冷着脸……他的炽热感情好像都扔给了一堵墙。

闺中之事,外人难明,史官只看到表面现象,愤愤不平地说韦正矩"遇主不以礼"。其实,韦正矩待之以礼,关键是对方不领情。他剃头挑子一头热,最后就出现了争吵,甚至家暴。

长孙诠死后,新城长公主的身体一直不好,和新驸马常产生矛盾,身体自然更差。高宗觉得,都是由于长孙诠之死才造成今天的情况,为了良心的安稳,他在龙朔三年(663年)为新城长公主修建了建福寺来祈福。可这反而加深了公主和韦驸马之间的矛盾。是年三月,新城长公主骤然离世,一个人死在房里。

高宗愤怒了。他认为,这一切都怪那个该死的韦正矩不能让自己的妹妹高兴起来,当即派人赶到驸马府,将韦正矩拉到大理寺,下旨令三司审问。韦正矩无力辩驳,于是被杀。显然,高宗就是要韦正矩死,以此减轻自己心里对造成妹妹人生悲剧的愧疚。他首先判定韦正矩是凶手,然后让韦正矩拿出证据证明自己不是凶手。韦正矩拿不出,便只有死。

这桩皇家徇私枉法的事情一出,其负面影响就是以后没人想当驸马了,以至当时流传谚语说:"娶妇得公主,平地买官府。"娶到公主之后,自己算是将自己带进了官府大牢,离死只有一步之遥了。

当驸马当到这个地步,实在是悲剧。新城长公主又何尝不是一个悲剧?幸福有时真的和地位、权势等毫无关系。可惜太宗和高宗都不明白,白白误了宝贝女儿和妹妹的终身。

造梦谜想

宇宙无所谓荒谬，结局只是幻影

不是钥匙

＊罗伯特·谢克里

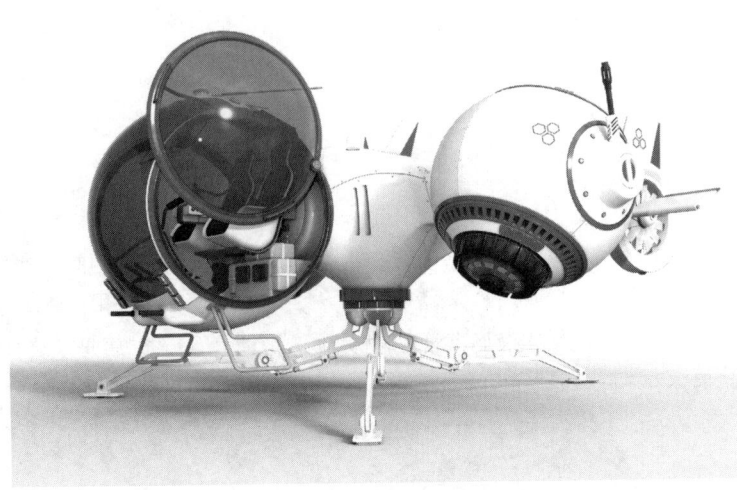

格利高尔坐在"AAA行星消毒公司"的办公室里,无聊地打着纸牌。他的伙伴阿诺尔德消失了一上午。

"嘿,伙计,我为公司挣了100万!"是阿诺尔德的声音。

过了一会儿,阿诺尔德推门进来,身后跟着四个工人。他们把一台体积庞大的黑箱子搬了进来,累得浑身是汗。

"这是什么?"格利高尔绕着箱子走了一圈。

"我们的100万啊!"阿诺尔德一边说,一边支付工人们搬运费。

"什么?"

"这可是个好东西,它是无偿制造机。今天早上我路过乔的星际旧货商店,发现了这个东西。他不识货,不认识这是个好东西,所以很便宜卖给了我。"

"我也不认识。"格利高尔说。

"你听过米尔奇星球吧?"

"那颗已经消亡的三级行星?"

"是的,它原本有着辉煌的文明,可后来消亡了。人们在那颗行星上发现了一些机器,是米尔奇人制造的机器。"阿诺尔德得意地说。

"不会就是这玩意儿吧?"格利高尔指着那台笨重的机器说。

"是啊,它叫米尔奇无偿制造机。"

"制造什么?"

"我还不知道,得查过米尔奇字典才知道。"

格利高尔将字典递到阿诺尔德手里,说:"你买它的时候就不问问它的功能吗?"

"我这不是在问字典吗?它能制造什么不是重点,重点是它可以不花一分钱就制造出东西。这个宇宙的空气、阳光,是它的动能。因此我们不需要支付电费、油费、修理费。只要有空气和阳光,它就能永远工作。很棒吧!"阿诺尔德说完便仔细地查看字典。

"阿诺尔德,我打断你一会儿。你是个化学家,我是个研究生态学的。我们鼓捣机器都不在行,更何况还是外星人的机器。"

阿诺尔德没有理睬格利高尔,他在一心琢磨机器的使用方法。他按下一个按钮,机器发出巨大的响声。

"阿诺尔德,我们公司是搞行星消毒的。你还记得吗?"

"你看,我可以启动它了。字典里写着:米尔奇无偿制造机,出自格劳丹实验室,不需要能源,只需要按下按钮,可以用不定钥匙关闭。多完美。"

机器依旧发狂般叫着,令人心烦。过了一会儿,从机器口出来一些灰色的粉末。

"看,有成果了。"阿诺尔德欣喜地叫着。

"这粉末是什么?"

"我不知道,得研究研究。"

阿诺尔德把粉末装到试管里,开始研究。而机器还在不断轰鸣着吐出粉末。

大概一个小时后,阿诺尔德惊叫着:"唐丹。格利高尔,是唐丹。"

"唐丹是什么?"

"你不知道唐丹?是米尔奇人的食物。一个米尔奇人,一年能吃掉好几吨唐丹。"

"食物?也就是说,这玩意儿不需要成本,就能源源不断地制造出吃的东西?这下我们要发财了。"

阿诺尔德立即拨通电话。

"是银河食品公司吗?我找你们经理。出去了?副经理呢?正在忙?你听着,我能提供大量唐丹,就是米尔奇人的食物。等一下?好的。"

"……是,是的,先生!太好了,你们经营……"

格利高尔凑上去,试图听清对方在说什么,可阿诺尔德用手挡住了电话。

"价格呢?什么,一吨五美元?好吧,虽然有点低……啊?您说的是五美分一吨?您别逗了。"

"好吧,是。不,不,我不知……是,是,对不起,打搅您了。"

阿诺尔德失落地挂了电话,看着格利高尔说:"银河食品公司说,在地球上只有50个米尔奇人,所以在地球上唐丹无法畅销。如果把唐丹运到米尔奇星球上,运费又太贵。"

格利高尔没说话,只是看着那台机器,它在不断生产灰色粉末,已经飘得满屋子都是。

格利高尔没办法,只能拿来扫把清理这些粉末。

过了一会儿,阿诺尔德放下手里的字典,说:"唐丹不光是吃的,还是很好的建筑材料。字典里说,只要将唐丹在露天环境下放上三天,它就能变得坚硬无比,跟花岗岩似的。"

"是吗?这真不错。"

"快,打电话给建筑公司。"

格利高尔拿出电话,拨通火星建筑公司的电话。接电话的是奥都尔先生。

"唐丹?这种建筑材料已经过时了,它不容易着色,谁会喜欢那么灰不喇唧的东西?如果你要卖给我的话。每吨15怎么样?"

"15美元?"

"15美分。"

"我得考虑一下。"

"我算了一笔账,格利高尔。如果这机器一天可以提供10吨唐丹,那么一年我们就有5.5万美元的收入,虽然不多,但足够付办公室的租金了。"

"我们得找个地方放这个大家伙。"格利高尔看着不断吐粉末的机器说。

"当然,我们得找个偏僻的地方放它。"

他们决定出售唐丹,格利高尔立马又给奥都尔打电话。但是奥都尔拒绝承担运费,要他们自己负责。这样一算,运费比售价都高,显然是个亏本的生意。

"你先把机器关了吧!"格利高尔说。

"好的,我用不定钥匙关了它。等等,我们没有不定钥匙。"阿诺尔德惊恐地说。

在未来的几个钟头里,格利高尔和阿诺尔德四处打电话,博物馆、科研机构、考古机构,全都打遍了,没人能告诉他们不定钥匙在哪儿能找到。

阿诺尔德突然想到了旧货商店的乔。他拨通乔的电话,问不定钥匙的事情。

"我如果有不定钥匙,就不会廉价把机器卖给你了。"乔回答。

公主的月亮

*詹姆斯·瑟伯

很久很久以前,在一个紧挨着大海的王国里,住着一位诺诺公主。她十岁,转眼就要十一岁了。有一天,因为吃了太多浆果馅饼,诺诺公主病倒在床上。

于是皇家大御医来了,又是问诊又是把脉,量完体温后还让她把舌头伸出来看。情况看起来不太妙,大御医派人通知了国王,也就是诺诺公主的爸爸。国王也来了。

"只要是你心所向往的,我都给你。"国王说,"你的心,渴求什么吗?"

"有啊,"公主说,"我想要那月亮。若是把月亮给我,我就会康复。"

国王的智囊团总能为他找来想要的东西,所以他告诉女儿,一定会为她摘下月亮。国王回到王座上,拽了拽铃绳,铃铛三长一短响了四声,进来了宫廷大宰相。

大宰相身高体胖,鼻子上架着一副厚厚的眼镜,足足把双眼放大了两倍,也使他看起来比原来聪明两倍。

"我派你给我把月亮摘下来。"国王说,"诺诺公主说要是有了月亮,她就能恢复健康。"

"月亮?"大宰相惊声喊道,眼睛睁得大大的,看起来比原来聪明四倍。

"对,月亮。"国王说,"月——亮——月亮。今晚就搞定,最迟明天。"

宫廷大宰相用手帕一抹额头,响亮地擤了下鼻子。"陛下,我曾为您立下汗马功劳,"他说,"刚巧我这里有一份清单,记录了我曾为您奉上的每一件物品。"说着,他从口袋里掏出长长一卷羊皮纸。

"现在,我们来看看。"他看了一眼卷轴,皱紧了眉头,"象牙、野猿、孔雀、红宝石、蛋白石、翡翠石、黑兰花、粉红象、蓝色贵宾犬、金甲虫、圣甲虫、琥珀里的苍蝇、蜂鸟的舌尖、天使的羽毛、独角兽的角、巨人、侏儒、美人鱼、乳香、龙涎香、没药、吟游诗人、流浪歌手、舞娘、一磅黄油、两打鸡蛋和一袋砂糖——不好意思,后面是我老婆写的。"

"我怎么不记得见过蓝色贵宾犬?"国王问。

"清单上明明写着蓝色贵宾犬,而且旁边还打了钩。"宫廷大宰相回答,"那就一定有蓝色贵宾犬,准没跑儿。是您贵人多忘事。"

"别管蓝色贵宾犬了。"国王说,"我现在要的是月亮。"

"为了您,我曾远涉重洋到撒马尔罕、阿拉伯和桑给巴尔岛,陛下。"宫廷大宰相说,"但是月亮就另当别论。它远在

35000英里之外,远比公主的卧房大。何况,它还是用熔化的铜做成的!我无法为您奉上月亮。蓝色贵宾犬,可以;月亮,不行。"

国王气不打一处来,叫宫廷大宰相赶紧滚出去,再把皇家大巫师传来见他。

皇家大巫师是个瘦小的男人,长着一张长脸,头戴一顶又高又尖的红色巫师帽,上面缀着银色的星星。身披蓝色巫师长袍,上面绣着金色的猫头鹰。当国王说要为公主摘下月亮,并将这项任务委派给他时,皇家大巫师的脸色唰的一下变白了。

"陛下,我曾为您立下汗马功劳。"大巫师说,"事实上,我的口袋里刚巧有一份清单,记录了我曾为您施展的每一个魔法。"他从法袍的深口袋里掏出一张纸,"开头是这样写的:'亲爱的皇家大巫师,我就此归还您所需的那颗贤者之石——'不,不是这张。"皇家大巫师从法袍的另一个口袋里掏出长长一卷羊皮纸。"瞧这儿,"他说,"我们来看看,我为您从芜菁里榨出汁,又把芜菁汁变回芜菁。我从丝绸帽子里抽出兔子,又从兔子里变出丝绸帽子。我为您凭空变出过鲜花、手鼓、鸽子,又把鲜花、手鼓和鸽子变消失。我献给过您预言之杖、魔术短杖和水晶球,每一件都能预知未来。复方媚药、万用软膏和魔药,专治心碎、饱食和耳鸣。我为您专门调制了牛扁、龙葵和鹰泪的混合剂,用以驱散邪术、恶魔和那些夜间出没的怪物。我为您奉上了千里靴、金手指和隐形斗篷……"

"那东西没用,"国王说,"隐形斗篷根本不管用。"

"当然管用。"皇家大巫师说。

"不,压根儿没用。"国王说,"我还是不停撞到东西,就和以前一样。"

"那件斗篷是让您隐形,"大巫师说,"不是让您穿越物体。"

"我只知道,我老是撞上东西。"国王说。

大巫师又低头看清单。"我还给过陛下,"他说,"仙境的号角、睡魔的魔沙、彩虹上的黄金。还有一卷纺线、一包绣花针和一块蜂蜡——不好意思,这些是我老婆写给我去买的东西。"

"我现在要你做的,"国王说,"是把月亮给我。诺诺公主想要月亮,只有这样她才会康复。"

"谁也别想得到月亮。"大巫师说,"它远在150000英里之外,是颗用绿奶酪做成的大球,尺寸是这座宫殿的两倍。"

国王再次发飙,让皇家大巫师滚回自己的地窖。铃铛长鸣,国王传唤皇家大数学家来见他。

皇家大数学家是个近视眼,秃秃的脑袋上有一顶无边帽,两只耳朵上分别夹着一支铅笔。他黑色的西装上写满了白色的数字。

"我不要听你从1907年开始翻旧账。"国王说,"我要你现在就告诉我,怎么才能为诺诺公主摘下月亮。只有这样她才能重新恢复健康。"

"真高兴您提到那些从1907年起我就为您解开的难题。"皇家大数学家说,"刚巧我随身带着一份清单。"

他从口袋里掏出一卷长长的羊皮纸,然后照着读了起来:"来,一起看看,我为您计算过'进退维谷'的'谷'有多深,黑夜与白昼分别有多久,从字母A到字母Z有多远。我计算过'离我远点'是要走多远,'再过不久'是要过多久,'快点消失'是要多快。我发现了传说中的大海蛇的身长,无价之宝的实际价格,以及一头河马所占的面积。我知道您急得七上八下时,究竟是'七上'还是'八下',多少沙粒才算沙堆,还有用大海里的盐能抓住多少只鸟——如果您想知道,我可以告诉您,187796132只。"

"没有那么多鸟。"国王说。

"我也没说有,"大数学家说,"我只是假设。"

"我不想听你胡扯那一亿多只想象中的鸟,"国王说,"我要你为诺诺公主找来月亮。"

"可它远在300000英里之外,又圆又扁像一枚硬币,不仅是用石棉做的,面积还有半个王国那么大。最糟的是,它牢牢地粘在天空上,谁也拿不下来。"

国王气得脸红脖子粗,让皇家大数学家赶紧从眼前消失。然后他摇铃叫来了宫廷小丑。

打扮得五颜六色的小丑蹦蹦跳跳地来到国王面前,帽子上的铃铛叮当作响。他在王座边坐下,问道:"有什么能为您效劳的吗,我的陛下?"

"谁也帮不上我的忙,"国王悲伤地说,"诺诺公主想要月亮，否则就一直卧病在床。可谁都办不到。每次我征询他们的建议，结果他们描述的月亮一个比一个大，一个比一个远。我想你也无能为力，就用你手中的鲁特琴，为我弹一首悲伤的曲子吧。"

"那么他们说月亮有多大呢？"宫廷小丑问，"离我们又有多远呢？"

"宫廷大宰相说有35000英里远，比诺诺公主的卧室大。"国王回答，"皇家大巫师说有150000英里远，比这座宫殿大上两倍。皇家大数学家说在300000英里开外，尺寸能抵上我们的半个王国。"

宫廷小丑漫不经心地弹拨了几下鲁特琴。"他们都是有学问的人，"他开口了，"所以他们说的想必都对，那么月亮就一定和他们每个人以为的一样大、一样远。我们应该问一问诺诺公主，她觉得月亮有多大、有多远。"

"我怎么就没想过？"国王说。

"就让我去问吧，陛下。"小丑说完，轻手轻脚地进了小公主的卧房。

诺诺公主还没有睡，见到小丑进来她很高兴。可是，她的脸色苍白，声音也很虚弱。

"你把月亮带来了吗？"她问。

"还没有，"小丑回答，"再耐心等待一下。您觉得月亮会有多大？"

"它比我的拇指盖还小，"她说，"当我用小拇指对着月亮，正好可以遮住它。"

"那它离您有多远呢？"小丑问。

"不会比窗前那棵大树更高了。"公主说，"有时候它会卡在树梢之间。"

"要为您摘下月亮，不费吹灰之力。"宫廷小丑说，"只等今晚它在树梢出现，我就爬上去摘给您。"

紧接着，他又想起了什么。"公主，月亮是用什么做成的？"他问。

"哦，"她说，"当然是金的，笨。"

宫廷小丑离开诺诺公主的房间，径直去找皇家金匠，让他打造了一颗小小的金月亮，就比公主的拇指盖小一圈。最后配一条金链子，刚好可以让公主把它戴在脖子上。

"你让我制作的这件东西，是什么？"皇家金匠问。

"您造了颗月亮。"小丑回答，"这是月亮。"

"可是月亮……"金匠说，"应该在500000英里之外，青铜制，圆得像颗弹珠才对。"

"那只是您的想法。"宫廷小丑说着离开了。

小丑把月亮交给公主，她高兴坏了。第二天早上她就完全康复了，还下床去花园里玩耍。

然而国王的烦心事没有完。他想到今晚，月亮会像往常一样升上夜空，诺诺公主看到后会知道自己脖子上吊着的不是真正的月亮。

国王派人叫来了宫廷大宰相。"我们不能让诺诺公主看到今晚月亮高悬空中，快想想办法。"

宫廷大宰相用指头敲着脑门儿，陷入沉思。"我有个好主意，让公主戴上一副漆黑的墨镜，透过镜片无法看到任何东西，她也就见不到夜空中的月亮了。"

国王勃然大怒，脑袋从左边摇到右边："她要是戴上那样的墨镜，就会撞得东倒西歪，马上又躺上病床了。"他赶走大宰相，叫来了皇家大巫师。

"我们得把月亮藏起来。"国王说，"这样的话诺诺公主就不会在今晚看见月亮在夜空中闪耀。你说我们该怎么做？"

皇家大巫师先用双手倒立，又用脑袋倒立，最后用两只脚站好。

"我知道该怎么做了。"他说，"我们可以在城堡的尖顶上挂起黑丝绒幕布，罩住整座宫殿花园，就像马戏团的帐篷那样。待在里头的诺诺公主看不见外面发生的一切，包括天上的月亮。"

国王听得火冒三丈，挽起袖子就要抢拳头。"黑丝绒幕布会阻断空气流通。"他说，"诺诺公主没法呼吸，又会病倒的。"他让皇家大巫师出去，另召来皇家大数学家。

"我们得采取措施，"国王说，"不让诺诺公主见到今晚的月亮。你的知识那么丰富，倒是想个办法出来。"

皇家大数学家先沿着圆圈踱步，又绕着方块走路，最后他停下了脚步。"我想到了！"他说。

"每天晚上我们都在花园里举办烟花表演。那些火树银花一旦上天,就会将整片夜空映衬得金碧辉煌,和白昼没有分别。这样一来,诺诺公主就看不到月亮啦。"

国王大发雷霆,气得跺脚。"烟花表演会让公主睡不着觉,"他说,"缺少睡眠的她,马上就会一病不起。"最后国王把大数学家也打发走了。

国王抬头看见夜幕已经降临,月亮的光晕正爬上地平线。他吓坏了,赶紧摇铃唤来了宫廷小丑。小丑蹦蹦跳跳地进来,在王座边坐下。

"有什么能为您效劳吗,我的陛下?"他问。

"谁也帮不上我的忙,"国王悲伤地说,"月亮又要出来了。当月光洒向公主的房间时,她就会发现月亮还在天上,并不在她脖颈儿的金链子上挂着。就用你手中的鲁特琴弹一首特别悲伤的曲子吧,因为公主很快就会看到月亮,然后再次病倒。"

宫廷小丑漫不经心地弹拨了几下鲁特琴。"您的智囊团有什么建议吗?"他问。

"他们出的那些藏月亮的馊主意,全都会让诺诺公主生病。"国王回答。

宫廷小丑又弹了一首温柔的乐曲。"您的智囊团无所不知,"他说,"如果他们都无法办到,那月亮就根本藏不起来。"

国王把头埋进双手中,连连叹气。

突然,他从王座上一跃而起,指着窗外。"看!"他大喊,"月光已经照进诺诺公主的卧房。现在谁能向她解释,为什么月亮既挂在天空中,同时又挂在她脖子的金项链上?"

宫廷小丑放下手中的鲁特琴。"当您的智囊团说月亮又大又遥远,没人可以得到时,是谁给出了正确的答案呢?是诺诺公主自己。所以说,公主比您的智囊团更聪明。关于月亮,她知道的也比他们更多。我去问问她。"在国王阻止他之前,小丑就悄无声息地离开了,登上宽宽的大理石台阶去诺诺公主的卧室了。

躺在床上的公主,没有一点睡意,看着窗外皎洁的明月挂在半空。在她手中闪烁的,正是小丑送她的月亮挂饰。小丑看起来很伤心,眼中似乎含着泪。

"告诉我,诺诺公主,"他的语气很悲哀,"月亮明明已经挂在您脖子上了,为什么还在夜空中发光?"

公主看着他,笑了。"道理很简单,笨。"她说,"当我掉了一颗牙,就会在原处长出一颗新牙,没错吧?"

"当然!"小丑说,"当森林里的独角兽失去了角,就会在额头中间长出一只新的。"

"是啊。"小公主说,"当皇家园丁修剪掉花园里的鲜花时,新的花就会开出来呀。"

"我怎么就没想到。"小丑说,"就像新的一天总会到来。"

"月亮不也如此吗?"诺诺公主说,"我想,万事万物都是如此。"她的声音越来越轻,几乎要听不见了,小丑看着她进入梦乡。他轻轻为熟睡的公主盖好被子。

在他离开卧房之前,小丑来到窗口,对月亮眨眨眼睛,因为月亮刚刚也对他眨了眨眼睛。

小矮人

* 斯·姆罗热克

从前有个挂牌"小小"的矮人剧团。这是一个很认真的常设团体,每周至少有四场演出,大胆涉猎了所有剧目。文化和旅游部因而把它提到了样板矮人剧团的水平,并授予了一个新的名称,这个扩大了的叫法是"中央小小",对此谁也没有感到奇怪。这个剧院有良好的工作条件,在这里找到一份差事,成了每一个业余或职业的矮人演员的梦想。不过,这家剧院编制早已配备齐全,拥有精兵强将。有个矮人是剧团最杰出的明星,他表演情人和英雄的角色,因为他最矮小。他大获成功,收入可观,评论界对他天才的演技赞不绝口。他甚至把哈姆莱特也演得惟妙惟肖,尽管他在舞台上走动,观众压根儿就看不见,因为他太小了,是无可比拟的、纯种的小矮人。剧目都是我们普通人的内容,小矮人的形式。剧院得以存在,首先是由于他的功劳。

有一次,他在化妆室里化妆——那是在《勇敢的包莱斯瓦夫》首场戏公演之前,他担任剧中的主角——突然发现镜子里没有照出他的金皇冠,可皇冠明明戴在他的头上呢!过了一会儿,他出台的时候,皇冠碰到了上方的门框,掉落到地板上,像个铁壶盖子一样在地上滚,还发出金属的铿锵声。他拾起皇冠,走到前台。第一幕结束后他回到后台化妆室,本能地低下了头。"中央小小剧院"的房子是根据剧团的比例特为它建的——由官方补贴,用大理石和从遥远的新西伯利亚运来的人造黏土建成的。

《勇敢的包莱斯瓦夫》一幕一幕往下演,而我们的演员在进出化妆室时都习惯地低下头。他偶尔会瞥见剧院老理发师的目光正停留在自己身上。理发师也是个矮人,但还不够矮小,由于太高,就不能登台演出,只能做些辅助工作;他怨天尤人,灵魂深处对一切事和每个人都充满了妒忌。他的目光是那样专注,那样阴沉。小矮人怀着不快的心情走上舞台。过了一段时间这种不快心情仍然没有离开,他每天带着这种不自觉的感情睡去,又带着它醒来,虽然极力想摆脱它。他自我欺骗,佯装没有发现自己有什么不快,下意识地去抵制心中早已萌发的怀疑。时间并没有给他带来平静。恰恰相反,有一天,他从化妆室走出来的时候,同样不得不低下头,尽管头上没戴皇冠。不料在过道里他又跟理发师擦肩而过。

这一天他决心正视现实。他在自己雅致的套间里,拉上窗帘,给自己测量了身高。这一测量说明了一切。再也不存在什么幻想,他长高了。

傍晚,他瘫倒在沙发上,喝着一杯格罗格酒,一动不动地望着也是矮人的父亲的相片。第二天他砍掉了鞋后跟。他希望长高只是一种过渡现象,或许过些时候又能缩回去。在一段时间里,砍掉的鞋后跟确实帮了他的忙。终于有一回他走出化妆室,正好老理发师在场,便故意挺了挺胸脯,额头上却碰了个大青包。他从那人的眼中看到了讥讽。

他为何长高了?他体内的生长激素为何过了这么多年突然从昏睡中苏醒了?他抓住了某种假定。他记得,宣传中经常出现这样的口号:"在我国,人的平均身高增长了……"是普通人的身高?不错,难道说矮人也长?为防万一他不再听广播,不看报。但是,无情的岁月却使他的身高一毫米一毫米地不断增长。

剧团已经发现了吗?有几次他看到老理发师在幕后的角落里跟一些演员窃窃私语,他一走过去,絮语声便戛然而止,换成了毫无意义的闲扯。他留心观察伙伴们的面部表情,但是从他们脸上什么也看不出来。走在街上越来越少碰见老太太对他说"小家伙,你跟妈妈走丢了吗",倒是第一次听见有人对他说"请问,先生……"他回到家里,倒在小床上一动不动地躺着,眼望着天花板。可是后来他不得不改变姿势,因为他的双脚伸出了小床外,麻木了,这张小床对于他来说已经太短了。

终于,他对"中央小小剧院"的同事们也没有什么可怀疑的了。他们都已看到,或者都已猜到是怎么回事。昔日热情洋溢的评论也沉寂了,对他的赞扬也愈来愈少。遇见的都是同情或嘲弄的眼神。或许这只是他那亢奋的想象力在起作用?幸好领导没有改变对他的态度。在《勇敢的包莱斯瓦夫》演出中他获得了很大的成功,当然不像演《哈姆莱特》那样成功,但毕竟也是很成功的。领导照常毫不犹豫地指定他扮演《黑衣骑士》中的主角,这个剧已经贴出了海报。

排练过程中尽管他很痛苦,但并没有经历什么特殊困难就实现了首次公演。他坐在镜子前面,不看镜子就化好了妆。舞台监督按了铃,他从座位上沉重地站起来,不料脑袋竟撞碎了天花板上的电灯。他转身朝门口走去。整个剧团的人在灯光明亮的过道上站成个半圆圈,理发师站在中央。理发师身边站的是剧团里另一位扮演情人的演员,同样很有才华,但迄今他只能演B角,就是因为高出了几厘米。两人默默对视了片刻。

他不得不同剧院告别了。后来随着身高增长,他变换过几种职业,在青年剧院跑过龙套,当过跑腿的,在有轨电车线上扳过道岔。他常常要穿皮大衣一动不动地站在铁轨交叉点上——已是个中等身材的成年男子了。但他主要是靠变卖在光辉时代购置的衣物为生。后来他又长高了一点就没有再往上长了。

他经受过怎样的痛苦?他有什么感觉?他的姓氏早已从海报上消失了,早已被人忘到九霄云外。他在保险部门当了个职员。

这样又过了许多年,在一个星期六的下午,为了度过周末的自由时间,他走进了矮人剧院。他坐在观众席上高兴得适度,笑得也适度,并不曾表露过分的兴趣。一边看表演一边剥着薄荷糖糖纸。散场后,他来到衣帽间,穿上了深蓝色的长大衣,扣上了扣子,满意地嘘了一口气,因为等着他的是一顿可口的晚餐。

"不错,一群很好玩的小矮人。"他自言自语地说。

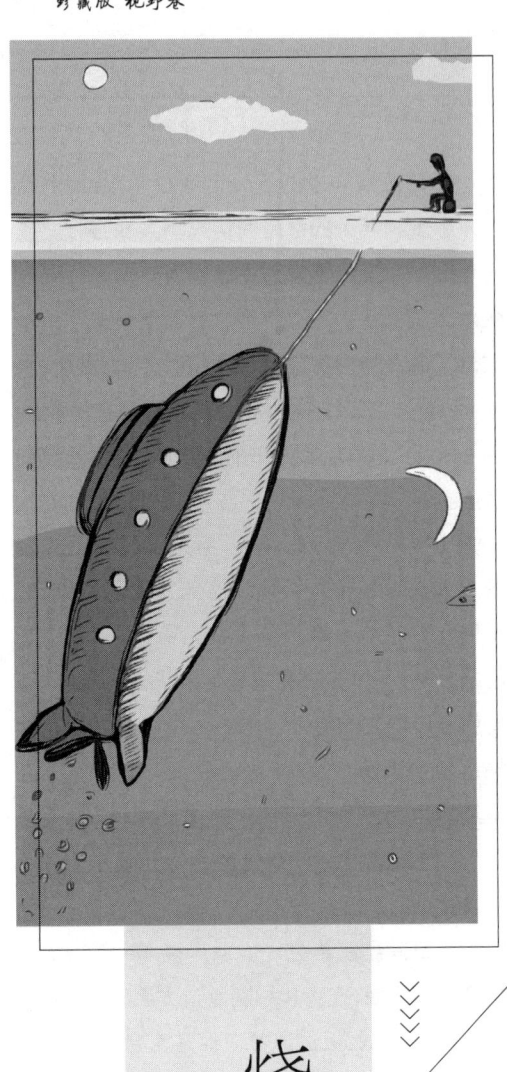

烧火工

*刘慈欣

萨沙站在极东岛上，看着帆船在海天连接处消失，知道自己被扔在世界尽头了。他打量四周，这个世界最东面的孤岛像一块露出海面的锈铁，毫无生机。

萨沙向岛内走去，连日的晕船让他步履虚飘。岛很小，他很快走到了岛中央，看到一座小丘上有一个黑洞，像一只盯着他的怪眼。洞的周围散落着一层黑煤灰，他知道这是一个矿井。在洞旁边的空地上有一口大铁锅，安放在高大的石灶上。他从没见过这么大的锅，倒扣过来能做一个大房顶，那也是他见过的最大的房顶。

萨沙以前没见过很大的房子，因为他没出过远门，自从爱上冰儿，世界的其余部分对他再也没有吸引力了。但这次为了冰儿，他一下子就来到了世界的尽头。

石灶里没有火，空气中充斥着奇怪的油腥味，是从大锅中散发出来的。

矿井里深不见底，但萨沙发现黑暗深处有一点摇曳的火光，后来他看清了，那是一辆缓慢上行的矿车上的火炬。直到走近，他才发现矿车是被一个人拖着的。堆满煤块的小车沿着破旧的木头轨道吱吱呀呀地移出井口。阳光照到矿工身上，萨沙看到他是一个细高的老头，干瘦黝黑，像一段从煤层中挖出来的枯树根。

"帮帮我。"老人说。于是萨沙到后面去推车。车到大锅旁的煤堆边停了下来，看来这个小矿井中出的煤全部用于烧这口大锅。

老人筋疲力尽地靠着车轮坐在地上，喘息着。

"我来找您，我来求您。"萨沙说。他不用问这人是谁，就知道肯定是他要找的，因为极东岛上只住着这一个人。

"我有什么好求的，一个烧火的，一辈子吃苦受累的命。"老人摆摆手说。

"地上的每一个人，在天上都有一颗属于他的星星。如果那颗星星出了毛病，星光照不到那人身上，那人就病了；如果星光长时间暗下去，那人就得了绝症。"

"这谁都知道。"

"您有一本大书，能从里面查出每个人的星星在什么地方。您还能登上天，把出毛病的星星修好。"

"你病了？"

"我爱的女孩病了，绝症。我知道给您钱没用，但如果您能修好她的星星，我为您做什么都行，我为您去死都行！如果您不答应我，我就死在这岛上，没有她我活不下去。"

"这就是爱了？"老烧火工抬头看着萨沙，发散的目光费力地聚焦在他脸上，略带嘲讽地笑着，但似乎对他有了些兴趣。

萨沙没再说话，默默地跪在老烧火工旁边。

"你不用去死，接我的班吧。"

"好的，我接您的班，在这岛上当一辈子烧火工！"

老烧火工不动声色地看了萨沙一会儿，突然摇着头笑了起来："以前来的那些人也都这么说。等我把他们让我修的那些星星修好，他们就都走了。"

"我不会走的，我会接您的班，我发誓！"

老烧火工吃力地站起身，捶着腰说："那就试试吧，我只能每次都试试，我还能有什么别的选择？"

老烧火工和萨沙开始为登天修星星做准备。

首先要造火药，老烧火工干得磨磨蹭蹭、漫不经心。萨沙心急如焚，因为在家乡的小镇中，冰儿的病正在一天天加重。

"快有什么用？"老烧火工指指天空，不耐烦地说，"离上弦月出来还有好几天呢。没有上弦月，怎么登天？"

萨沙每天夜里睡觉前都盯着星空看，盼望着上弦月的出现，那是冰儿的生机。

三天后，火药总算配好了，装了满满的一大鲸皮口袋。

下一步就是造火箭了。火箭造完后，老烧火工又带萨沙去猎鲸——这是登天前的最后准备。

这天入夜，上弦月终于出现了。当上弦月在夜空中移动到合适的位置时，他们开始登天。

老烧火工把长绳的一头固定在一支鲸骨火箭的尾部，然后把火箭竖立在鲸骨制成的简易发射架上，最后用一个细长的火炬从尾部点燃了火箭。火箭拉着长绳从月牙正上方越过，随后熄灭坠落，把绳子搭在了月牙上，就像挂在星空中的一个大钩子上。月牙在星空中停止了移动，它被锚固定住了。

老烧火工拿起一把斧头说："你年轻力壮，本该先上的。但你是第一次登天，我就先上，再把你拉上去。照我说的去做！"

老烧火工挥起斧头，砍断了与自己和货物相连的长绳那一端在锚上的绳结，自己就和货物一起被移动的月亮吊起来，很快变成了夜空中的一个小黑点。小黑点最后升到月牙上，消失在它的银光里。

很快，月牙又停止了飘移，显然老烧火工在上面把绳子固定住了。这时月亮和地面只有一根绳子相连，萨沙感觉它很像一只银色的大风筝。

萨沙把自己身上的绳头与长绳连接起来，又等了一会儿，就用斧子砍断了锚上的最后一个绳结。萨沙立刻被月亮拖着飞跑起来，转眼间就被拖到了海里，在海面上飞快地滑行。萨沙死死地抓住鲸皮绳，感到头晕目眩。海浪似乎变成了很硬的东西，他的脸和身体被打得生疼。

他沐浴在月亮的银光中，那是冷光，没有一点儿热度。萨沙最后升上了新月的凹曲面，等于登上了这艘银光之船的甲板。银亮的月面在他的两侧向上翘起，最后缩成了两个指向上方的银尖。

"你那个女孩的全名叫什么来着？"老烧火工问道，同时翻开了一本大书。上面画着密密麻麻的星座，老烧火工只扫了两眼，就确定了他们要去的方位。

老烧火工和萨沙在月牙的两侧开始划桨，月亮缓缓改变了自己的飘移方向，向着属于冰儿的星星飞去。

月牙行驶了两个多小时，老烧火工停止划桨，拿起大书，把那一页的星座模样与周围对照，然后宣布他们到了。

"冰儿的星星是哪一颗？"萨沙急切地问。

老烧火工伸手划了一个范围："这一片都是。重名的人很多，但我们只需找到星光暗淡的那颗。"

他们在这群属于冰儿们的星星中寻找着，老烧火工首先发现了那颗暗星。在周围星星的璀璨银光中，它暗得几乎看不到，但老烧火工的话安慰了萨沙。

"她还活着，只是星星上落了灰尘，擦擦就行了。"

老烧火工拿出一块柔软的海绵，老人很细心，还带来一小瓶清水，洒了一些到海绵上，然后递给萨沙。萨沙仔细地擦拭着冰儿的星星。随着灰尘被拭去,星星迅速亮了起来并开始闪烁,萨沙沐浴在它的银光中。他发现这是一颗很美丽的星星,六角形,结构对称而精致,像一片晶莹剔透的水晶雪花。萨沙仔细地擦拭着已经很干净的星星,星星在他手中发出仙乐般的风铃声,与闪烁的银光一起,如梦似幻。如果不是老烧火工催促,他可能永远也不会放手。

"行了行了,已经擦好了,放回去吧。"

萨沙恋恋不舍地松开手。冰儿的星星闪烁着,发出悠扬的丁零声,轻盈地飘回它在星空中的位置。

"你放心,那女孩的病明天就会好的。"老烧火工说着操起了桨,"该回去了,还有活儿要干,误了烧火可是大事。"回程与月亮自然飘移的方向一致,所以速度很快,划桨只需调整方向就可以了。

以后的日子里,萨沙只有等待,等待从大洋那边传来冰儿的消息。他每天都帮老烧火工干活儿,他们一起猎鲸、采煤,但老烧火工仍然一次也没有带萨沙去烧火。

四十天后,终于有一艘帆船经过极东岛。船长给萨沙捎来了一封信,那信像小太阳一样使萨沙的世界由阴转晴。那是冰儿的信,她说自己的病在一夜间突然就好了,之后虚弱了一段时间就完全恢复健康。她盼着他回去。

老烧火工疲惫地坐在旁边铁锈色的岛岩上。他已经猜到了信的内容,无力地对萨沙挥挥手:"走吧,回去吧,我知道会这样的,以前都这样。"

"不,我发过誓,我要接您的班。"萨沙说着,小心地把信叠好装起来。他送走了摇头叹息的船长,和老烧火工一起看着帆船消失在海天一线处。

"我知道你会留下,所以才费那么大劲去登天。"老烧火工有些狡猾地笑了。

"我是个守信的人。"

"不,不,这和信用没关系,"老烧火工脸上现出神秘的庄重,"你懂得爱。"

"那今天夜里……"

"孩子,今天后半夜我带你去烧火。"

这天夜里没有月亮。在后半夜微弱的星光下,老烧火工和萨沙把两大木桶鲸油搬到小船上,然后扬帆出海。

"一年三百六十五天,每天烧火的时间是不同的,不能早也不能晚,否则会乱了时令的。"老烧火工指着书里的一张表格说。

萨沙盯着前方的海面看,那里出现了一座黑色的小岛。借着夜空的背景,萨沙看出岛的形状是一个弧形。那弧形十分完美,像一口倒扣的大锅。这只是一个巨球浮出水面的一小部分。

不用问了,他知道这就是太阳。

小船轻轻地靠近了太阳。老烧火工先跳下海,然后再爬上太阳,把两桶鲸油均匀地洒在太阳表面。

"烧火的时间到了。"老烧火工说。他带着萨沙走下太阳,登上小船。

老烧火工从船上取下燃烧的火炬,犹豫了一下,把火炬递给萨沙。萨沙把火炬扔向太阳,火炬在空中翻滚着,落在那漆黑的表面上,点燃了鲸油,黑色球面上腾起一片蓝色的火焰。

"不要傻看,快走!你想被烤焦吗?"老烧火工对萨沙大喊。两人操起船桨拼命划起来。

小船划出一段距离后,太阳被点燃了,海面上出现了一团金光。

太阳开始升起,随后升出海面的部分立刻被点燃,那个光芒四射的弧形渐渐扩大。太阳周围的海水沸腾着,涌出大片蒸汽,使那片海如云海一般。

世界上大部分人看不到这里海面的情景,他们只看到一轮红日从东方升起。

小船划到了安全的距离,这时萨沙才发现他们的湿衣服早冒出了蒸汽。回头看,太阳已经完全升出了海面,新的一天开始了。

老烧火工指着初升的太阳说:"它升到高空,被那里的强风向西吹,到西边后风小了,太阳就降到海里,被水浸灭了,然后被海下的暗流带向东方,凌晨时到达这里并浮起来,我们再点燃它。这就是烧火工的工作,要有责任心,不能出差错。每天凌晨如果我们不烧火,黑夜就不会结束。"

太阳越升越高,世界从黑夜中复苏,海面上有飞鱼腾起,一群雪白的海鸥向日出的地方飞去……萨沙,年轻的烧火工,伸出双手抚弄着阳光。

让他最感欣慰的是,这阳光也有冰儿一份。

隔绝

贝纳尔·韦尔贝

"从你一生下来开始,所有的东西就都已经在你的脑子里了。你要做的就是向别人传授你的知识。"

他的父亲是这样跟他解释的。

所有东西都在我脑子里,所有东西都已经在我脑子里了……

他原本一直以为只有在旅途中不断积累才是了解这个世界的有效途径,但是,他还用去不断发现他已经知道的,或者早就该知道的东西吗?这个念头一直困扰着他。所有的东西都已经在脑子里了……什么都不用学了……自己给自己揭示所有的奥秘……一个呱呱坠地的婴孩已经是一个圣人了,这可能吗?一个还在腹中孕育的胎儿已经拥有了渊博的学识,这有可能吗?

古斯塔·鲁博莱医生远近闻名,已婚,两个孩子的父亲,邻居们都很尊敬他。但是,就是这个小小的念头,这个不经意闪过的念头把他弄得不得安宁。

他把自己关在房间里苦思冥想,再也管不了其他的事情了。

"所有的东西都已经在我的脑袋里了。"他不断地自言自语,"也就是说,活在这个世上已经没有任何意义了。"

他想起了赫丘里·波罗,那个阿加莎·克里斯蒂笔下的大神探，他穿着拖鞋，坐在沙发上就能破解一桩桩谜案。古斯塔把自己关在房间里好长时间。妻子很尊重他的这种心路历程，为了不打扰他，悄悄送来了饭菜。

"亲爱的，"古斯塔叫住她，说道，"你知道是什么在困扰我吗？活着根本没有意义。什么都学不到，一切只是在重复学习已经知道很久的东西。"

她轻轻坐到丈夫旁边，温柔地对他说：

"请原谅，古斯塔，但是我不是你。我上学的时候，学习历史、地理、数学，甚至体操。我还学了自由泳、蛙泳。后来我跟你结了婚，又学到了夫妇间该如何相处。接着我们有了孩子，我又学习怎样教育他们。在经历这些之前我一无所知。"

古斯塔心不在焉地嚼着一块面包，说道：

"你确定吗？你不觉得吗，只要认真地自省一下，哪怕不出这个房间，你就可以更新你所有的知识？我个人觉得，就这几天时间，在这个房间里，我已经领悟到了绕地球两圈才可以学到的东西。"

妻子忍不住反驳道：

"如果你已经绕地球一圈了，那你该知道中国人怎么生活吧？"

"我知道啊，我自己研究出来的。我曾经问自己：地球上所有的人都是怎么生活的呢？于是，我的脑海里就闪电般浮现出一幅幅他们生活的画面，就像一大堆动画片一样。在我之前，成千上万的隐修士已经经历过这样的思想历程了。"

妻子瓦蕾摇摇头，一头红色的秀发也随之飘舞。

"我觉得你可能搞错了。当你生活在一个封闭的环境里，你的眼界也会变得狭窄起来。现实的空间远远大过你脑袋的空间，看来你是低估了这个现实世界。"

"不是，是你低估了人脑的强大力量。"

瓦蕾并不想跟他争吵，她不再继续据理力争，而是默默退了出去。而她的丈夫，他不再接待病人，不再见任何人，甚至连他的孩子也不见。只有瓦蕾才能见到他，不过还要答应他不能说任何外界的事情来打扰他。

时间一天天过去了，瓦蕾还是一直给他送吃的、喝的，照顾他的起居，默默地支持他。虽然她不同意丈夫的观点，但是她还是选择不去打扰他。

古斯塔日渐消瘦。

古斯塔对自己说，如果人一定要吃喝睡觉的话，他就永远不会真正得到自由，所以一定要摆脱睡眠和食物的奴役。

他开始在一块大黑板上不停画图，然后订购了一大堆电子工具。他请来了几位老同事，每天在一起算啊，做啊，鼓捣不停。

古斯塔向他妻子解释说：

"问题的重点，是这副身体。我们都被肌肉包裹着，里面充满血液、骨骼。而这一切，时时刻刻需要给养，需要消耗，这简直就是折磨嘛。我们要保护好身体，不能让它饿着，不能让它冻着，病了的时候还要照料它，还需要食物和睡眠来保证全身的血液循环。可是，大脑呢，它的需要就少多了。"

瓦蕾听着有点不敢相信。

"……大脑的主要活动被太多的肌体活动浪费了——对身体的保护和给养占用了太多的能量。"

"可是我们的五种感觉呢？"

"我们被感觉欺骗啦！我们曲解了它们传达给我们的信号。我们天天苦于如何认识这个世界，结果我们却生活在假象里。我们的躯体控制了我们的思想。"

他拿起一个杯子，翻转过来，水洒落到了地毯上。

"身体和思想，就好比容器和它里面装着的东西。没有杯子，水依然存在，所以没有身体，思想也就不会再被束缚。"

一时间，瓦蕾有点疑惑，她丈夫是不是已经疯了。她连忙惊慌失措地反驳：

"但是，脱离了身体，人就是死的了。"

"不一定。我们完全可以在保持思想的情况下脱离身体。只要把大脑保存在营养液里就可以了。"

瓦蕾恍然大悟，原来黑板上那些看似乱七八糟的图画是有意义的。

某个星期四，手术按计划进行了。在场的有瓦蕾、他们的孩子，以及几位他非常信任的科学家朋友。古斯塔将要脱离他自己的身体了。为了达到绝对的与世隔绝，他决定给自己做这个世界上最彻底的外科切除手术：身体切除手术。

几位同事小心翼翼地打开了他的头盖骨，就好像打开汽车引擎盖一样。他们把这块圆溜溜的骨头放在一个铝制的容器里，对古斯塔来说，这也许就是一块毫无用处的盖子吧。粉红色的大脑安安静静地躺在里面，微微地蠕动着，仿佛是由于麻醉而陷入了沉沉的睡梦中。

外科医生们一点点切除着大脑与身体之间纷繁复杂的联系。他们首先切除了视觉神经、听觉神经，然后又割断了给大脑供血的颈动脉，最后他们谨慎无比地把脊髓从脊椎骨中分离了出来。他们麻利地将大脑取了出来，立刻放进了一个装满透明液体的玻璃缸里，这样，大脑上的动脉就可以立即吸取里面的糖分和氧气了；而视觉神经和听觉神经则被封住了。外科医生们还设置了一个恒温系统来保证营养液和浸在里面的大脑的温度一直保持正常。可是，那副躯壳怎么办呢？

古斯塔早就准备好了。

在事先已经拟好的遗嘱里，他要求不要把他的身体安葬到家族墓地里。科学解放了他的思想，所以他也要用自己的躯壳向科学致敬。他把自己的内脏、肌肉、骨骼、血液乃至所有各种各样的体液，都毫无保留地捐给了科研事业。

一直站在一旁的儿子问：

"爸爸死了吗？"

"没有。他一直活着，只不过……他变了个样子。"忧伤的瓦蕾一边说一边禁不住浑身颤抖。

这时候，小女儿忽然大叫一声：

"你是说，现在，爸爸，就是那个东西？！"

她一边叫一边用手指着那个泡在营养液里的大脑。

妈妈回答：

"是的。从今以后，你们再也不能跟他说话了，也听不到他说话了。但是，爸爸还是会时刻挂念着你们的。至少，我是这样感觉的。"

瓦蕾清楚地认识到了眼前的形势，孩子将在没有父亲的环境中成长，而她也没了丈夫。

"那我们怎么办呢，妈妈？"小女儿一边问，一边用手指着那个玻璃缸。里面那团粉红色的东西缓缓地上下浮动。

"我们把爸爸放在客厅里，这样我们还是可以天天看见他。"

一开始，玻璃缸被稳稳地放在客厅正中央，它闪烁着庄严的光芒。大家都还像从前看待古斯塔那样尊敬它：家庭里的杰出成员。

渐渐地，孩子们开始觉得它像一大棵暗红色的蔬菜一样漂在水里。

"爸爸你知道吗？今天我考了好成绩。不知道你是不是能听见，但是我觉得你一定很高兴，是吗？"

瓦蕾注视着跟玻璃缸说话的孩子，眼神仿佛已经洞穿一切。好几次，她也这样跟玻璃缸说话，问怎样维持生计。古斯塔以前在家庭理财方面很在行，所以瓦蕾幻想着能有一个答案穿过玻璃缸直接送到她面前。

而住在玻璃缸里的古斯塔·鲁博莱医生则一直在静静地思考着，再也没有感官刺激来打扰他了。起初，很自然的，他也曾想过这个决定到底对不对，想到他的家庭、他的朋友、他的那些病人，就这样把他们都抛弃了，他甚至感觉到一丝内疚。但是，敢为天下先的思想很快又占了上风，他正在进行的是一项独一无二的体验。在他之前有多少隐修士幻想着置身于如此清净的与世隔绝的状态啊，这是死亡都可能达不到的境界。

无边无际的知识海洋出现在他面前，所有的都属于他了，他无止境的内心世界，他最疯狂的内心历险，还有他最深刻的内心修行。他就是全部。

日复一日，年复一年。瓦蕾渐渐衰老，可是她丈夫的大脑却没有长出一丝皱纹。孩子们也长大成人了，渐渐地，那个玻璃缸在他们的生活中已经失去了往日重要的地位。家里买了新沙发的时候，大家毫不犹豫地把玻璃缸推到了客厅角落，安置在了电视机旁边，再也没有人去跟它说话了。

在父亲的玻璃缸旁边再放置一个水族缸的想法是二十年以后才出现的。刚开始说出来确实吓了大家一跳,但是总该有人说啊。而且二十年过去了,那个装着大脑的玻璃缸看起来已经跟别的家具没什么区别了。

在放置了水族缸以后,古斯塔周围又陆陆续续出现了盆花、非洲小雕像,最后还多了盏卤素灯。

瓦蕾去世了,那个大脑看似对此漠不关心。儿子弗兰西斯气得差点儿要砸了那个玻璃缸。古斯塔再也不知道世上的事情了,甚至对他妻子的逝世也毫不在意。这块东西它到底有没有哪怕一丝感觉呢?

弗兰西斯已经把玻璃缸拿到了洗碗池边准备往外倒,妹妹卡拉一把把他拦住了。不过这次怒气到底起了点效果:古斯塔被搬进了厨房。

时光荏苒,又是好多年过去了……

卡拉和弗兰西斯也相继去世了。临死前,弗兰西斯对他的儿子说:"你看见那个玻璃缸里的大脑了吗?那是你祖父的。他已经在那里不停思考有八十年了。你得照顾好他,注意保持适当的温度,还有要经常换营养液。它只需要一点点糖就可以,一升葡萄糖就可以维持六个月。"

古斯塔还在不停思考,他花了好几十年时间去揭开那些无穷的秘密。更珍贵的是,取出大脑延长了他的寿命。而且如果在开始思考的时候稍微努力一点的话,以后思考的效率就会高得异乎寻常。他找到的解决问题的途径越多,他发现途径的速度也就越快。那些途径又重新组合,引出新的问题,而新的问题又再次导出新的解决方法,如此周而复始,无穷无尽。他的思想像一棵大树开枝散叶,枝杈越来越精细,越来越复杂,而且有时候还会融合在一起,诞生出新的分支来。

的确,有时候,他会怀念起美味的奶油蛋糕、他的妻儿、一些有趣的电视节目、白云朵朵的蓝天和星光璀璨的夜幕,还有那些在美梦中度过的夜晚,以及那些久违的感觉:高兴、寒冷、炎热,甚至疼痛。

我们不得不承认,生活是美好的,但同时也是枯燥的。虽然付出过沉重的代价,但是他并不后悔生活过。他明白了生活的含义,明白了世界的法则。古斯塔终于知道了怎样去开发人的内在潜能。就拿普通的人脑来说,里面蕴藏的能量就足以令人大吃一惊。他发现里面有二十五个有意识想象的大脑皮层,每个皮层又各自包含着一百多种超现代的画面,他还隐约看见了一些革命思想。真遗憾他没法把这些告诉别人!在那二十五个大脑皮层下,他碰到了9872个无意识想象皮层,他还发现自己竟然对音域最宽广的管风琴音乐情有独钟。多可惜啊,他再也没有耳朵去听那美妙的音乐了!

弗兰西斯的孙子也即将辞世了,跟爷爷和父亲一样,他也没有忘记嘱咐他的儿子:

"你看见上面那个玻璃缸了吗?就是碗橱上那个。那是你曾祖父的大脑。经常给它换营养液,不要把它放到风口上。"

古斯塔还在思考,探索他的精神世界。但是,已经不是关于想象或者回忆之类的东西了,而是别的,古斯塔称之为"渗透"。这是一种还没被人类利用的思考方法,而这种思考方法可以使我们的思维从最简单的地方出发去逐渐"渗透"。

"渗透"可以滋润思想,可以开发出新的基于潜意识的想象空间,确切地说就是"渗透区"。

"妈妈,上面那个玻璃缸里的一团肉是什么东西啊?"

"那可不能碰,比利。"

"是鱼吗?"

"不是,他比鱼可要复杂得多。他是你的祖先。他还活着,但是只剩下大脑了。家里一直留着它来作为纪念。只要保持好它的温度,隔段时间添点葡萄糖就行了。"

两天后,比利带了几个朋友来家里玩。几个孩子对那个玻璃缸都好奇不已。

"哇哦……我们把它拿下来看看吧?"

"不行。妈妈说不能碰。"

而此时此刻,在"渗透区"里,古斯塔又到达了一个更令人陶醉的想象区,所有最疯狂的梦的发源地,也是精神错乱的出发点。他给这里起了个名字叫"梦魇区"。这里有18万个不同的理解和发明层次,各种各样完全超现实的梦想风暴在这里蹿来蹿去。古斯塔感到幸福极了,在思想的海洋里他再也不感觉枯燥了。

忽然,他感到一阵刺痛。

"住手!快住手!"比利大叫道,"如果你再把番茄酱倒进里面,我晚上就没得吃了!"

古斯塔的大脑觉察到营养液里注入了一种新的液体。他感觉到一阵很舒服的刺激。兴奋的感觉让他觉得"梦魇区"的风暴好像变成了金光一片,他在十分钟之内就跑遍了18万层的"梦魇区"。

孩子们注意到了大脑微弱的抽搐。

"是活的!它动了!你老祖宗好像挺喜欢番茄酱的。我们再倒点醋进去看看吧!"

如闪电划过。这次的调味品引起了更强烈的效果,惊天动地的效果。古斯塔的梦幻世界里一下子天翻地覆,黑色的龙卷风肆虐,深蓝色的岩石里爆出明亮的橘黄色液体,冒着热气的血海翻滚着一张张碎裂的笑脸,还有长着海马头的蝙蝠四处飞舞……

古斯塔瞬间的幻觉已经远远超出了以前经历的所有。他仿佛看见草地上的小草变成一支支锋利的小剑。哈哈,真庆幸他没有脚,即使在梦里也没有,他那飘飘欲仙的大脑只是被蹭了一小下。他像揭起一块地毯一样掀起草皮,结果在"梦魇区"下面又发现了一片新的天地——"净土"。这里是一片完整的宇宙,群星闪烁,银河系,各大行星,所有在他脑子里的东西都在那些梦的下面。原来他脑子的最深处还藏着上亿颗星星。

当比利的妈妈回到家里的时候,一出闹剧正在等着她。孩子们在祖先的脑子上涂了一层厚厚的奶油,再撒上干果,而且他们还在不停地往上加些手边够得着的东西。

"大脑先生,再来点果酱怎么样?"

妈妈赶紧驱散了孩子们。她忍受着那股难闻的味道,自以为是地用自来水洗干净了老祖宗的脑子,然后放到了一个干净的玻璃缸里。

没有盐分的自来水杀死了成千上万的脑细胞。实际上,自来水的破坏力比番茄酱还要大。因为褶皱里的奶油和番茄酱没有洗干净,古斯塔在精神宇宙中全速穿行,简直无法用文字形容了。阿尔伯特·爱因斯坦说过,人类只开发了大脑的百分之十。他错了,古斯塔正在证明这个比例是百万分之一!

不知道是好事还是坏事,反正比利的小朋友们从此对这个玻璃缸还有里面的东西充满了无限的兴趣。比利想到了增加零花钱的办法:组织收费参观。

"这是什么?"

"我的祖先。"

"就一块大脑?"

"是呀,他厌倦了生活在躯体里。"

"他真傻!"

"不是,他不傻。妈妈说他还活着。"

一个小男孩冷不防把手伸到营养液里,把那个大脑整个拿了出来。

"哎!小心!别碰他!"比利大叫道。

小男孩吓得一松手,大脑掉在了瓷砖地上。

"把我的祖先放回玻璃缸里去!"比利恶狠狠地命令道。

大脑从这双脏兮兮的小手上传到那双粘着果酱的小手上。结果一个小孩像投篮一样把它扔了出去,掉进了旁边的垃圾桶里。比利不敢把它拿出来,他告诉妈妈小朋友们把它偷走了。

爸爸把垃圾倒进了门口的一个大垃圾桶里。

古斯塔的大脑忽然失去了营养液,开始日渐萎缩。他完全不知道发生了什么事情。

一条凶狠的狗把他叼到了一个死胡同里。

狗根本无法知道这块肉其实是古斯塔·鲁博莱——世上最老、最彻底的隐修士,所以,这条狗一口就把他给吃了。

就这样,一个不断研究自我、深入自我的大思想家终于停止了他的思想。

古斯塔到达了巅峰,到达了他思想的极限,在那里,他只看到了一个令他头晕目眩的深渊。

死亡对于他来说只是最终的一次激动人心的冒险,他可以很平静地接受。

美餐一顿之后,狗满足地打了个饱嗝,于是古斯塔·鲁博莱最后残存的那一点思想也消散在了夜色里。

想成为神的巴士司机

✻ 埃特加·凯雷特

这个故事是关于一个巴士司机的,他从不为迟到的人打开车门,不管是谁。

遇到压抑的高中生跟在巴士旁一边跑一边巴巴地望着巴士,他不会打开车门;遇到身穿风衣的人激动地猛敲车门,仿佛他们并未迟到,而是巴士司机故意刁难,他自然更不会打开车门;甚至遇到瘦小的老妇抱着装满食品杂货的棕色包装纸袋,艰难地挥着颤抖的手,示意他停下,他也不会打开车门。

这位司机为人一点也不刻薄,他不开车门,并非出于无情;他不开车门,是出于某种理念。这位司机的理念如下:如果,比方说,有个人迟到了,为他打开车门只耽误不到三十秒时间,而不开车门意味着,那个人最终会损失人生中的十五分钟,那么对整个社会而言,不开车门仍然更加公平,因为打开车门会导致车上每位乘客人均损失三十秒时间。如果,比方说,车上共有六十位乘客——没做错任何事,也都准时到达巴士站——那么加起来,他们共损失半个小时,两倍于十五分钟。这就是这位司机从不为迟到的人打开车门的唯一理由。他知道,无论是乘客还是追赶巴士并示意他停下的人,都完全不理解他不开车门的原因。他知道,他们中的大部分人认为他该死;他们也知道就个人而言,让迟到的人上车,并接受他们的微笑和感谢,远比不开车门容易。

只是当面临选择——一方面是微笑与感谢,另一方面是社会的整体利益——这位司机知道该怎么做。

因为这位司机的理念而遭遇最多麻烦的人,名叫埃迪。但与故事中的其他人不同,埃迪既懒惰又消极,甚至不会去追巴士。

埃迪在"牛排外卖餐馆"做帮厨。说到那家餐馆的名字,愚蠢的餐馆老板绞尽脑汁,才最终想出这个语带双关的店名。那家餐馆的食物没什么值得细说的,但埃迪为人非常不错。有时,当他烹饪的食物不太完美时,他会亲自把食物端上桌,并向食客道歉。正是在其中一次向食客道歉时,他遇见了幸福——至少,是一次获得幸福的机会。那食客是一位善良的姑娘。为了不让埃迪难过,她努力吃完了埃迪端来的整份烤牛肉。那位姑娘不愿把自己的名字和电话号码告诉埃迪,但她人太好了,答应次日五点在两人约定的地点——准确地说,是在海豚馆——与埃迪见面。

埃迪患了一种病,因此一事无成。这种病不会引发腺体肿大或任何类似症状,但仍给埃迪造成了极大困扰。这种病总是导致他睡过头十分钟,而且任何闹钟都不管用。这是他在"牛排外卖餐馆"上班经常迟到的原因,也是他在那位视社会整体利益高于个人发展的巴士司机那儿总是迟到的原因。

不过这次,因为事关幸福,埃迪决定战胜病魔。他采取的措施是下午不睡觉,保持清醒,看电视。稳妥起见,他甚至在身旁连着摆了三个闹钟,而且还预约了电话催醒服务。

然而,这病是不治之症:在看少儿频道时,埃迪像孩子一样呼呼地睡着了。最后,他听到犹如

无数个闹钟发出的尖叫声,然后在一身大汗中猛然惊醒——睡过头十分钟啦!他顾不上换衣服,急忙冲出屋子,跑向巴士站。

他几乎忘了怎么跑步,双脚一离开人行道,就变得跌跌撞撞。埃迪上一次跑步,还是在大约六年级时,在他发现体育课可以逃课之前。但与当年上体育课时不同,这次跑步,他拼了命,因为他担心失去幸福。他胸口阵阵发疼,并因为交好运而激动得气喘吁吁,但这一切都不能阻碍他对幸福的追求。没有什么可以阻止他,除了前文提到的那位巴士司机。

那位司机刚刚关闭车门,正要发动巴士,离开巴士站。然后,司机通过后视镜瞧见了埃迪,但正如我们前面讲过的,他有自己的理念——很有说服力的理念,主要基于对公正的偏爱,基于简单的算术运算。

只可惜埃迪对司机的那套算术运算毫无兴趣。有生以来第一次,他真的很想准时到达一个地方。正因此,他径直追赶起那辆巴士来,哪怕根本没有追上的可能。突然,埃迪似乎要交好运了,但只是在半路上:巴士站前面一百码处设有红绿灯。就在巴士到达那里的前一秒,红灯亮了。埃迪终于追上了巴士,拖着沉重的身体,径直走向驾驶室的门。他累极了,甚至没力气抬手敲门上的玻璃,只是用湿润的双眼望着司机,并跪倒在地,呼哧呼哧喘起气来。

这一幕勾起了司机的回忆——多年以前,还不想做巴士司机之前,他想成为神。这是一段悲伤的回忆,因为司机最终没能成为神;但这也是一段愉快的回忆,因为他实现了自己的第二梦想,做了巴士司机。

突然,那位司机想起曾向自己许诺:如果最终成为神,他将慈悲为怀,倾听所有由他创造之人的祈求。因此,坐在驾驶座上,瞧见埃迪跪在柏油马路上,他简直于心不忍,并最终违背自己的理念和算术,打开了车门。埃迪上了巴士,但因为已经上气不接下气,连"谢谢"都没说。

到这里最好别再往下读了,因为即使埃迪真的准时抵达海豚馆,幸福也不可能出现——那位姑娘已经有男朋友了。只是她心地太好,没法自己告诉埃迪真相,所以宁愿不去赴约。

埃迪坐在两人约定的长椅上,等了快两个小时。坐着的时候,他的脑海里不断涌现关于人生的各种悲观念头。他专心地坐着,望着绚丽的落日,心想自己的肌肉过些时候会变得多么僵硬。他迫不及待地想回家,就在回去的路上,远远望见要坐的巴士刚好进站下客。但他知道,即便自己有力气奔跑,也绝对赶不上那辆巴士。因此,他继续慢腾腾地往前走;每走一步,他都感到浑身的肌肉疲惫不堪。

最后,他终于走到了巴士站,却看见那辆巴士仍在原地等他。乘客们大声嚷嚷,催促快点开车,但司机仍然在等埃迪。一直到埃迪落座,他才踩下油门。巴士发动时,司机通过后视镜,冲埃迪忧伤地眨了眨眼——不知怎的,这让整件事变得还算可以忍受了。

放生一条美人鱼

✳ 川上弘美

两个月前,榎本告诉我,他在旅行途中得到一件奇妙的东西。

榎本是画家,又是高中老师,就住在我的楼上。因一起担任自治会干部,我们便成了朋友。有时,他会打电话给我:"香咖啡准备好了!"我就唔唔地登上楼梯到他的房间里喝咖啡。聊一会儿天,再唔唔地下楼回到自己的房间。我们仅仅保持着这样的关系。

榎本的房间同我的结构虽然完全一样,感觉却截然不同,对于单身汉来说,称得上干净、整齐。绘画工具、榎本喜好的照相机及与此类专业有关的杂志在房内随处可见。与我的相比,他的房间整体上有一种线条分明的感觉,挺有味儿的。

榎本的咖啡说"香"是有原因的。用咖啡研磨机将咖啡豆研成粉末,再用布滤湿,然后慢慢注入烫得温热的咖啡杯中,香气和味道都极好。正因为如此,只要榎本来电话叫,即使手头有事,我也会暂且放下,登上楼梯。

最近榎本没有来电话。自两个月前接到"得到一件奇妙的东西"的电话以来,他没再请过我。他没告诉我那个奇妙的东西是什么。"很快你就会知道的",榎本当时这样说。樱花已经开了。我房间前也有一棵高大的樱花树,风一刮,花瓣就会落到阳台上来。

从榎本的房间应该正好看见樱花树树梢。樱花还没有盛开,但风大的时候,还是有一些花瓣被吹散飘落。我捡来阳台上的花瓣,放在装了水的碟子里,浅桃色的花瓣轻柔地漂浮在水面上。正在此时,榎本打来电话。"如果可以的话,能不能跟你商量一件事?"榎本说。我踏着楼梯上去,按响了四〇二号的门铃。

门一打开,我就闻到了一股异味。我一边琢磨着这到底是什么味儿,一边脱了鞋。环顾室内,杂志、摆在架子上的照相机、画架、画了一半的画,榎本的房间没有变化。

"我去倒咖啡。"榎本说着进了厨房。过了一会儿,我适应了房间里的空气后,反而越来越弄不明白刚进来时闻到的那是股什么味儿,甚至怀疑起是不是闻到过那股味儿。

"快,请,请!"榎本两手端着咖啡从厨房出来。他好像瘦了。

"榎本先生,最近好吗?"我问。

榎本皱着眉回答:"说好也行,说不好也行。"然后笑了。

"这等于没回答。"他又笑着说。

我也笑了,随后喝起了咖啡。"这次的味道也非常好。真香。"我说。榎本点点头。

"两个月前……"他开始说话——榎本不是那种爱卖关子的人,接着弯腰坐下,讲述了下面的故事:

两个月前,我沿着海边一直南下旅行了一次。回来的前一天,在渔村的一家小旅馆下榻。旅行的最后一夜我往往难以入睡,这天夜里也是,一直聆听着波浪声,没有丝毫睡意。半夜起来出门,顺着海边走去。沿岸公路的路灯可以照到沙滩上。远处,波浪冲击的沙滩上堆放着一些渔网。我边走边准备找一个地方坐下来,不知不觉就来到放渔网的地方。我下意识地看了看渔网,忽然发现网里有个东西。它一动不动,个头儿比金枪鱼小,却又比鲷鱼大,鱼尾很长,从鳍到肚边镶嵌着很大的七彩鳞片。肚子以上没有鳞,露出白皙、光滑的皮肤。长长的头发缠绕着上半身。它的头朝向另一面,看不见五官。从头发的中间露出耳朵,上面也有细小的彩色鳞片。我一面注意它是不是在呼吸,一面绕到能看见脸部的一侧。只见它的眼睛和嘴闭合得紧紧的。这眼睛和嘴都像是在用刀在洁白、柔软的石头上剜刻出来的,鼻子则像是在这块石头上一点点捏出修整而成的。我目不转睛地盯着它看了一会儿,才发现它的

肩膀在上下轻微颤动。它好像是活的,活的,像是一条美人鱼。只有成年人的三分之一大小。对,就是美人鱼。

"这么说,你说的那件东西,是美人鱼?"我吃惊地叫了起来。

"没错!"榎本用手捋着胡须回答。

"哎?美人鱼那么小?"我问。

"别的美人鱼有多大我不知道。"榎本说。

我们两个人不由得对视了一下,我不知道还该问些什么,正在我沉默的时候,榎本打开浴室的门,叫我进去。

啊,美人鱼!浴槽里有三分之一的水,美人鱼在里面游着。游到一头折回身,再游到另一头又折回身,重复着同样的动作。美人鱼缓慢地来回游着,有一股强烈的海潮味儿。刚进门时闻到的,一定就是这股味儿。美人鱼长长的头发飘荡在水中,它根本不看我们,自顾自地往返着。

"就是这么回事。"榎本说。

"原来是这样!"我回答。"这样"是怎样呢?美人鱼从我们进来后就一直在水中不停地往返着。

"它一直都这样游着?"我问。

榎本点着头:"只要肚子不饿。"

"美人鱼。"我刚要叫却咽了回去。"这个人。"我改口道。不知道美人鱼是不是听得懂人类的语言,如果是我,大概会有一种自己被异类直接用"人"来称呼时的不快。但拿不准用"这个人"称呼是不是合适。

"这个人,一直在这里?"

"一直在。从我带回来后。"榎本从浴槽旁的盆中取了一条竹荚鱼递给美人鱼。

美人鱼停下来,两手抓住竹荚鱼的头和尾,靠在浴盆上,像吹口琴似的将竹荚鱼从头到尾在嘴里来回吮啜。每吮啜一下,竹荚鱼就被漂漂亮亮地削去一块。那样子着实优雅。一块也不剩,一点儿也没弄脏浴槽里的水,美人鱼干干净净地吃了竹荚鱼。再递一条,还是同样优雅地吃了。大概一连吃了五条。真想一直这样看着它吃下去,但榎本没有再给

它。吃完了最后一条，美人鱼又在浴槽中开始往返。榎本出了浴室，我也极不情愿地跟了出来。实在不想从美人鱼的身旁走开。

"怎么样，不想出来了吧？"倒上第二杯咖啡，榎本道。

"什么？"

"不想从浴室里出来了吧？"榎本重复道。

"也许是吧。"在回答的时候，我清晰地回想起舍不得从美人鱼身边离开的心情。

"据说美人鱼向来如此。从遥远的古代开始，美人鱼就是这样一种充满魔力的动物。"榎本又讲了一会儿美人鱼是如何让人不忍离开它的一些故事。

两个月前的那个夜晚，榎本从渔网中捞出这条美人鱼带回旅馆。它比想象中要轻。榎本将美人鱼用湿布裹住，把它放进塑料袋带回了家。当时既可以交给派出所，也可以采取别的方法处理，但连榎本也不知道为什么把它带回了家。何况他并没觉得这有什么不自然，只是不管怎样也想把它带回来，于是便将这条虽然不算重但体积却不算小的美人鱼装在塑料袋里带回了家。

"这也可以交给派出所？"

听了我的问话，榎本蹙起双眉。"我在说正经的呢，认真点儿好不好！"他说。

"我是在认真听呀！我在认真考虑怎样处理捡来的东西呀！"

榎本没有理会我的话，接着说下去。

最初只是觉得美人鱼游泳的姿势和吃东西的样子非常好玩而不忍离去。可渐渐地，懒得去上班了。早上一给它喂上鱼就挪不动步子了，只想一直坐在浴室里。好不容易出门去上班，却一整天牵挂着美人鱼，眼巴巴盼着早一分钟下班。从给学生上课到吃午饭到开教员会议，"干什么都心不在焉"。总是飞也似的跑回家扑向浴室。

"美人鱼虽只是在水里一味地游来游去，我的眼睛却无法离开那水中的身姿。想去作画但即便是面对着画布，双脚也会很快地向浴室迈去。一天要往浴室瞧上几十次。不知不觉中不再离开浴室，除了吃饭、睡觉以外整天待在浴室中。只有待在美人鱼的身边我才能平静。读书、工作都在美人鱼身边。在一段时间里，我满足于这样的状态，可是，有一天早上，我实在无法从美人鱼身边离开，只好不去上班。从那天开始已经缺勤了五次。我知道这样下去不行，所以决定跟你商量。"

"可你现在看上去并没有心不在焉啊！"我说。

"我在拼命忍着呢！"他回答道，"其实现在也一心想去美人鱼的身边。"

榎本的话刚一出口，我就无法按捺住想去浴室的心情，坐立不安起来。不知道到底为什么会那么想去美人鱼的身边，反正是坐立不安。

两个人又喝了一会儿咖啡，但谁也没有品出咖啡的味道。榎本先站起来，我也马上跟着迈出了步子。两个人争先恐后地奔向浴室。美人鱼正轻快地游着，很舒服地在水中往返着。

"求求你，在你那儿放放好吗？这样下去我会完蛋的。"他不顾我的反复推托，再三央求，最后我无法再拒绝。

榎本也好，我也好，都知道最好的办法就是将美人鱼放回大海，但我们都假装不知道。连仅仅和美人鱼待了这么一会儿的我都如此，想到榎本，我不由得微微打了个寒战。最后还是决定暂放在我那里。

在浴槽里放好水，榎本把美人鱼装进塑料袋里运过来。将美人鱼从塑料袋里顺入水中，美人鱼立即在浴槽里游了起来，跟在榎本那儿没有丝毫变化。

"好了，出去吧！喝点儿什么吧！"我这样说着，榎本却在浴槽旁一动也不动，用手拉他也不动。

"暂时交给我吧。"我说。

听了这话，榎本慢慢抬起头，瞪着我，两眼无光。他一直用朦胧的双眼盯着我，一言不发。

"怎么了？榎本。"我问他，他也不回话。

"走，出去吧！一起吃晚饭怎么样？"

他还是一言不发，只呆呆地瞪着我。我有点儿害怕，先出了浴室。隔着门仔细听了听，只听得见美人鱼在浴槽中游动而溅起的水声。等了一个小时榎本也没出来。房间里静极了，只有美人鱼弄出的水声越过浴室的墙壁在回响。尽管榎本没出一点儿声音,但整个房间都能感受到他的存在。两个小时过去了,三个小时过去了,榎本还是没有出来。我断了念头去睡觉,但怎么能睡得着。半夜,我突然听到很大的响声,浴室的门开了,榎本几乎是连滚带爬地跌了出来。"啊——"他大叫着从我的房间跑了出去。我以为他把美人鱼也带走了,瞧了瞧浴室,美人鱼还在,脸朝着侧面,轻飘飘的,下半身浮在水中。据说呈自然状态时可以自动浮起来。它像飘落在水杯里的樱花瓣,轻盈地浮在水面睡着了。

的确,从美人鱼身边离开很难受,特别是每天早上喂完竹荚鱼、沙丁鱼或鲇鱼后不能不去上班的时候。

美人鱼交给我已有数日,榎本没有任何联系。最后一次听到的"啊"的叫声多次在耳边回响。那声音到底意味着什么?

我和往常一样,上班、回家、吃饭、睡觉。上班、回家、吃饭、欣赏美人鱼、睡觉。上班、回家、吃饭、欣赏美人鱼、尽可能长时间地坐在美人鱼身旁,然后去睡觉。上班、回家、吃饭、欣赏美人鱼、尽可能长时间地坐在美人鱼身旁、与美人鱼一起入睡……

不知从什么时候开始,我陷入了同榎本一样的状态。榎本说晚上离开美人鱼去睡觉,大概是说谎,肯定连吃饭都在浴室里。我开始可惜做饭所花费的时间,于是从外面买现成的。不打扫卫生,房间里灰尘越积越厚。窗帘已很少打开,衣服也几乎不怎么洗,只一味

地待在浴室里。椅子、毛毯、餐具等都搬了进去,在浴室里起居。记忆中,我几乎从不曾外出,和谁说话也没有心思,电话来了也不接,仅仅看着美人鱼过日子。偶尔也闪过不能这样下去的念头,但也只是一闪而过。除了有一点点想与榎本说话的愿望外,和谁也不想交谈。看着美人鱼在浴槽中游来游去,我就这样睡过去,早上起来摇摇晃晃地去公司上班。"这样下去可不行"的念头出现得越来越少。到这个念头已经完全消失的时候,榎本来了。这是美人鱼交给我仅仅一个星期之后。

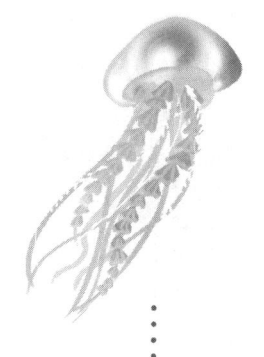

砰、砰的敲门声,没按门铃,直接在门上使劲儿敲,不理它就不停。我在浴室里屏住呼吸等了一会儿,敲门声顽固又执着。我只好从浴室出来,拿起话筒问是谁,敲门声停了下来。

"我是榎本。"门外说。

打开门,榎本站在那里。

"怎么了?"我问。此刻,我的眼睛,恐怕与把美人鱼寄放在我这里后无法离开浴室时的榎本那无神的眼睛一模一样。

"怎么了?我来取美人鱼!"

"为什么?"

"为什么?不是本来就暂存在你这儿的吗?"

"现在这样不挺好吗?"我边说边向后退。

"喝杯茶吧!"我边说边走向浴室。榎本看出我的用意,站到前面拦住我。

"我借了辆汽车!"榎本说。

"啊?汽车?"

"放回海里去!"

榎本斩钉截铁地说着,推开我进了浴室。他将美人鱼从水里抱起来,放进

不知是什么时候拿在手里的一个黑色大塑料袋里。

"不、不！"我大叫着想从榎本手中抢夺过来，但榎本的力气很大。

"黑塑料袋看不见里面，会好一点儿。我在它旁边待久了也会下不了决心，快点儿！"榎本急促地说着，一只手拉起我的手，一只手提着装美人鱼的塑料袋，进了电梯。一辆没见过的车停在路边。榎本把装美人鱼的塑料袋放进后车厢，发动了引擎。

"把它放在后车厢里多可怜。"

听了我的话，榎本说："很快就会到，放心吧！"

"不！停下！不！"在我一边央求一边拉着榎本胳膊的时候，车子开了出去。

"你拉着我的胳膊会出事的。把安全带系好！"榎本不容分辩地说道。我不情愿地系好安全带。汽车就这样驶向海边。

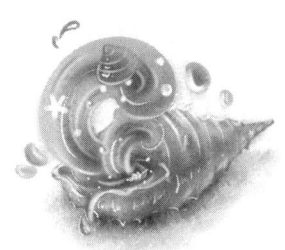

四

不知是哪个海岸，沿岸堤上有一排樱花树。几乎没有风，但花瓣不断四散飘落，有的树已仅剩下树叶。榎本拿起装美人鱼的塑料袋，快步走向海边。天气晴朗明媚。从入海口飞来几只海鸥。太阳光不那么强烈，但海面还是相当刺眼。海边看不到人影。沙滩上散落着一些经海浪反复冲刷后变得轮廓模糊的贝壳。如果总是听着波浪的声音，人会感到困倦。同样，人在无可奈何之际，也会感到困倦。

榎本向前迈着果断的步伐。

"榎本！"我叫着。他没有回头。

"榎——本！"为了不被波浪声淹没，我拉长了声音，但榎本仍然向前走去。

水边，榎本放下了塑料袋。他小心翼翼地打开袋口，一瞬间，袋子里的水漏到沙滩上，水被无声无息地吸进了沙子里。

"真的要放回去？"我跑到榎本身边，几乎是带着哭腔。

"放回去。"榎本回答。但他的声音没有刚才那么强硬。

"算了吧？"我说。榎本眨巴着眼睛。

"不行。"他的声音更加弱了。

"有什么不行的？我们又没有做坏事。"我用一种近乎撒娇的口吻说，自己都不知道这声音是从哪里发出来的。

"说得也是。"榎本的眼神显得很不安。

"天气这么好，就当散散步回家吧，带着美人鱼。"声音很甜，好像不是自己的声音。不行，不能用这样的声音说话。想归想，却无法停下来。

"也是啊！"榎本像被施了催眠术似的发出梦呓般的声音。

这样不行，不行。想归想，却发不出声音。必须把美人鱼放回去。想这样说，声音却出不来。美人鱼躺在沙滩上，好像把体重都托付给了沙子似的，一副精疲力竭的样子。它虽然什么也不说，什么也没做，但我们就是无法从它身边离开。

"放回去！"榎本费劲地说。

嘴一张就会发出刚才那样的娇声，我拼命咬住牙关。

我默默地与榎本一起抱着美人鱼走到水里。鞋湿了，已经顾不上那么多了。榎本举着鱼尾，我用手托住两肋，两个人抱着美人鱼。到了水漫到比膝盖还高时,榎本开了口。

"就这儿吧!"他说。

"一、二……"榎本发出号子声。这种时候居然能发出这么从容的声音,我思忖着。然而,榎本喊了几次"一、二……"两个人的手却都没有离开美人鱼。

"太难了!"我说。榎本微微笑了笑。看到榎本的笑脸,我觉得能够放开美人鱼了。

"一、二……"这次我发出号子,美人鱼终于被投入海里。色彩斑斓的鱼鳞闪耀着,美人鱼扑通没入浪花中,一时间没了身影。

"终于放回去了!"我冲榎本说着,美人鱼却突然间从我们两人之间探出脸来。我被惊得一屁股坐在水中,水漫至肩膀,衣服和身上全湿了。

美人鱼盯着我的脸看了一会儿。没有看榎本,只看着我。这么近地注视美人鱼的脸,还是第一次。它用像是刻在白瓷上的眼睛久久地盯着我。

还是无法放手,我不知不觉想说。

离不开。

就在这一刹那,美人鱼的嘴张开了。红红薄薄的嘴唇张开了。

"不放开你!"

美人鱼说。

美人鱼用清楚而铿锵有力的声音说。

美人鱼目不转睛地盯着我的脸说。

当初从榎本嘴里发出的"啊——"的叫声,现在也从我的嘴里发了出来。

"啊——"我边叫边向海岸奔去。水的阻力加上湿衣服使我的速度比想象的要慢许多。我感到像是在梦中奔跑。榎本拉起我的手。什么都顾不上,只盲目地向前奔跑。终于气喘吁吁地来到岸上,这时,再一次从背后传来:

"不放开你!"

捂住耳朵,把脸抵进沙中。

不知道过了多长时间,抬起头,榎本蹲在面前,我的身上裹着毛毯。

美人鱼不知什么时候已经离去。可以看见海上的渔船。

樱花一直飘到海边,沙滩上薄薄地积了一层花瓣,像薄薄的雪花。

我浸湿的头发上、衣服上也贴着花瓣,长时间地看着飘落的樱花。榎本也一起蹲着,看着那不断飘来的樱花。

从第二天开始,我发了几天高烧,等身体终于复原时,樱花已经全部落完了。

我给榎本打电话道谢。"香咖啡准备好了。"榎本说。我踏上楼梯来到榎本的房间。从榎本房间的窗口可以看到满是树叶的樱花树树梢。

"从现在开始,等叶子长全了,鸟会常来的。"榎本一边倒咖啡一边说。

"鸟,嗯,还是鸟好。"我呆呆地回答。榎本笑了。

"比美人鱼好。"他笑着说。

"美人鱼,怎么说好呢?"我嘟哝道。榎本的表情很认真。

"就是被它迷住了。"他回答说。

"榎本,你是怎么能做到放它回去的?"

听了这问话榎本回答道:"你最后不也放它回去了吗?"

风吹来,樱花树的树枝在摆动。我想起在海边看到的樱花,却难以清楚地回忆出美人鱼的身姿以及无法离开美人鱼时的心情,只清楚地记得樱花飘落的情景。

"榎本,美人鱼也对你说了那句话吗?"榎本点点头。

"把美人鱼放到你那儿,关在浴室里的时候,美人鱼说了那句话。"榎本用平静的语调说。

我们不作声地喝了一会儿咖啡。

"我不具备让它一直待在身边的心理承受能力。"榎本终于感慨地说。

"我也一样。"我小声回答,将视线投向窗外。

淡绿色的嫩芽在一棵棵树上萌发着,风吹拂着新绿。我们各自久久地眺望着窗外。